中国工程院战略研究与咨询项目（2023-DFZD-57）成果
湖北省农业生态产品价值实现工程研究

农业生态产品价值实现理论与实践论丛
总主编　印遇龙

# 农业生态产品价值实现：品牌、市场与政策研究

邓远建　屈志光　郎晓娟　樊　丹　著

中国农业科学技术出版社

图书在版编目(CIP)数据

农业生态产品价值实现：品牌、市场与政策研究 / 邓远建等著. --北京：中国农业科学技术出版社，2024.11. --（农业生态产品价值实现理论与实践论丛 / 印遇龙主编）. --ISBN 978-7-5116-7168-4

Ⅰ.F303.4

中国国家版本馆 CIP 数据核字第 20243R99W9 号

责任编辑　穆玉红
责任校对　马广洋
责任印制　姜义伟　王思文

| | |
|---|---|
| 出 版 者 | 中国农业科学技术出版社 |
| | 北京市中关村南大街 12 号　邮编：100081 |
| 电　　话 | （010）82106626（编辑室）　（010）82106624（发行部） |
| | （010）82109709（读者服务部） |
| 网　　址 | https://castp.caas.cn |
| 经 销 者 | 各地新华书店 |
| 印 刷 者 | 北京建宏印刷有限公司 |
| 开　　本 | 155 mm×230 mm　1/16 |
| 印　　张 | 24 |
| 字　　数 | 300 千字 |
| 版　　次 | 2024 年 11 月第 1 版　2024 年 11 月第 1 次印刷 |
| 定　　价 | 56.00 元 |

━━━━　版权所有·翻印必究　━━━━

# 《农业生态产品价值实现理论与实践论丛》

总 主 编：印遇龙
总 顾 问：严立冬

# 《农业生态产品价值实现：品牌、市场与政策研究》著作委员会

主　　著：邓远建　屈志光　郎晓娟　樊　丹
参　　著（按姓氏笔画为序）：

邓远建　印遇龙　冯海平　严立冬　李华康　李秋洪
肖　锐　张陈蕊　陈光炬　郎晓娟　屈志光　洪剑波
梅怡明　樊　丹

总　序
# 生态优先　生态农业　生态产品
——农业生态产品价值实现工程研究

2023年6月28日，全国人民代表大会常务委员会决定将8月15日设立为全国生态日，体现了党和国家对生态优先绿色发展战略的高度重视。生态兴则文明兴，生态衰则文明衰；保护生态环境就是保护生产力，改善环境就是发展生产力。2018年，中央一号文件明确提出，要增加农业生态产品供给。研究和推广农业生态产品生产技术，开展农业生态产品价值实现的品牌、市场与政策研究，有利于生态保护和生态文明建设，有利于促进农产品质量安全，是贯彻习近平生态文明思想的实际行动，是落实生态优先、绿色发展和生态文明建设国家战略的重大措施。

农业生态产品是指遵循生态学的原理和生态农业的原则，采用生态友善的农业生态产品生产技术，生产过程和产品符合农业生态产品生产技术与质量安全标准，经专业机构审核评定许可使用农业生态产品标志的安全、营养、优质、健康的农产品及相关产品。现在社会市场和媒体上经常可以看到生态品牌的广告，生态产品随处可见，生态已成为美好、优质、安全和正能量的代名词。农业生态产品生产过程中采用了从播种到收获和加工，全过程的生态化技术措施，生态保护技术措施更系统，生态标准更严格。发展农业生态产品，是对同类产品的补充、完善。

《农业生态产品生产技术》和《农业生态产品价值实现：品牌、市场与政策研究》均为中国工程院战略研究与咨询项目给予资助出版。项目编号：2023-DFZD-57，项目名称"湖北省农业生态产品价值实现工程研究"，主要承担单位有：中国科学院亚热带农业生态研究所、湖北省农业生态环境保护站、长江大学、中南财经政法大学等。本项目是落实中共中央办公厅、国务院办公厅《关于建立健全生态产品价值实现机制的意见》要求2025年建立初步的生态产品价值实现机制的框架要求，建立系统的生态产品价值实现机制。通过研究和提供农业生态产品生产技术、标准、品牌、市场和政策体系，构建生态产品价值实现机制的框架，研究建设和完成农业生态产品价值实现工程。

《农业生态产品生产技术》一书共有五方面的内容：一是农业生态产品导论，论述了农业生态产品定义与范畴，生态农业与农业生态产品，我国绿色食品、有机食品与农业生态产品。二是植物类农业生态产品生产技术，包括了生态水稻、生态小麦等农作物的生态产品生产技术。三是畜禽类农业生态产品生产技术，有生态生猪生产技术等畜禽类生态产品生产技术。四是水产类农业生态产品生产技术，包括了四大家鱼生态生产技术等水产品生产技术。五是加工类农业生态产品生产技术，包括农业生态产品加工基础设施与管理，以及生态蔬菜制品加工技术，生态米面制品加工技术等加工类生态农产品生产技术。这些内容把生态环境、生态友善、生态种养、生态防控和生态消费的原则、理念和技术融入其中，使生态产品生产技术落到实处，实现生产全程技术的生态化。农业生态产品生产技术的推广应用，有利于碳减排，促进碳达峰和碳中和，有利于促进资源节约、环境友好、产品安全、消费健康、生态文明和可持续发展。农业生态产品生产技术，体现了农业的高科技、高效能、高质量和绿色化，构建了现代农业的新质生产力。

《农业生态产品价值实现：品牌、市场与政策研究》一书则围绕五大主题展开：一是理论阐释，对生态产品和农业生态产品的概念内涵、属性特点及其分类进行了辨析，并探讨了农业生态产品价值实现的理论逻辑与实践遵循。二是价值核算，介绍了农业生态产品的分类和价值构成，提出了实物量和价值量的核算方法，并通过丽水市的案例分析，展示了农业生态产品价值核算的实践应用。三是农业生态产品的品牌价值与资产，包括品牌价值的形态、构建过程及其重要性，重点分析了品牌资产的核心要素，并提供了品牌管理和提升的指导，探讨了新媒体时代的品牌传播策略。四是市场机制建设和市场运行模式，包括生态市场的概念、特征及其作用，市场信任与合作机制的建设，以及不同类型农业生态产品的市场运行模式。五是政策设计，从安全政策、补偿政策、经济政策和制度保障等方面，全面构建了支持农业生态产品价值实现的政策体系。

《农业生态产品生产技术》和《农业生态产品价值实现：品牌、市场与政策研究》这两本书相辅相成。前者侧重农业生态产品生产技术，是构建生态产品价值实现机制框架的基础和前提，通过研究，集成创新了系统的操作性强的农业生态产品生产技术，通过推广这些技术，推进产业生态化和生态产业化，有利于促进我国生态文明建设，有利于促进农产品质量安全，保障人民消费健康。后者则从理论到实践，全面分析了农业生态产品价值实现的路径，从品牌培育、市场机制建设、政策设计等多个维度，为提升农业生态产品的市场竞争力和品牌影响力提供了理论支持和实践指导，有利于打造优质安全的高端农产品品牌，实现农业生态产品的价值，促进农业增效、农民增收，促进乡村振兴和农业可持续发展。

在生态优先、绿色发展的生态文明时代，伴随生态农业理念深入人心，生态产品已经成为市场的新宠，生态优先绿色发展战略正在成为社会发展的主流。《农业生态产品生产技术》和《农业生态产品价值实现：品牌、市场与政策研究》这两本书的出版发行，必将进一步加强社会各界对生态农业重要性的认识，促进生态农业技术的创新与应用，推动农业生态产品的价值实现，给我国提供可行的农业生态产品价值实现路径和方案。为建设美丽中国、实现人与自然和谐共生贡献力量。

中国工程院院士 印遇龙

# 目　录

绪　论　// 1
　　第一节　农业生态产品的概念辨析与理论内涵　// 1
　　第二节　农业生态产品价值实现的内在逻辑与实践遵循　// 15
　　第三节　农业生态产品价值实现研究的基本内容　// 36
　　参考文献　// 40

第一章　农业生态产品价值实现及其品牌、市场与政策研究的
　　　　理论基础　// 45
　　第一节　生态文明理论　// 45
　　第二节　农业生态经济理论　// 54
　　第三节　市场营销理论　// 62
　　第四节　公共政策理论　// 69
　　参考文献　// 77

第二章　农业生态产品价值的核算方法　// 79
　　第一节　农业生态产品价值核算的总体框架　// 79
　　第二节　农业生态产品实物量核算方法　// 86
　　第三节　农业生态产品价值量核算方法　// 91
　　第四节　浙江丽水农业生态产品价值核算的案例分析　// 100

参考文献 // 110

## 第三章 农业生态产品的品牌价值实现 // 112

第一节 农业生态产品品牌价值实现的内涵与意义 // 112

第二节 农业生态产品的品牌价值形式与要素 // 119

第三节 农业生态产品品牌价值实现的路径和方法 // 128

参考文献 // 138

## 第四章 农业生态产品的品牌培育与建设 // 140

第一节 农业生态产品的品牌培育思路与策略 // 140

第二节 新媒体时代农业生态产品的品牌传播 // 151

第三节 农业生态产品区域公用品牌建设与推广 // 159

第四节 品牌赋能农业生态产品价值实现的案例分析 // 169

参考文献 // 179

## 第五章 农业生态产品价值实现的市场机制建设 // 182

第一节 农业生态产品市场机制的概念、作用和要素 // 182

第二节 农业生态产品价值实现的市场信任机制建设 // 190

第三节 农业生态产品价值实现的市场合作机制建设 // 202

第四节 农业生态产品价值实现的市场机制建设案例分析 // 210

参考文献 // 216

## 第六章 农业生态产品价值实现的市场运行模式 // 218

第一节 物质供给类农业生态产品价值实现的市场运行模式 // 218

第二节 文化服务类农业生态产品价值实现的市场运行模式 // 226

第三节　调节服务类农业生态产品价值实现的市场运行模式　// 237

参考文献　// 246

## 第七章　农业生态产品价值实现的安全政策　// 249
第一节　农业生态产品价值实现的安全管理手段　// 249

第二节　农业生态产品价值实现的安全预警政策　// 259

第三节　农业生态产品价值实现的安全维护政策　// 269

参考文献　// 274

## 第八章　农业生态产品价值实现的补偿政策　// 276
第一节　农业生态产品价值实现的补偿政策框架　// 276

第二节　农业生态产品价值实现的补偿主体　// 288

第三节　农业生态产品价值实现的补偿标准　// 291

第四节　农业生态产品价值实现的补偿方式　// 305

参考文献　// 313

## 第九章　农业生态产品价值实现的经济政策　// 316
第一节　农业生态产品价值实现的产权政策　// 316

第二节　农业生态产品价值实现的价格政策　// 325

第三节　农业生态产品价值实现的金融政策　// 331

第四节　农业生态产品价值实现的财政政策　// 338

参考文献　// 345

## 第十章　农业生态产品价值实现的保障体系　// 347
第一节　农业生态产品价值实现的组织保障　// 347

第二节　农业生态产品价值实现的政策保障　// 352

第三节　农业生态产品价值实现的营销保障　// 355

第四节　农业生态产品价值实现的法律保障　// 359

第五节　农业生态产品价值实现的技术保障　// 363

参考文献　// 366

后　记　// 369

# 绪　论

## 第一节　农业生态产品的概念辨析与理论内涵

### 一、生态产品的概念

**（一）生态产品概念的提出**

生态产品概念与中国国土空间优化、生态文明建设实践相伴而生。2010年，《全国主体功能区规划》指出，人类需求既包括对农产品、工业品和服务产品的需求，也包括对清新空气、清洁水源、宜人气候等生态产品的需求。因此，必须把提供生态产品作为发展的重要内容，把增强生态产品生产能力作为国土空间开发的重要任务。2012年，党的十八大报告提出要"增强生态产品生产能力"。2013年出台的《中共中央关于全面深化改革若干重大问题的决定》中有关生态文明建设的论述虽然没有直接使用生态产品概念，但提出"山水林田湖"生命共同体的重要理念，生态产品与"山水林田湖"的生命共同体理念一脉相承。因为山水林田湖草是生态产品的生产者，生态产品是山水林田湖草的结晶产物，体现了我国生态环境保护理念由要素分割向系统思想转变。2015年，

《生态文明体制改革总体方案》指出，树立"绿水青山就是金山银山"的理念，清新空气、清洁水源、美丽山川、肥沃土地、生物多样性是人类生存必需的生态环境，坚持发展是第一要务，必须保护森林、草原、河流、湖泊、湿地、海洋等自然生态；保护自然就是增值自然价值和自然资本的过程，就是保护和发展生产力，就应得到合理回报和经济补偿。2016年，《国家生态文明试验区（福建）实施方案》首次提出了生态产品价值实现的理念；同年，国务院办公厅印发的《关于健全生态保护补偿机制的意见》要求完善生态产品价格形成机制，使保护者通过生态产品的交易获得收益，发挥市场机制促进生态保护的积极作用。2017年，《关于完善主体功能区战略和制度的若干意见》将贵州等4个省份列为国家生态产品价值实现机制试点，标志着我国开始探索将生态产品价值理念付诸为实际行动；同年，党的十九大报告提出"要提供更多优质生态产品以满足人民日益增长的优美生态环境的需要"。

## （二）生态产品概念的演变

2001年，全球千年生态系统评估在关注生态系统与人类福祉关系的同时，提出了包含供应、调节、文化和支持"四位一体"的生态系统服务概念，其认为生态系统服务是人们从生态系统中获得的利益，包括食物、水、木材和纤维等供应服务，影响气候、洪水、疾病、废弃物和水质的调节服务，提供娱乐、审美和精神享受的文化服务，以及如土壤形成、光合作用和养分循环等的支持服务。依据不同的划分标准、学科属性和研究立场，不同的学者对生态产品概念的界定不同，概括起来有以下划分方式。

### 1. 生态产品的二分法

所谓"二分法"，也就是将生态产品划分为两类，但在具体类别和划分标准方面又有差异。如有学者将生态产品与农产品和工业产品并列,并将生态产品划分为公共性生态产品和经营性生态产品两类;或将生态产品划分为满足物质需求的产品和精神追求的产品;或依据属性不同,将生态产品分为自然属性和社会属性的服务型产品;或通过范围大小来界定为狭义的生态产品和广义的生态产品;或更形象地划分为有形的自然资源生态产品及服务(如清洁的水源、茂密的森林、美丽的湿地)和无形的自然资源生态产品及服务(如清新的空气、碳汇、生物多样性维持);或从经济学角度分为具有私人物品性质的生态产品和具有公共物品性质的生态产品,认为生态产品的供给方是自然生态系统,而人类对其消费又存在于经济系统之中,所以生态产品是生态学和经济学跨学科研究对象,是生态经济学范畴的一个概念。

2. 生态产品的三分法

随着国内相关政策的出台和实践的推进,对生态产品的学理探讨也在逐渐跟进。根据生态产品的消费属性,有学者将其分为生态公共产品、生态私人产品以及生态准公共产品等;生态产品可以分为生态物质产品、生态文化服务以及生态调节服务三类;认为生态产品是指维持生命支持系统、保障生态调节功能、提供环境舒适性的自然要素,具体包括干净的空气、清洁的水源、无污染的土壤、茂盛的森林和适宜的气候等。或者将生态产品与人类经济活动相联系,认为生态产品是指生态系统生产或由人类劳动共同参与生产,当前或者将来比较稀缺的,且能够进入人类经济活动的,具有使用价值或交换价值的产品、功能和效益等。因此,生态产品有三个显著特征:一是对人类的有用性,即具有使用价值;二是当前或者可预见的将来是稀缺的;三是能够进入人类经济活动中。水生态产品同生态产品一样,符合产品的三要素特征,包括:①包含生产劳动;②其目的是用于市场交易,具备在市场中流通、交易而成为商品的可能和基础；③以人类消费使用为目的、有价值的物品和服务。此外，还具备公用性、整体性、外部性、可再生性、多元性、在地性等特性。

3. 生态产品的四分法

基于产品供给的视角，潘家华将生态产品分为自然要素类、自然属性类、生态衍生类以及生态标识类 4 种。基于生态产品的价值溯源特征，将生态产品的供给分为 4 个阶段：第一阶段是原始社会阶段，人类生存活动完全依赖于自然生态系统，生态产品并无价值；第二阶段是农耕文明阶段，人类对自然改造能力有所增强，生态产品价值有所体现，出现了诸如农业种植、家畜家禽饲养等乡村生态产品；第三阶段是工业文明阶段，产品生产进入规模化与标准化的大生产时代，人类对自然的改造能力大大增强，自然生态系统以及生态物质产品被用于工业产品的生产，技术进步使部分生态衍生品以及生态标识产品开始出现，但资源过度消耗以及环境污染问题使生态空间被大大挤压；第四个阶段则是生态文明阶段，生态产品的稀缺性得以体现，生态产品价值不断提升。

4. 生态产品的属性及其价值实现

从学科属性来看，生态伦理学把生态产品理解为道德产品，生态经济学把生态产品界定为生态利益的分配正义，生态哲学则把生态产品界定为生态利益的产生正义。由此可见，基于不同知识背景和学科观点会得出不同的生态产品概念解读和内涵界定形式。结合现有相关政策文本（如 2010 年的《全国主体功能区规划》），通过对生态产品概念与内涵的法学考辨可以发现生态产品具有法律性，属于矫正正义范畴。因此，结合以上不同学科对生态产品概念与内涵的认知，可以发现生态产品价值实现根本上是其价值产生正义、分配正义与矫正正义的统合。从资本运动的角度看,生态产品价值实现具有延续时间漫长、域值空间弹性大和区域分异明显等特点。为此,需要建立可交易的生态要素产权制度,培养新型的生态产业化经营主体,完善科学的生态产品价值评估机制,探索多元的生态产品价值实现方式。生态产品价值实现途径的核心是市场化机制,即通过社会资本的投入,基于市场化运作,使生态产品得到市场消费者的认可而得以实现价值。生态产品价值实现,对于已有市场的生态产品而言(如文化服务类),关键在于生态产品品牌的创建;对于尚无市场的生态产品(如湿地生物多样性生态效益),关键在于生态产品市场的创建。而我国生态产品价值实现的政策缺陷主要表现为制度建设滞后于市场化演进、竞争激励难以满足多元化需求、公私合作关系契约精神匮乏以及生态产品交易市场浅层化发育。发达国家在调适生态利益相关者间的认知差异、目标分歧和利益冲突中,形成了以系统化的制度体系、多元化的激励体系、契约化的公私合作体系以及市场化的交易体系为主体的生态产品价值实现体系。

### (三) 生态产品概念的阐述

生态产品内容宽泛、要素众多、时空变化多样、精准界定难度大,且我国开展研究时间较短,目前尚未形成统一的概念。目前的研究对"生态产品"的概念尚未形成统一观点和看法,其主要围绕以下两条主线展开:其一,将生态产品理解为"资源节约型产品""生态友好型产品",特征在于其对环境无害或极小危害、资源利用率高且能源消耗低。这一类概念主要出现在2010年以前,如方子节把生态产品定义为是遵循可持续发展原则,按特定生产方式生产,并经专门机构认证许可,使用生态产品标志,安全、优质、营养的产品。其二,认为生态产品是能够让人类获得惠益的生态系统资源和生态系统服务。陈辞认为这类产品可分为有形的生态产品（如有机食品、生态工农业产品等）和无形的生态产品（如优美环境、宜人气候、生态安全等）两类。张文明认为生态产品是由各类生态资源之间相互作用，从生态环境系统输出的产品和服务，包括林产品、水产品、畜产品等各种有形的物质性产品或生产要素，也能够发挥诸如水源涵养、调节气候、保持水土、调蓄洪水、维持生物多样性、提供景观休闲等重要生态调节性服务功能。

国外并没有与生态产品相一致的名词，但是关于生态产品相关的理论思想很早就产生了。最早可以追溯到 20 世纪 50 年代的生态服务价值理论。Aldo Leopold 对生态系统服务问题进行了探讨，认为生态系统服务具有不可替代性。到了 20 世纪 70 年代，生态系统服务功能的研究开始逐渐向生态学与生态经济学靠拢。Westman 使用"自然的服务（Natural Service）"这一表述，通过计量测算了生态系统的服务价值，这一时期关于生态系统服务的研究尚处于碎片化状态。直到 Ehrlich PR & Ehrlich A 提出"生态系统服务（Ecosystem Services）"理念，诸多学者才开始从不同视角对其进行探索，并形成了相对系统化的研究。Daily 将生态系统服务功能定义为自然生态系统及其中的构成要素，在自发的状态下，为人类的生命过程提供的支持，并认为自然生态系统是一个复杂多元的系统，包括自净能力、调节能力、生产能力等。Costanza 则将生态系统提供的服务定义为一种"流"，表现为有形和无形两种，这些流是自然环境和人类社会相互作用的结果。"新千年生态系统评估"对生态系统服务功能进行了新的表述，即生态系统对于人类的有利影响主要体现在其能够满足人类直接的供给需求、调节需求、文化需求及其维持生态平衡方面的重要作用。人们普遍认为，生态产品具有价值和生态价值，其数量可以用能值指标来评价测定；生态产品能够产生显著的生态效益、社会效益以及负经济效益和正经济效益；生态产品交换在"经济本位"的社会体系中存在一系列障碍，交换的顺利实现有赖于建立地球产品综合交易系统。

### （四）生态产品概念的界定

国内学者对生态产品的内涵尚未达成共识，导致实践中生态产品的价值识别、价值核算和价值实现等环节上存在直接套用传统生态系统服务价值核算方法的问题，往往缺乏可行性和规范性。生态产品是我国提出的独创性概念，与西方的自然资本、生态系统服务等概念有共通性，但区别在于生态产品突破了"唯经济论"和"唯生态论"，强调保护生态的基础上更好地获得经济收益，通过生态产品价值实现来破解保护与发展的矛盾。

简而言之，生态就是生物在一定的自然环境下生存和发展的状态，生物与生境共同构成生态系统。从狭义角度理解，产品是被生产出的物品；从广义角度看，产品是可以满足人们需求的载体；而从"整体概念"出发，产品是人们向市场提供的能满足消费者或用户某种需求的任何有形物品和无形服务。据此，概而言之，生态产品是人类从生态系统中获取的生态物质产品、生态调节服务和生态文化服务的总称。在不损害生态系统稳定和平衡的前提下，生态系统通过生物生产及其与人类生产相结合，为人类提供的产品和服务的总和，从表现形式上看可以分为生态物质产品、生态调节服务和生态文化服务。生态物质产品包括自然形成的野生食品、淡水、燃料、中草药和各种原材料，以及人们利用生态环境资源要素人工生产的农产品、林产品、水产品和能源产品等。生态调节服务是生态系统为人类提供的维持空气质量、调节气候、控制侵蚀、防治人类疾病以及净化水源等物质效益。生态文化服务是指人通过丰富精神生活、生态认知与体验、休闲娱乐以及美学欣赏等获得的非物质效益。生态产品价值是指凝结在生态产品中的各种要素价值的总和。作为一种特殊类型的产品，生态产品除具有一般产品的价值，还包括蕴含其中的生态环境质量价值、生态资源要素价值、生态技术贡献价值和生态文化服务价值等特殊价值，是一种复合价值。同时生态产品一旦进入生态市场，受生态品质、稀缺性、消费者偏好以及支付意愿等因素影响，往往会产生较高的附加值。

## 二、农业生态产品的内涵与外延

### （一）农业生态产品的内涵

从狭义角度看，农业生态产品是指遵循生态化农业的原理，采用生态友善的农业生态产品生产技术，生产过程和产品符合农业生态产品生产技术与质量标准，经专业机构审核评定后，许可使用农业生态产品标志的安全、营养、优质、健康的产品。因此，农业生态产品是以"农业"为主体、"生态"为核心、"产品"为目的生态友好型产品，本质是要坚持生态优先、绿色发展，促进农业发展方式转变，推动农业农村高质量发展。同时，农业生态系统为人类活动提供且被使用的货物与服务，在生产过程中要更加注重农业生态环境保护、资源节约利用、物质循环利用以保持产品绿色优质和可持续供给，切实推进美丽乡村建设。

按照联合国等国际组织制定的《环境经济核算体系——生态系统核算》（简称 SEEAEA），生态系统为经济活动和其他人类活动提供且被使用的最终产品，包括物质供给、调节服务和文化服务三个方面。

那么，农业生态系统服务包含产品服务、土壤保持、涵养水分、固定二氧化碳和释放氧气、维持营养物质循环、净化环境等服务。农业生态系统作为被人类驯化了的自然生态系统，主要表现为"三生"功能，即生产功能、生态功能和生活功能。其中，农业生产功能是农业生态系统的首要功能，即为人类社会发展提供农产品或原材料；生态调节功能，如固碳吸碳、营造小气候等；生活服务功能，为人们提供旅游观光和休闲娱乐等方面的服务。生态系统的物质供给、调节服务、文化服务分别与农业生态系统的生产功能、生态功能和生活功能相对应。由于农业产业的特殊性，农业"三生"功能之间既有区别又有重叠，生态功能是保障，可持续的生产功能与生活功能都需要生态功能的支持；生活功能涵盖了生产功能，是对生产功能的强化，因此农业生产功能与生活功能是交织在一起的，比如农产品是生产功能的最主要体现，但进入消费环节，又是人们最基本的生活保障，农业生产过程中的田园风光又是人们享受休闲时光的重要载体。

一般地，广义的农业生态系统包括农田、林地、草地及有渔业生产活动的水体生态系统。因此，普遍认为，农业生态产品主要是指农田生态系统、林地生态系统、草原放牧生态系统、渔业生态系统等组成的农业生态系统为人类社会提供的物质供给类生态产品、调节服务类生态产品、文化服务类生态产品等三类产品。其中，物质供给类生态产品包括通过清洁生产、循环利用、降耗减排等途径减少对农业生态资源的消耗而生产出来的有机、绿色等具有生态标签的生态种植产品、生态畜牧产品、生态林产品、生态渔产品和原材料等。调节服务类生态产品主要包含如水源涵养、土壤保持、防风固沙、生物多样性维持、局部气候调节等。文化服务类生态产品包括提供乡村旅游观光、休闲娱乐等服务，满足人们回归自然、享受田园风光和愉悦心情的需求,以及农业文化教育传承等精神惠益等。自新中国建立以来,在追求温饱阶段,保障中国农产品供给的数量安全是农业生产的首要目标,人们就更关注农业生态系统的生产功能;随着我国小康社会的全面建成,进入农产品数量和质量并重的阶段,人们对生态环境和可持续发展日益关注,以及人民群众的精神文化需求增加,农业生态功能和生活功能越来越被人们重视。

(二) 农业生态产品的分类

1. 物质供给类生态产品

(1) 自由物品供给。一是清新空气。大自然提供的富含氧气、无污染的清新空气,对人们的健康至关重要。二是明媚阳光。作为生命活动的重要能源,阳光不仅提供了光合作用的基础,还为人们带来了光明和温暖。三是清洁水源。未经污染的河流、湖泊、地下水等水源,是人们日常生活和生产的重要资源。四是宜人气候。适宜的气候条件有利于农作物的生长和人类居住,也是农业生态产品的重要组成部分。五是舒适环境。包括自然景观、生态环境等,为人们提供了休闲、娱乐和放松的场所。

(2) 自然物质产品。一是特色食物。如地方特色农作物、野生蔬菜、水果等,这些产品因其独特的口感和营养价值而备受青睐。二是药用植物。具有特定功能的药用植物,如中草药等,在医药和保健领域具有广泛的应用价值。三是建筑材料和资源。如土壤、石头、木材等,这些自然资源在建筑、交通等领域发挥着重要作用。四是动植物资源和菌类、藻类、蕨类、苔藓类产品。这些产品不仅丰富了人们的餐桌,还具有一定的生态价值和文化价值。

(3) 人类加工的自然物质产品。一是特色经济植物产品。通过利用自然气候条件和地理条件培育的特色经济植物，如蔬菜、水果、中药材等，这些产品经过人类的精心培育和管理，品质优良，深受市场欢迎。二是物质加工产品。通过发现和智慧发明进行材料组织、资源综合利用的物质加工产品，如木材加工品、石材制品等，这些产品不仅提高了自然资源的利用率，还创造了新的经济价值。三是区域品牌产品。通过现代技术和市场营销方式，在物质基础上形成的区域品牌产品，如土特产品、品牌农产品、地理标志农产品等。这些产品凭借其独特的地域特色、优良的品质和广泛的市场认可度，成为农业生态产品中的佼佼者。

2. 调节服务类生态产品

（1）调节气候与净化环境。一是调节气候。农业生态系统中的植被（如森林、草地、农田作物等）通过蒸腾作用、光合作用等过程，对局部气候产生积极影响。例如，植被的蒸腾作用可以增加空气湿度，降低地表温度，形成凉爽湿润的小气候。同时，不同植被类型和分布格局还会影响风向、风速等气候要素，从而对整个区域的气候产生调节作用。二是净化环境。农业生态系统中的植被和土壤能够吸收、转化和降解大气中的污染物，如二氧化碳、二氧化硫、氮氧化物等有害气体，以及空气中的尘埃和颗粒物。此外，农田土壤中的微生物还能分解有机废弃物，减少环境污染。通过这些过程，农业生态系统为改善环境质量、保护人类健康发挥了重要作用。

（2）保持水土与修复土壤。一是保持水土。植被的根系能够固结土壤，减少水土流失。同时，植被的枝叶可以拦截雨水，减缓雨水对地面的冲刷作用，从而保护土壤不被侵蚀。此外，农田中的耕作措施和灌溉技术也能有效防止水土流失，保持土壤肥力。二是修复土壤。农业生态系统中的植被和微生物能够改善土壤结构，增加土壤有机质含量，提高土壤肥力。例如，森林植被的凋落物可以为土壤提供丰富的有机物质，促进土壤微生物的繁殖和活动，从而加速土壤养分的循环和转化。此外，通过合理的轮作、休耕等耕作制度，以及施用有机肥、绿肥等措施，也可以有效修复退化土壤，提高土壤质量。

（3）物种保护与培育进化。一是物种保护。农业生态系统是生物多样性的重要组成部分，其中包含了大量的野生动植物和微生物资源。通过保护农业生态系统中的自然资源和生态环境，可以维护生物多样性的稳定和繁荣。例如，建立自然保护区、湿地公园等保护地，可以保护珍稀濒危物种及其栖息地；通过推广生态农业、有机农业等可持续农业模式，可以减少对生物多样性的破坏和威胁。二是培育进化。农业生态系统中的物种在长期的自然选择和人工驯化过程中，逐渐形成了丰富的遗传多样性和生态适应性。通过合理的育种和栽培管理措施，可以培育出适应性强、品质优良的新品种，为农业生产提供有力支撑。同时，农业生态系统中的物种还可以作为基因资源库，为生物技术的发展和应用提供重要素材。

3. 文化服务类生态产品

（1）自然景观美学。一是风景名胜区、森林公园、自然保护区。这些区域通常拥有独特的自然景观，如壮丽的山川、清澈的湖泊、茂密的森林等，为游客提供视觉上的享受和心灵上的放松。二是山地、峡谷、湖泊、瀑布、湿地。这些自然元素不仅具有美学价值，还往往与当地的生态系统和生物多样性紧密相连，是生态旅游和生态教育的重要资源。三是特色高山动植物观赏科考、农村田园景观。通过观赏高山特有的动植物，进行科学考察，以及体验农村田园的宁静与和谐，游客可以更加深入地了解自然与农业的关系，感受农业文化的魅力。

(2) 历史文化价值。一是文化艺术遗存。包括传统手工艺、古民居、古道、古廊桥等古建筑文化，以及种植养殖和制作技艺等。这些遗存不仅展示了农业社会的历史风貌，还蕴含着丰富的文化内涵和民族智慧。二是民族、宗教、传统文化的传承和弘扬。农业文化往往与民族、宗教和传统文化紧密相连。通过参与当地的节日庆典、宗教仪式等活动，游客可以亲身体验和感受这些文化的独特魅力。三是现代文化。如农家乐、民宿等乡村旅游形式，以及市场贸易、时尚产品、健康养生等新兴业态，都体现了农业文化与现代生活的融合与创新。此外，绘画写生、影视创作等文化活动也常常以农业文化为背景和主题。

(3) 科学教育功能。一是非物质利益的获取。通过农业文化服务类生态产品，人们可以获得精神感受、知识获取、主观印象、消遣娱乐和美学体验等非物质利益。这些利益有助于提升人们的生活品质和精神追求。二是环境意识的提高。通过了解生态系统服务的价值，人们可以更加深刻地认识到保护自然环境和农业资源的重要性，从而在生产活动中减少对自然资本的损耗贬值，降低环境退化造成的负效益。三是资源基础和生态环境条件的重视。农业文化服务类生态产品还强调了经济社会发展的资源基础和生态环境条件的重要性。通过科学测算和核算自然资本的价值，人们可以更加科学地制定发展规划和政策措施，促进经济社会的可持续发展。

### (三) 农业生态产品的属性

1. 自然属性

(1) 资源依赖性。农业生态产品的生产依赖于自然资源，如肥沃的土地、清洁的水源和适宜的气候条件。这些资源的质量和可持续性直接影响产品的质量和产量。

（2）生态平衡。农业生态产品强调在生产过程中保持生态平衡，避免过度开发和资源耗竭。这包括合理轮作、保护生物多样性和维护土壤肥力。

（3）环境影响。农业生态产品在生产过程中尽量减少对环境的负面影响，如减少化肥和农药的使用，采用有机农业和生态农业技术。

2. 公共属性

（1）公共物品特征。农业生态产品如清洁空气、清洁水源和生物多样性等，具有非排他性和非竞争性，即人们可以共享这些资源而不会减少其他人的使用。

（2）社会福利。农业生态产品不仅提供物质产品，还提供调节服务和休闲文化功能，如净化空气、调节气候和提供休闲场所，这些功能对整个社会都有益处。

（3）政策支持。政府和相关机构通过政策和法规支持农业生态产品的发展，如提供补贴、技术支持和市场准入等。

3. 稀缺属性

（1）资源稀缺性。随着人口增长和经济发展，自然资源如土地和水资源变得越来越稀缺，这使农业生态产品具有更高的价值。

（2）市场稀缺性。由于生产成本高和市场需求大，优质的农业生态产品在市场中往往供不应求，具有较高的经济价值。

（3）政策推动。如推行生态农业试点项目，通过政策引导和支持，推动了农业生态产品的发展和普及。

4. 绿色高效属性

（1）资源节约。农业生态产品通过科学管理和技术创新，实现资源的高效利用，减少浪费。例如，通过精准施肥和灌溉技术，提高水肥利用效率。

（2）环境友好。减少化肥和农药的使用，采用生物防治和有机农业技术，减少对环境的污染。

（3）生态循环。推动农业废弃物资源化利用，如将畜禽粪便转化为有机肥料，促进农业生态系统的循环和平衡。

（4）低碳发展。通过减少化石能源的使用和增加可再生能源的利用，降低农业生态产品生产的碳排放，推动农业的低碳发展。

5. 文化属性

（1）文化传承。农业生态产品往往与当地的文化和传统紧密相关，如传统农业技术和地方特色产品，这些产品不仅具有经济价值，还承载着文化和历史价值。

（2）教育价值。农业生态产品可以作为教育和科普的工具，帮助人们了解农业生态系统和生态保护的重要性。

6. 经济属性

（1）市场竞争力。由于其高品质和环境友好的特点，农业生态产品在市场中具有较强的竞争力，能够吸引消费者的青睐。

（2）经济效益。通过提高产品附加值和品牌效应，农业生态产品能够带来更高的经济效益，促进农业产业的可持续发展。

# 第二节　农业生态产品价值实现的内在逻辑与实践遵循

## 一、农业生态产品价值实现的提出

浙江丽水市在2019年3月被国家推动长江经济带发展领导小组办

公室批准为全国首个生态产品价值实现试点。2019年，中共中央办公厅、国务院办公厅发布的《关于建立健全城乡融合发展体制机制和政策体系的意见》中进一步提出"探索生态产品价值实现机制"改革事项；《关于建立以国家公园为主体的自然保护地体系的指导意见》指出"提升生态产品供给能力，维护国家生态安全，为建设美丽中国、实现中华民族永续发展提供生态支撑"。2021年，中共中央办公厅、国务院办公厅发布的《关于建立健全生态产品价值实现机制的意见》对加快推动建立健全生态产品价值实现机制，走出一条生态优先、绿色发展的新路子做出了总体安排，就建立健全调查监测机制、价值评价机制、经营开发机制、保护补偿机制、保障机制、推进机制进行了全面部署。2024年3月，"拓展生态产品价值实现路径"的论断为锚定美丽中国建设目标，化生态优势为发展优势，培育绿色低碳发展新动能，推动经济社会发展绿色转型提供了重要指引。综合而言，农业生态产品价值实现是中国生态文明建设的重点领域，是贯穿习近平生态文明思想的具体体现，是实现"绿水青山就是金山银山"理念的物质载体和实践抓手。

## 二、农业生态产品价值实现的内在逻辑

农业生态产品价值实现体现为双向循环的两次转化：第一次转化即GEP向GDP的转化。在维持农业生态系统的稳定和平衡的前提下，通过促进"产业生态化、生态产业化"，积极发展生态化农业和农业新技术，利用生态技术将农业生态系统服务流中的一部分转化为农业生态产品，从而实现"绿水青山"向"金山银山"的转化。第二次转化即GDP向GEP的转化。在第一次转化的基础上，为保障"绿水青山"源源不断地带来"金山银山"，必须加大对农业生态系统的投入，

通过环境保护、生态修复和生态建设增强农业生态系统服务功能，在更大规模和更高层次上产出更多更好的农业生态产品，借助生态消费市场"让好产品卖出好价钱"，从而实现"金山银山"向"绿水青山"的转化。两次转化相互支撑、循环往复促进 GEP 与 GDP 之间双转化、双增长、可循环、可持续，进而构建起高质量绿色发展的现代化农业生态经济体系。

### （一）农业生态产品价值实现的形式逻辑

农业生态产品是具有公共和私有属性的复合产品，这就导致了农业生态产品价值实现的路径各有不同。从实践来看，主要有市场路径、政府路径以及政府与市场混合型路径 3 种，虽然路径多样，但都必须遵循"政府主导、企业和社会各界参与、市场化运作、可持续的农业生态产品价值实现路径"这一要求。仅从市场运营形式来看，农业生态产品价值实现的形式是一个复杂的过程，需要经过资源变资产，资产变资本，资本变产品等众多环节，且每一个环节都是复杂的。

1. 农业生态资源转换为农业生态资产

资源稀缺和产权清晰是资源变成资产的前提条件，作为生态资源的"绿水青山"，其首要功能是以其自然属性为人类提供生态产品和服务，更多地体现为一种存在价值。稀缺性决定了农业生态资源是否具有使用价值及其价值大小，这是农业生态资源成为农业生态资产的首要前提。一种农业生态资源即使有使用价值，但并不稀缺，那么也不会有人产生独占的欲望，只有当某种农业生态资源既有用，又使人感觉到出现稀缺迹象，人们才会产生将其独占的冲动和欲望。除此之外，农业生态产品具有显著的公共产品特性，所以要使公共产品进行有效的市场交易，就需要清晰界定农业生态资源或要素的产权，并对其经济价值进行评估与核算。

2. 农业生态资产转换为农业生态资本

农业生态资产与农业生态资本也是经济发展过程中重要的构成要素，但二者具有本质的差异。农业生态资产是具有市场价值或交换价值的一种载体，是其所有者的财富或财产的构成部分；农业生态资本是能产生未来现金流的生态资产，具有资本的一般属性，即增值性。农业生态资本能带来比自身价值更大的价值，这种增值性的实质就是保持农业生态资本存量的不减性。农业生态资本是所有能创造效益的自然资源、人造资源以及生态服务系统，具有生态服务价值或者生产支持功能的生态环境质量要素的存量、结构和趋势。只有将农业生态资产通过生产要素的投入与技术的支持将其盘活，实现资产自身价值并增值，农业生态资产才可转化为农业生态资本。

3. 农业生态资本转换为农业生态产品

当农业生态资产变为农业生态资本以后，通过政府主导、企业和社会各界参与、市场化运作等多种运营方式，使农业生态资本变为可以交易的农业生态产品（服务），然后在市场中进行交易，实现农业生态资源的货币化，体现其交换价值。最终，利用农业生态资本获取的经济利润进行生态建设，涵养更加优质的农业生态资源，让农业生态资源得到可持续循环利用。

（二）农业生态产品价值实现的实质逻辑

就其实质而言，农业生态产品价值实现就是将"绿水青山"中蕴含的农业生态产品价值合理高效变现的过程，也就是将各类农业生态资源所蕴含的内在价值，转化为经济效益、社会效益和生态效益的过程。

1. 农业生态产品价值实现的经济效益

"保护生态环境就是保护生产力,改善生态环境就是发展生产力。""绿水青山"本身就是财富,而且是社会财富的基础。通过充分发挥经营开发类生态产品的使用价值、服务价值以及复合价值,将农业生态资源环境优势转变为产业优势、服务优势,吸引顾客"进入"消费、刺激商品"对外"销售、激发市场活力,直接或间接促进经济发展。例如,某些落后地区依托青山绿水、宜人景色等良好的生态环境条件,因地制宜进行经营开发,把当地的"绿水青山"自然财富变为实实在在的"金山银山"物质和农业新质生产力,实现脱贫攻坚与乡村振兴的有效衔接。

2. 农业生态产品价值实现的生态效益

生态效益是指人们在经济社会中依据生态平衡规律,使自然界的生态系统对人类的生产、生活和环境条件产生的有益影响和有利效果。农业生态产品价值实现本身就是在合理高效利用自然资源、严格保护生态环境过程中,健全和完善农业生态保护补偿制度、农业生态环境损害赔偿制度等各种制度,这会极大地改善自然环境。中共中央办公厅、国务院办公厅《关于建立健全生态产品价值实现机制的意见》中工作原则的第一点就是"保护优先、合理利用",要求尊重自然、顺应自然、保护自然,守住自然生态安全边界,彻底摒弃以牺牲生态环境换取一时一地经济增长的做法。可见,农业生态产品价值实现是一种保护环境、修复生态,将生态效益和经济效益有效结合的方式。

3. 农业生态产品价值实现的社会效益

恩格斯在《反杜林论》中明确指出:"人本身是自然界的产物,是在他们的环境中并且和这个环境一起发展起来的。""环境就是民生,青山就是美丽,蓝天也是幸福。"良好生态环境是最公平的公共产品，是最普惠的民生福祉。现阶段人民对于美好生活的需要已经不仅仅满足于单纯的经济方面，良好的生态环境更是人民幸福指数的重要影响因素。"绿水青山"给人以美的体验，"金山银山"带来富足的物质生活，"绿水青山"向"金山银山"转化过程中更是文化的传承，这些都在丰富着人的精神境界。不仅如此，在农业生态产品价值实现过程中会潜移默化地增强广大人民群众的绿色发展和环境保护意识，让保护绿水青山、依靠绿水青山、走高质量发展之路，成为人们的行动自觉。

### （三）农业生态产品价值实现的逻辑

农业生态产品价值实现的形式逻辑和实质逻辑是一个复杂的过程，但无论是形式逻辑还是实质逻辑，农业生态产品价值实现背后都具有一定的规律，从深层次研究来看，农业生态产品价值实现的逻辑规律可以分为三个部分，包括理论逻辑、历史逻辑和现实逻辑三个层面。

1. 农业生态产品价值实现的理论逻辑

农业生态产品为人类社会的发展提供了一定的物质资源以及多功能服务等，因此，农业生态产品价值实现在一定程度上能够促进一个国家、地区的农业经济发展。马克思在《资本论》中分析人类劳动的外部自然生态条件时指出："生活资料的自然富源，例如土壤的肥力，渔产丰富的水等；劳动资料的自然富源，如奔腾瀑布，可以航行的河流、森林、金属、煤炭等。在文化初期，第一类自然富源具有决定性的意义；在较高的发展阶段，第二类自然富源具有决定性的意义。"早在 2005 年时任浙江省委书记的习近平同志在余村考察时，就提出了"绿水青山就是金山银山"这一理念，随着党的十八大后生态文明建设实践的深入推进，生态产品逐渐成为"两山"理念的有形载体，生态产品价值实现也逐渐成为了"两山"理念的核心路径。"绿水青山可以源源不断地带来金山银山，绿水青山本身就是金山银山"，生态产品就是绿水青山，其价值实现也就转换为了金山银山，所以农业生态产品价值实现的理论逻辑意蕴也就是将生态优势转化为经济优势。"两山"转化理论的提出是生态文明建设的一大重要跨越，绿水青山不仅是人类生存和发展的物质前提，也是人类的精神财富，正因生态产品价值实现是"两山"理念的精髓，所以推进农业生态产品价值实现，能够有力促进"两山"转化，最终实现农业经济发展和农业生态环境保护有机统一。

2. 农业生态产品价值实现的历史逻辑

农业生态产品其前身是农业生态服务、农业生态系统服务。在《千年生态系统评估》计划后，国外学者开始践行生态系统的价值评估，为生态系统的服务功能价值评价构建了理论框架。1980年，中国著名经济学家许涤新在全国第二次畜牧业经济理论讨论会上提出要加强生态经济问题研究；1984年，在北京成立了"中国生态经济学学会"。有学者对鄱阳湖湿地生态系统进行了评价，认为生态系统为动物提供了栖息地，具有重要的旅游价值。1999年后，生态系统服务功能研究在中国得到了深入推进，不仅对不同类型的生态系统价值进行了核算，同时还提供了相应的对策。生态产品概念的提出是社会发展到一定阶段的必然结果，一方面是解决生态环境保护与经济生产矛盾的内在要求，另一方面是民众生活水平提升引致消费升级的客观需求。生态产品是中国所提出的独特性的概念，不同于一般经营产品与纯公益性产品，其形成机理复杂，因此生态产品价值实现方式多种多样。如2003年福建省以"明晰产权"为目标进行林改制度建设，通过林权抵押实现了林业经济价值的转化；2011年财政部在新安流域开展生态补偿机制的试点等。尽管中国的农业生态产品价值实现已有一定研究，但在其实现过程中显现出了一定的问题：一是由于农业生态产品价值多层性和复合型，难以进行核算和转化；二是目前农业生态产品产权不清晰，产权制度不够完善，农业生态产品信息缺乏，难以完全透明化和精准计算；三是农业生态产品市场交易体系未完全形成，农业生态产品价值实现的机制不规范，造成了农业生态产品价值实现难度大，因此建立完善的农业生态产品价值实现机制与政策尤为重要。

3. 农业生态产品价值实现的现实逻辑

国内生产总值（GDP）一直是我国重要的经济核算指标，反映了我国宏观的经济发展状况与规模，但 GDP 并未将生态环境因素考虑其中，对于实现生态文明建设并不完全适用，同样也不利于社会的可持续发展。世界自然保护联盟（IUCN）最早提出了生态系统总值（GEP）的概念，2012 年国内学者欧阳志云等将 GEP 引入国内。GEP 是指在一个区域或城市的生态系统为人类社会提供的生态产品和生态服务的总和，是与 GDP 相对应的核算体系。GEP 的引入为生态产品价值添加了"价格标签"，有助于生态产品价值实现。当前，部分地区正在努力实现生态产品价值实现，深圳市盐田区通过"绿色 GDP"，实现了 GDP 和 GEP 的双增长转换。实施乡村振兴战略是建设美丽中国的关键举措。农业是生态产品的重要供给者，乡村是生态涵养的主体区，生态是乡村最大的发展优势。乡村振兴，生态宜居是关键。实施乡村振兴战略，统筹山水林田湖草沙冰系统治理，加快推行乡村绿色发展方式，加强农村人居环境整治，有利于构建人与自然和谐共生的乡村发展新格局，实现百姓富、产业兴生态美的统一。农业生态产品价值实现打开了乡村"两山"转化的通道，将生态效益转化为经济价值，有力地推动农民农村共同富裕，走出了一条极具中国特色的生态优先、绿色发展的高质量发展道路。

## 三、农业生态产品价值实现的实践遵循

农业生态产品价值实现要以高质量绿色发展为导向，通过产业生态化与生态产业化两条路径，通过算出来、转出去和管起来三大步骤，解决为绿水青山定价、为绿色发展定向、为生态补偿定调、为生态产业定位4个难题，在生态产权、生态技术、绿色金融、生态品牌、生态市场"五力"支持下实现GEP与GDP的"双增长""双转化"，进而形成农业生态产品价值实现的六项长效机制。

### （一）一个理念

即高质量绿色发展。农业生态产品价值实现不仅是绿色发展的内在要求，更是打开"两山"转化通道的现实路径，核心要义是通过有意识有目的地开展绿色农业生产活动，让"绿水青山"蕴含的农业生态产品价值转化为"金山银山"，其实质是人与自然之间的物质变换、能量流动与价值传递。必须看到的是，受生态规律和经济规律的双重影响，农业生态产品价值实现不是将"绿水青山"全部变现，而是在维持农业生态系统的稳定和平衡的前提下，通过"产业生态化、生态产业化"将农业生态系统服务"盈余"和"增量"转化为经济财富和社会福利，以此促进GEP与GDP之间双转化、双增长、可循环、可持续，进而构建起高质量绿色发展的现代化农业生态经济体系。

### （二）两条路径

即产业生态化与生态产业化。产业生态化是遵循绿色、循环、低

碳的现代农业发展理念，积极采用先进的农业生态技术和管理模式，致力于培育和发展一批资源高效利用、能源消耗低、生态环境效益显著的现代农业新兴产业。这包括推广有机农业、生态农业、精准农业等模式，通过科技创新优化作物种植结构，提升土壤健康与生物多样性，减少化肥农药使用，促进农业废弃物的资源化利用，从而改造提升传统农业产业，逐步淘汰高污染、高能耗的落后生产方式，全面推动农业向绿色可持续发展转型。生态产业化是基于农业生态系统的自然规律和产业发展的经济规律，科学合理地开发农业生态资源，构建农业生态产品价值实现机制。通过社会化大生产的组织方式和市场化经营手段，将优质的农业生态产品推向市场，满足消费者对健康、安全、高品质农产品的需求。同时，这一过程也促进了生态要素向农业生产要素的有效转化，生态优势转化为经济优势，实现了生态财富向物质财富的增值，进一步激发了农业生态经济的活力，促进了农业生态系统与经济系统的深度融合与良性循环发展。

### （三）三大步骤

农业生态产品价值实现的主要步骤可以概括为"算出来、转出去、管起来"，核心是要解决三个基本问题，即农业生态产品的价值到底有多大？怎样转化？如何保障？这就分别涉及农业生态产品价值核算、转化路径和政策创新，其中，价值核算是基础，转化路径是关键，政策创新是保障，相应的关键步骤就包括农业生态产品价值实现的价值核算、转化路径和政策保障。

1. 算出来

价值核算是农业生态产品价值实现的前提和基础。根据联合国"千年生态系统评估"（MA）的共同框架，借鉴综合环境经济核算体系（SEEA）原理和方法，基于生态系统年度实际产出（GEP）实物量和功能量，确立典型农业生态系统的核算技术规范，通过界定核算区域范围、识别生态系统类型、编制生态产品目录、构建核算指标体系，借助能值分析法归一化估算出价值当量，综合运用直接市场法、替代市场法、虚拟市场法，分别核算出物质产品、调节服务、文化服务的实物量、功能量和价值量，加总得到年度农业生态产品的价值总值。根据上述核算流程和方法，参考GDP核算机制设计出农业生态产品价值核算机制。

2. 转出去

根据农业生态产品价值实现的内在逻辑，按照"生态资源→生态资产→生态资本→生态产品"的物质形态变换进程，综合运用产权、金融、技术、消费等的管理工具，分别提炼物质产品、调节服务和文化服务的价值转化途径与渠道，因地制宜发展乡村旅游、绿色农业、循环农业、低碳农业、生态农业等业态，全面提高农业生态产品的生产水平和供给能力。在此基础上，充分考虑农业生态产品价值演变与传递过程，遵循存在价值、使用价值、要素价值、交换价值之间梯度递减呈现的一般规律，系统构建提高生态认知、加大生态投入、激励生态生产、引导绿色消费、培育生态市场的运行机制，通过"产业生态化、生态产业化"促进生态价值与经济价值的持续稳定协同增长，全面构建GEP与GDP双转化、双增长、可循环、可持续的农业生态产品价值转化机制。

3. 管起来

农业生态产品价值实现是一项复杂的系统工程，涉及环境、资源、产业、市场等多个领域，必须根据不同农业生态系统的生态区位、环境质量和资源禀赋，结合区域经济社会发展阶段和水平，围绕农业生态产品价值实现的重点领域和关键环节设计相应的保障机制。

### （四）"四定"方略

1. 为绿水青山定价

一方面，农业生态资源环境本身就具有不以人的意志为转移的存在价值，所提供的生态系统服务是支撑和维护生命系统的前提和基础。另一方面，农业生态资源环境在一定条件下可以转化为经济价值和社会福利，只要找准了环境保护与经济发展的结合点，因地制宜地发展生态化农业，将"绿水青山"蕴含的生态产品价值转化为"金山银山"，生态优势也就转化成了经济优势；随着农业生态环境质量的不断改善，农业生态系统承载力和资源贡献率稳步提升，生态效益和经济效益将在更高水平上实现协调统一。

2. 为绿色发展定向

"人因自然而生，人与自然是一种共生关系"，"自然界是人类社会产生、存在和发展的基础和前提"。"人与自然是生命共同体"。人类是自然界的一部分，人类不能与自然相对立，不能妄图去统治、征服自然，而要与之和谐共处。破坏了农业生态环境这一人类生存最为重要的条件，农业绿色发展就失去了基础。只有尊重自然规律，才能有效防止在开发利用自然上走弯路。我们要建设的现代化是人与自然和谐共生的农业现代化，既要创造更多物质财富和精神财富以满足人民日益增长的美好生活需要，也要提供更多优质农业生态产品和服务以满足人民日益增长的优美生态环境需要。

3. 为生态补偿定调

坚持共享发展理念和共同富裕目标，制定以地方补偿为主、中央财政补贴的农业生态保护补偿机制。鼓励受益地区与保护地区、流域下游与上游地区，通过资金补偿、对口协作、产业转移、人才培训、共建园区等形式建立纵向补偿与横向补偿有机结合的补偿途径。加大对农产品主产区和重点生态功能区的财政转移支付力度，使农业生态产品提供区域和个人能得到合理补偿，激励行动者的积极性。

4. 为生态产业定位

发展经济是为了民生，保护生态环境同样也是为了民生。良好的生态环境意味着清洁的空气、干净的水源、安全的食品、宜居的环境，关系着人民群众最基本的生存权和发展权，具有典型的公共产品属性。中国共产党代表着最广大人民的根本利益，必须以对人民群众高度负责的态度，把农业生态环境保护放在更加突出的位置，为人民群众提供更多优质农业生态产品，让良好农业生态环境成为人民生活的增长点，让老百姓切实感受到农业绿色发展带来的实实在在的环境效益。

## （五）五支力量

农业生态产品价值实现遵循"生态资源→生态资产→生态资本→生态产品"的递进逻辑，具体运行过程需要生态产权、生态技术、绿色金融、生态品牌、生态市场等力量的配合。

1. 生态产权

通过合理界定农业生态资源的产权，形成归属清晰、权责明确、流转有序、监管有效的产权制度，完善农业生态资产的权能结构，建立健全农业生态资源约束性有偿使用制度，其间起决定作用的是农业生态资源的产权制度安排。

2. 生态技术

通过生态种植、生态养殖、生态加工和生态管理，生产更多更好的农业生态产品以满足生态消费需求，其间起决定作用的是农业生态技术研发与应用。

3. 绿色金融

通过绿色金融创新推进农业生态资产抵押贷款与融资，激活沉睡的农业生态资产演变为活跃的农业生态资本，实现资产流变现金流并投入农业绿色发展中，其间起决定作用的是绿色金融支持。

4. 生态品牌

农业生态产品作为一种多功能、高品质、安全健康的稀缺产品，一旦进入市场就备受青睐，在绿色消费风尚和供求关系的影响下迅速形成远高于一般商品的交换价值，体现出生态品质和生态品牌溢价的高附加值，在市场上则表现为农业生态产品的奢侈价格和品牌效应。

5. 生态市场

通过激励生态产品供给、引导绿色消费、培育生态市场，"让市场说出生态价格""好产品卖出好价钱"，其间起决定作用的是农业生态产品的有机品质和生态市场的消费容量。

（六）六项机制

在实践中经常会遇到：农业生态产品是什么、农业生态产品有什么价值、农业生态产品的价值能否被市场认可、农业生态产品的价值归属于谁等实操性问题，而这反映出的关键，即是要夯实农业生态产品价值实现的基础性工作，健全相关体制机制。

1. 农业生态系统监测机制

农业经济的生产与再生产必须依靠农业生态系统才能进行，其过程受到各种自然因素的影响和制约，因此，农业生态环境和资源是农业经济生产和再生产的物质基础和载体。一方面，农业生态系统的资源和环境为人类生存与发展提供了源源不断的物质基础；另一方面，人类又是农业生态系统的资源和环境开发利用和保护的主体。耕地减少，人口增加，碳源排放，这些全球共性的问题，既使农业生态系统容量的压力越来越大，又给农业生态资本可持续利用提出了更高要求。人类通过自身的生产活动，从农业生态系统中获取物质、能量、信息，并把从农业生态系统中获取的物质、能量、信息，进行多次开发利用。在这个过程中，不可避免地要向农业生态系统排放各种废弃物，这些废弃物一旦超出了农业生态系统的能力范围，就会引起农业生态系统平衡失调，影响农业经济生产与再生产，危及人类生态安全、资源安全、环境安全。中国在农业生态环境方面历史欠账多、问题积累多、现实矛盾多，一些地区农业生态环境承载力已经达到或接近上限，且面临"旧账"未还、又添"新账"的问题，农业生态环境保护任务十分艰巨，既是攻坚战、也是持久战。一些地方贯彻落实"绿水青山就是金山银山"的理念还存在差距，个别地方还有"重经济发展、轻生态保护"的现象，以牺牲农业生态环境换取农业经济增长，不合理的开发利用活动大量挤占和破坏农业生态空间。因此，要坚持开发与保护并重的原则，减少对农业生态系统的废弃物排放，健全农业生态环境保护和监测机制。要坚持整体部署与互助协作、总体规划与因地制宜、资源开发与保护并重、生态效益与经济效益相结合的基本原则；强调科学技术在农业生态资源利用和环境保护中的重要作用，积极开发农业生态监测的关键技术。

2. 农业生态系统修复机制

从理论上讲，农业生态系统的自组织反馈机制使其具有自我调节的功能，即农业生态系统在受到不超过生态阈值的外界干扰后，仍然能在一定时间内保持其结构与功能的相对稳定状态；或偏离农业生态平衡后能在很短时间内恢复到原始状态。如果超过农业生态系统的自我调节能力，受损的农业生态系统就不能自然恢复到其初始稳定状态，就需要人为调节和修复；否则，将长期处于受损状态。一个恢复过来的农业生态系统，应该是保护了足够的生物资源和非生物资源，在没有外来力量时也能够继续自己的发展，并维持自己的结构和功能；而且它能够表现出对正常环境胁迫和干扰的弹性适应，并能够与相邻子系统相互作用。从现实来看，对于山水林田湖草沙冰作为生命共同体的内在机理和规律认识不够，落实整体保护、系统修复、综合治理的理念和要求还有很大差距。权责对等的管理体制和协调联动机制尚未建立，统筹农业生态系统修复面临较大压力和阻力。部分生态工程建设目标、建设内容和治理措施相对单一，一些建设项目还存在拼盘、拼凑问题，以及忽视水资源、土壤、光热、原生物种等自然禀赋的现象，区域农业生态系统服务功能整体提升的成效不明显。因此，农业生态系统的恢复与重建要求在遵循自然规律的基础上，通过人类的作用，根据技术上适当、经济上可行、社会能够接受的原则，使受害或退化的生态系统重新获得健康并有益于人类经营活动。同时，农业生态系统修复与重建的原则应该包括自然法则、社会经济技术原则和美学原则三个方面。受损或退化农业生态系统的恢复可以遵循两个模式和途径：第一，农业生态系统受损没有超负荷并在可逆的情况下，压力和干扰被去除后，修复可以在自然过程中发生。第二，农业生态系统的受损超负荷，并发生不可逆的变化，依靠自然力已很难或不可能使系统修复到初始状态，必须依靠人为干扰措施，才能使其发生逆转。受损或退化农业生态系统的修复可采用生物修复、植物修复、物理修复、化学修复等多种技术手段和措施。

3. 农业生态保护补偿机制

从目前形势来看，恢复和维护以及受到破坏的农业生态系统及其生态潜力是迫切需要解决的重大问题。区域生态维护、修复与重建是一项复杂的系统工程，需要巨大的资金投入。与此同时，随着经济体制改革特别是财政投融资体制改革的进一步深化，政府的职能与定位也日益明确，政府对公共产品的提供模式和投资机制需要更加深入研究。作为一种典型的公共产品（或准公共产品），传统上由政府来承担生态环境保护与改善，"经济建设靠市场，环境保护靠政府"成为人们的信条。但实践证明，单纯由政府来提供生态环境这种公共物品也存在"政府失效"的现象，政府投资提供的方式应该而且能够多样化。农业生态资源的节约集约利用，区域农业生态环境的整治与重建，涉及许多相关利益主体，这些主体之间存在相互影响、相互制约的博弈行为，因此，需要恰当的制度安排和机制设计来理顺关系。农业生态保护补偿是补偿生态损失、维系生态潜力的一种有效制度安排和途径。农业生态保护补偿机制的建立以内化环境外部成本为基本原则，对保护行为的外部经济性的补偿依据是保护者为改善农业生态服务所付出的额外的保护与相关建设成本，以及为此而牺牲的发展机会成本；对破坏行为的外部不经济性的补偿依据是恢复农业生态服务的成本和因破坏行为造成的被补偿者发展机会成本的损失。运用政府补偿、市场补偿或政府与市场相结合补偿（混合补偿）、社会补偿等多种方式，构成生态环境外部化成本的分摊机制，以此对生态环境不完全成本进行补偿，最终促进农业生态系统与经济系统协调运行，实现农业生态产品的可持续开发和利用。为此，要建立科学合理的农业生态保护补偿框架体系和运行机制，从财税政策、产业政策、区域合作政策、差异化发展政策、资源综合利用政策等方面进行农业生态保护补偿机制的政策创新。

4. 农业生态资本运营机制

在现实生活中，农业生态产品的每一种功能所对应的使用价值的重要性是逐步显现出来的,从效用上看就是每一种使用价值的稀缺性日益突出。环境容量的下降(人口剧增)让人们意识到人类生态环境福利的稀缺,环境质量的退化让人们认识到生命支持功能的稀缺,资源存量的枯竭让人们认识到生产支持功能的稀缺,生态危机让人们认识到生态系统整体服务功能的稀缺。在一系列稀缺性的驱动下,理性的人们便会产生将具有重要功能和使用价值的农业生态资源据为己有的欲望,于是界定农业生态资源产权就成了不可回避的现实需求。界定农业生态资源产权的过程本质上就是农业生态资源资产化的过程,即将农业生态资源转化为具有明晰产权的农业生态资产,再将农业生态资产作为要素投入农业经济生产过程中,从而形成具体的农业生态资本,通过运营农业生态资本将其价值转化到农业生态产品(服务)中,由此完成了农业生态资本的形态转换,即农业生态资源—农业生态资产—农业生态资本—农业生态产品(服务)—农业生态经济价值,在这一过程中,农业生态资产化是第一步也是关键的一步,使用价值其是前提条件,稀缺性是其外在动力,产权界定则是其必经途径。这一过程表明:存在价值—使用价值—生产要素价值—交换价值是农业生态资本价值实现的内在逻辑,即农业生态资源的存在价值转换为农业生态资产的使用价值,农业生态资产的使用价值作为要素投入生产过程便形成生产要素价值,生产要素价值通过农业生态资本的具体运营过程转化到农业生态产品中形成交换价值,最后通过生态市场的生态消费交易实现交换价值的货币化。在这一完整的价值链中,每一个环节都是必不可少的,其中农业生态资产的价值评估直接关系到农业生态资产能否成为现实的农业生产要素,而要对农业生态资产进行价值评估,其先决条件是农业生态资产具有明晰的产权。因为产权边界不清的农业生态资产其范围和数量不能确定,一个连具体范围和数量都不能确定的农业生态资产是根本无法进行价值评估的，不能进行价值评估的农业生态资产自然也就不可能成为现实的生产要素，由此必然造成农业生态资本价值链中断，导致农业生态资本运营过程无法进行下去。总之，从农业生态资本价值评估的视角来看，产权是农业生态资本作为资本得以确立的关键要素。因此，从农业生态资源—农业生态资产—农业生态资本—农业生态产品（服务）—农业生态经济价值的形态转换过程，以及存在价值—使用价值—生产要素价值—交换价值的生态资本价值实现逻辑来看，农业生态资本产权和价格是最核心的两个因素，建立健全农业生态资本产权制度和农业生态资本价格形成机制，构建合理的农业生态资本价值评估方法和定价模型，是农业生态产品价值实现机制的中心议题。

5. 国土空间优化机制

国土空间是宝贵资源，是人们赖以生存和发展的家园。祖国辽阔的陆地和海洋，是中华民族繁衍生息和永续发展的家园。《中共中央关于进一步全面深化改革　推进中国式现代化的决定》指出，要"构建优势互补的区域经济布局和国土空间体系。""建立健全覆盖全域全类型、统一衔接的国土空间用途管制和规划许可制度。"这预示着未来中国的空间战略格局和空间结构必然应该是集生态、生产、生活与生命于一体的多元复合格局与结构，即生态空间山清水秀、生产空间集约高效、生活空间宜居适度、生命空间多元和谐。因此，为了使家园更美好、经济更发达、区域更协调、人民更富裕、社会更和谐，为了给我们的子孙留下天蓝、地绿、水清的生存、生活家园，必须科学开发我们的家园，推动形成合理的空间格局和空间结构。第一，山清水秀的生态空间战略（即自然态战略）。生态空间是维系农业生态系统持续稳定的前提条件。要树立绿色生态化导向，坚持节约优先、保护优先、自然恢复为主方针，加强环境保护和建设，扩大环境容量和空间。第二，集约高效的生产空间战略（即经济态战略）。国土空间的生产功能可划分为直接生产和间接生产两类。直接生产包括从土地获取的各种物质产品如粮食作物、经济作物的产量等。间接生产指以土地作为载体空间并以直接生产的物质产品为原料进行加工获取新的产品的生产。间接生产功能主要包括商品生产和服务产品生产，即第二产业和第三产业的生产。直接生产在用地方面主要依托于农用地，而间接生产在用地方面主要依托于城市建设用地。第三，宜居适度的生活空间战略（即民生态战略）。重点是增强宜居生活空间的"安全性（safety）""健康性（healthy）""便利性（convenience）""舒适性（amenity）"。第四，多元和谐的生命空间战略（即健康态战略）。统筹山水林田湖草沙冰系统治理；把山水林田湖草沙冰作为一个生命共同体，进行统一保护、统一修复；实施重要生态系统保护和修复工程。

6. 农业生态激励保障机制

资本是能够带来剩余价值的价值，其具有自然属性和社会属性，自然属性表现为增值性、运动性、价值性和竞争性，属于生产力的范畴；社会属性则表现为资本的权利性，即资本归谁所有，属于生产关系的范畴。在现实社会经济活动中，资本能否实现保值和增值以及在多大程度上增值，不是由资本的社会属性决定的，而是由其自然属性决定的，即资本作为一种生产要素，在其逐利性的支配下必然投入一定的社会生产活动中去，在生产过程中与其他生产要素相结合生产出特定的产品，然后通过产品在市场上的出售以交换价值即价格的形式实现其资本价值，显而易见，市场是资本价值最终得以实现的载体。农业生态资本作为资本也必然遵循上述一般规律，农业生态资本运营机理也表明，生态市场是农业生态资本运营的节点，既是前一轮农业生态资本运营的归宿点，又是新一轮农业生态资本运营的出发点；既是农业生态产品价值实现的载体，又是农业生态产品整体增值的平台，因此，生态市场是农业生态产品价值的实现要素。生态市场是生态商品经济的必然产物，包括生态投资市场、生态技术市场和生态消费市场。与一般商品市场一样，生态市场同样按竞争规则运行，受价值规律支配，农业生态产品的提供和消费是生态市场形成的基础，生态交易制度和管理是生态市场良性运行的保障。但与一般商品市场不同的是，由于农业生态产品是奢侈性消费品，农业生态资本是"原生"资本，生态市场的运行除受经济规律支配外还要遵循生态规律。为此，必然要求生态市场主体在双重规律的作用下能动地发挥作用，建立健全农业生态产品价值实现的激励机制。其中，政府的职责是给予农业生态产品价值实现的政策支持，通过制度创新和管理创新，发挥农业生态产品的开放集聚效应，积极培育建构生态市场体系，加大生态建设财政资金投入力度，带动和引导企业与社会公众进行生态投资，增强农业生态产品的融资功能。经营主体的职责是积极应对农业生态产品短缺，通过不断采用和创新绿色农业技术，发挥农业生态产品的共生共进效应，开发高质量生态附加值农产品，提高农业生态产品的利用率和产出率，追求农业生态产品长期整体盈利的最大化。社会公众的职责是缓解生态危机，通过改进生活方式与消费模式，提倡绿色消费、适度消费、理性消费，通过普及生态文明教育，促进社会公众的"生态自觉"意识不断增强，确立生态文化价值，树立生态理念，形成生态消费市场的社会基础。

## 第三节 农业生态产品价值实现研究的基本内容

### 一、农业生态产品价值核算

农业生态产品价值核算是一项系统性工程，它深刻植根于生态文明理论，强调人与自然和谐共生，促进农业绿色高质量发展；同时，依托农业生态经济理论，揭示农业生态系统中物质循环、能量流动与价值增值的内在逻辑与机制。市场营销理论则为农业生态产品品牌建设与市场定位提供了理论指导，强调通过差异化策略满足消费者对绿色、健康产品的需求。而公共政策理论则是推动农业生态产品价值实现的重要外部力量，通过政策引导、财政补贴、税收优惠等手段，为农业生态产品营造有利的市场环境。

在核算工程的具体实施中，不仅明确了农业生态产品涵盖的广泛类别，如有机农产品、生态林产品、农业休闲服务等，还详细剖析了其价值构成，包括直接使用价值（如食物供给）、间接使用价值（如生态服务）、选择价值与存在价值等。核算过程遵循科学性、系统性原则，采用实物量与价值量相结合的方法，通过资源清查、数据收集、模型构建等步骤，精准量化农业生态产品的经济价值与环境贡献。

在案例分析部分，选取了具有代表性的区域，通过实地调研与数据分析，详细展示了该区域农业生态产品价值核算的全过程与结果，不仅验证了核算方法的可行性与有效性，还为其他地区提供了可借鉴的经验与模式，有力推动了农业生态产品价值实现的广泛实践与深入探索。

## 二、农业生态产品价值实现的品牌培育

在农业生态产品品牌培育工程部分,本研究进一步细化了品牌价值实现的多维度路径。农业生态产品品牌价值实现不仅关乎市场定位与消费者认同,更在于通过技术创新与品质卓越,构建起难以复制的品牌壁垒。因此,农业生态产品品牌价值不仅体现在其天然、健康、环保的属性上,更在于品牌故事、文化传承与消费者情感共鸣的深度融合。

在品牌培育方面,应倡导以可持续发展为核心,结合地域特色与文化底蕴,制定差异化的品牌培育策略。这包括:强化品牌故事讲述,让消费者在享受产品的同时,也能感受到品牌背后的文化温度;利用大数据与人工智能技术,精准分析市场需求,实现个性化定制与精准营销;以及加强品牌与消费者的互动体验,如开展生态农场游、农产品认养计划等,增强消费者的参与感与忠诚度,等等。

在新媒体时代,应充分利用社交媒体、短视频平台等新型传播渠道,创新农业生态产品品牌传播模式,以生动有趣的内容吸引年轻消费群体。同时,还可以鼓励农业经营者探索跨界合作,如与知名 IP 联名、参与公益活动等,拓展农业生态产品品牌影响力。

在区域公用品牌的建设上,应注重政府、行业协会与企业的协同作用,共同推动农业生态产品品牌标准的制定与执行,保护品牌知识产权,促进品牌价值的最大化实现。通过案例分析,深入剖析了成功品牌的运作机制与经验,为其他地区提供了可复制、可推广的品牌建设模式。

## 三、农业生态产品价值实现的市场建设

在农业生态产品市场营销工程的核心领域,通过深入探索农业生

态产品价值实现的市场机制与市场运行模式，为农业生态产品的市场化进程提供了坚实的理论支撑与实践指导。

首先，市场机制建设是农业生态产品价值实现的基石。研究界定了生态市场的独特概念，即一个强调可持续发展、绿色消费与生态平衡的市场环境，其特征在于对产品质量、生产过程及环境影响的严格把控。在此基础上，强调了市场信任机制与合作机制的重要性，这些机制通过透明的信息披露、严格的监管体系以及多方参与的合作平台，增强了消费者对农业生态产品的信心，促进了市场供需的有效对接。

其次，针对农业生态产品的多样性，研究提出了差异化的市场运行模式。对于物质供给类农业生态产品，倡导以优质优价为导向，通过市场机制引导生产者提升产品质量，满足消费者对高品质农产品的需求。对于文化服务类农业生态产品，提倡通过政府引导、企业参与、社区共建等方式，拓展农业的多功能性，实现文化与经济的双重价值。对于调节服务类农业生态产品，通过生态购买等手段，激励生产者提供生态服务，维护生态平衡。这些模式不仅丰富了农业生态产品的市场运行体系，也为各类产品的价值实现提供了切实可行的路径。

## 四、农业生态产品价值实现的政策支持

在推动农业生态产品价值实现的政策设计中，研究构建了一个全方位、多层次的政策体系，旨在通过科学规划与有效实施，为农业生态产品的可持续发展提供坚实支撑。

### （一）安全政策：筑牢农业生态产品价值实现的基石

安全政策是保障农业生态产品价值实现的首要环节，它涵盖了从源头到终端的全链条管理。安全管理手段通过明确农业生态产品种类、

规范应用流程、创新管理方法等手段，确保农业生态产品从生产到消费各环节的安全可控，同时强化农业生态产品品牌安全和市场安全，提升消费者信心。安全预警政策则建立了高效灵敏的预警体系，能够及时发现并应对潜在风险，为农业生态产品市场稳定与品牌声誉保驾护航。安全维护政策则聚焦于维护机制的持续完善与优化，通过强化市场监管、加大执法力度、提升应急响应能力等措施，确保安全政策的有效落地，并在实践中不断总结经验，提升农业生态产品价值实现的政策效能。

### （二）补偿政策：激发农业生态产品生产的内生动力

补偿政策是激励农业生态产品生产与保护的重要手段。通过构建补偿政策框架，以公平、有效、可持续为基本原则，明确了补偿主体、补偿标准与补偿方式。补偿主体涵盖了政府、企业、社会团体及个体农户等多个层面，形成了多元化的补偿主体格局。补偿标准依据农业生态服务价值、生产成本及市场需求等因素科学确定，确保补偿合理公正。在补偿方式上，研究创新性地提出了财政转移支付、区域政策倾斜、生态项目补贴、生态税费优惠、生态补偿基金设立、生态标记认证及价格补偿等多种方式，旨在通过经济激励引导社会资本投入农业生态产品生产，促进农业生态与经济的双赢。

### （三）经济政策：构建农业生态产品市场发展的良好环境

经济政策是驱动农业生态产品价值实现的关键力量。市场激励机制通过价格杠杆和市场准入优惠，引导资源向高效、环保的农业生态产品倾斜。税收激励与减免政策则通过优化税收结构，降低农业生态产品生产成本，提高生产者积极性。金融支持与投资政策则通过设立专项基金、提供低息贷款、建立风险担保机制等方式，为农业生态产品提供充足的资金保障，降低投资风险。同时，贸易支持与国际合作政策通过拓展国际市场、参与国际规则制定、加强国际农业合作等方式，推动农业生态产品走向世界，提升国际竞争力。

### （四）保障制度：强化农业生态产品价值实现的制度基础

保障制度是确保农业生态产品价值实现政策有效执行的重要支撑。在组织制度保障方面，本研究强调加强组织领导，建立跨部门协作机制，加强合作支撑与宣传引导，形成全社会共同参与的良好氛围。政策制度保障则要求加强顶层设计，制定科学合理的政策规划，强化制度保障，确保政策连续性和稳定性。监管制度保障方面，本研究致力于健全农业生态产品认证体系、推广体系和全链条监督体系，确保产品质量安全可追溯。法律制度保障则通过完善生态法律和市场法律制度，为农业生态产品价值实现提供坚实的法律保障，维护市场公平竞争秩序，保护生产者、消费者及农业生态环境建设者各方权益。

# 参考文献

包晓斌，朱小云，2023. 农业生态产品价值实现：困境、路径与机制 [J]. 当代经济理论，45（9）：47-53.

陈辞，2014. 生态产品的供给机制与制度创新研究 [J]. 生态经济，30（8）.

陈佩佩，张晓玲，2020. 生态产品价值实现机制探析 [J]. 中国土地（2）.

陈霞生，2023. 态农产品价值实现机制研究 [M]. 广州：华南理工大学出版社.

陈雨，袁广达，马梦岩，2023. 乡村振兴战略下农业生态产品价值实现途径研究 [J]. 商业会计，（23）：25-29.

方印，李杰，刘笑笑，2021. 生态产品价值实现法律机制 [J]. 理想预期、现实困境与完善策略. 环境保护（9）.

谷树忠，2015-06-26. GDP 和 GEP 双核算：深圳盐田的探索 [N]. 中国经济时报（14）.

靳乐山，朱凯宁，2020. 从生态环境损害赔偿到生态补偿再到生态产品价值实现 [J]. 环境保护（17）.

匡后权，陈缵绪，马丽，2023. 基于产业价值链视角的大数据赋能农业生态产品价值实现研究 [J]. 农村经济（3）：78-86.

黎元生，2018. 生态产业化经营与生态产品价值实现 [J]. 中国特色社会主义研究（4）.

李宏伟，薄凡，崔莉，2020. 生态产品价值实现机制的理论创新与实践探索 [J]. 治理研究，36（4）：34-42.

李晓燕，王彬彬，黄一粟，2020. 基于绿色创新价值链视角的农业生态产品价值实现路径研究 [J]. 农村经济（10）：54-61.

廖茂林，潘家华，孙博文，2021. 生态产品的内涵辨析及价值实现路径 [J]. 经济体制改革（1）.

刘伯恩，2020. 生态产品价值实现机制的内涵、分类与制度框架 [J]. 环境保护，48（13）：49-52.

刘耕源，何萍，王永阳，2021. 农业生态产品及其价值实现路径

[J]. 应用生态学报, 32（2）: 737-749.

刘江宜, 牟德刚, 2020. 生态产品价值及实现机制研究进展 [J]. 生态经济（10）.

刘尧飞, 沈杰, 2019. 新时代生态产品的内涵、特征与价值 [J]. 天中学刊（1）.

马晓妍, 何仁伟, 洪军, 2020. 生态产品价值实现路径探析——基于马克思主义价值论的新时代拓展 [J]. 学习与实践（3）.

丘水林, 靳乐山, 2019. 生态产品价值实现的政策缺陷及国际经验启示 [J]. 经济体制改革（3）.

丘水林, 庞洁, 靳乐山, 2021. 自然资源生态产品价值实现机制：一个机制复合体的分析框架 [J]. 中国土地科学, 35（1）.

石敏俊, 2020-09-24. 生态产品价值如何实现? [N]. 中国环境报（003）.

孙庆刚, 郭菊娥, 安尼瓦尔·阿木提, 2015. 生态产品供求机理一般性分析——兼论生态涵养区"富绿"同步的路径 [J]. 中国人口资源与环境, 25（3）.

孙书存, 包维楷, 2005. 恢复生态学 [M]. 北京：化学工业出版社：3.

陶德凯, 杨韩, 夏季, 2023. 中外生态产品价值实现研究进展与热点透视——基于 Cite Space 知识图谱分析 [J]. 农业与技术, 43（21）: 96-102.

童依霜, 周金莺, 丁倩, 等, 2020. 生态产品价值实现的"一村万树"绿色期权模式 [J]. 中国环境管理（5）.

王承武, 董靖雯, 2023. 生态产品价值实现路径研究 [J]. 国土资源科技管理, 40（6）: 122-134.

王建华，贾玲，刘欢，等，2020. 水生态产品内涵及其价值解析研究. 环境保护（14）.

王勇，2020. 生态产品价值实现的规律路径与发生条件［J］. 环境与可持续发展，45（6）：94-97.

吴季松，2018. 解决生态危机"绿水青山就是金山银山"的理论创新是基础［J］. 中国战略新兴产业（45）：84-86.

吴江天，1994. 江西鄱阳湖国家级自然保护区湿地生态系统评价［J］. 自然资源学报（4）：333-340.

修文飞，2020. 山区生态产品价值实现机制研究［D］. 中共浙江省委党校.

严立冬，陈光炬，刘加林，等，2010. 生态资本构成要素解析——基于生态经济学文献的综述［J］. 中南财经政法大学学报（5）.

严立冬，李平衡，邓远建，等，2018. 自然资源资本化价值诠释——基于自然资源经济学文献的思考［J］. 干旱区资源与环境，32（10）：1-9.

杨晓梅，尹昌斌，2022. 农业生态产品的概念内涵和价值实现路径［J］. 中国农业资源与区划，43（12）：39-45.

袁广达，王琪，2021. "生态资源——生态资产——生态资本"的演化动因与路径［J］. 财会月刊（17）：25-32.

曾贤刚，虞慧怡，谢芳，2014. 生态产品的概念、分类及其市场化供给机制［J］. 中国人口·资源与环境，24（7）.

张林波，虞慧怡，李岱青，等，2019. 生态产品内涵与其价值实现途径［J］. 农业机械学报，50（6）：173-183.

张月芳，2023. 农业生态产品价值实现路径探索——以重庆市合川区为例［J］. 农村·农业·农民（A版）（8）：26-28.

中国生态补偿机制与政策研究课题组，2007.《中国生态补偿机制与政策研究》[M].北京：科学出版社：32-33.

庄贵阳，王思博 2022-08-22.正确认识生态产品公共属性　有序推进生态产品价值实现[N].四川日报（10）.

# 第一章
# 农业生态产品价值实现及其品牌、市场与政策研究的理论基础

研究农业生态产品价值实现的理论逻辑和理论基础对于促进可持续发展、保护生态环境、提高产品品质和安全、推动产业升级和创新以及满足消费者需求具有重要意义。本研究将生态文明理论、农业生态经济理论、市场营销理论和公共政策理论作为农业生态产品价值实现及其品牌、市场与政策研究的理论基础。

## 第一节 生态文明理论

生态文明是人类社会进步的重大成果，是实现人与自然和谐共生的必然要求。当代生态文明理论是伴随生态危机发展的全球化趋势和生态科学、系统科学等自然科学的发展而诞生的。在 21 世纪的全球发展版图中，生态文明作为人类社会发展的新形态，正以前所未有的力度重塑着经济、社会与自然的相互关系。随着工业化、城市化进程的加速，环境问题日益凸显，资源约束趋紧，生态系统退化，这些挑战迫使人类重新审视发展模式，探索人与自然和谐共生的新路径。作为

人类社会的基石产业，农业生态产品的价值实现不仅关乎食品安全、农村发展，更是生态文明建设的重要一环。因此，以生态文明理论为基石，深入探讨农业生态产品价值实现问题，对推动农业绿色发展、促进乡村全面振兴具有重要的理论与实践意义。

## 一、生态文明理论的建立

### （一）中国古代的生态文明思想

中国古代的生态文明思想源远流长，其核心理念强调人与自然的和谐统一，以及顺应自然规律的重要性。天人合一是中国古代哲学中的一个核心思想，强调人与自然是不可分割的整体，人们应该尊重自然，遵循自然规律，与自然和谐相处，阴阳五行理论将自然界的万物分为阴阳两极和五种元素（金、木、水、火、土），认为这些元素相互作用、相互制约，构成了自然界的平衡和谐，人们应该理解并顺应这种自然界的平衡，通过调整阴阳五行的关系，实现人与自然的和谐共生。道家强调自然、无为而治，主张顺应自然、遵循自然规律，反对过度干预和破坏自然环境。道家提倡"道法自然"，即人们应该遵循自然的规律，不做违背自然的事情，以实现与自然的和谐共生。儒家强调仁爱、中庸、和谐，主张人与自然、人与人之间的和谐相处。儒家提倡"仁爱"思想，认为人们应该像关爱自己一样关爱自然，实现人与自然的和谐共生。中国古代是一个农业文明发达的国家，农民们在长期的生产实践中形成了许多与生态环境保护相关的经验和智慧，如轮作、休耕、施肥等。这些实践不仅提高了农业生产效率，也有效地保护了生态环境。中国古代文人墨客喜欢游历山水，留下了许多关于自然环境的诗歌、散文和画作。这些作品反映了他们对自然环境的热爱和尊重。山水文化的发展不仅丰富了人们的精神生活,也促进了人们对自然环境的保护意识。远古时代,人们以图腾等形式表达对自然现象的崇拜和畏惧,这种对自然环境的敬畏之情成为早期生态思想的萌芽。这种对自然的敬畏促使人们尊重自然、顺应自然,与自然和谐相处。总之,中国古代生态文明思想涵盖了哲学、文化、农业等多个方面,其核心是强调人与自然的和谐共生,以及顺应自然规律的重要性。这些思想和实践对中国古代的生态环境保护和可持续发展起到了重要的作用,也为现代生态文明思想提供了宝贵的借鉴和启示。

(二) 西方生态文明思想

在西方生态思想中,虽然没有直接关于生态文明的成体系研究成果,但生态后现代主义、后工业社会、生态现代化、后工业文明等不同的提法可以被认为是生态文明思想的理论渊源之一。早在1866年,德国科学家海克尔就首次提出"生态学"的概念;1935年,英国学者坦斯勒进而提出"生态系统"的概念,开始从更宏观的角度认识自然生态环境;20世纪50年代以后,生物学的研究范围日益扩大,赋予了很多新内容。美国学者查伦·斯普瑞雷纳克认为,代表人类发展未来的"生态后现代主义",是一个寻求超越现代性失败假设的方向,是一个重新将我们的理智建立在身心、自然和地方的现实基础上的方向。她所倡导的"生态后现代主义",在很大程度上与老子关注自然的精妙过程,与孔子强调培养道德领袖及人类对更大的生命共同体的责任感有关。俄罗斯学者伊诺泽姆采夫从马克思主义理论的视角,敏锐地提出后工业社会的后经济性。美国著名未来学家阿尔温·托夫勒、海蒂·托夫勒认为,以科技信息革命驱动的第三次浪潮,正在彻底改观建立在工业革命之上的现代文明。这一革命性的变迁已波及人类生活的所有领域，从而使一个崭新的文明初见端倪。这个新的文明带来了全新的生活方式，它是以多样化和再生能源为基础的，它为我们重新制定了行为准则，并使我们超越标准化、同步化和集中化，超越能源、货币和权力的积聚化。上述理论和思想也为生态文明理论的诞生提供了丰富的土壤。

### （三）生态文明理论的诞生和中国生态文明思想的发展

20世纪60年代，《寂静的春天》一书的出版，开启了全人类反思工业化发展方式、寻求可持续发展的探索历程。1972年，斯德哥尔摩人类环境会议的召开标志着人类对环境问题的觉醒，世界各国由此走上保护和改善生态环境的艰难而漫长的历程，环境问题日益受到世界各国的广泛关注和高度重视，与环境问题相关的理论研究在全球范围内掀起高潮。1983年，联合国成立了世界环境与发展委员会。1987年，该委员会在其长篇报告《我们共同的未来》中，正式提出了可持续发展理论。

在国内，著名的生态经济学家叶谦吉先生于1987年在全国生态农业问题讨论会上提出应该"大力建设生态文明"，这是"生态文明"一词首次出现。同年4月23日，叶谦吉在《中国环境报》发表了《真正的文明时代才刚刚起步——叶谦吉教授呼吁开展生态文明建设》，还在其所著的《生态农业——未来的农业》一书中进一步阐述了生态文明建设问题。1999年4月，《巩固成果，加快发展，提高国土绿化水平》报告中首次提出了"21世纪将是一个生态文明的世纪"重要命题。2003年6月25日发布的《中共中央、国务院关于加快林业发展的决定》提出了"建设山川秀美的生态文明社会"。这是"生态文明"一词第一次出现在中央文件中。2007年，党的十七大提出"生态文明"建设的执政理念,"生态文明"首次被写入党代会报告,标志着生态文明由"语词"及其"理论"向"发展观"——"生态文明观"和"科学发展观"全面转折,成为时代的转折,历史性的转变。2012年,党的十八大报告中用独立章节阐述了生态文明建设,更加强调了生态文明建设的重要意义,并提出了生态文明建设的理念、原则和目标,以及努力方向。标志着生态文明建设理论逐渐成熟和清晰起来。2013年,党的十八届三中全会通过了《中共中央关于全面深化改革若干重大问题的决定》,突出强调了加快建立生态文明制度的重要性,并提出了一系列富有针对性的实施策略,生态文明建设的重点开始转向实践层面。2022年,党的二十大报告指出,"中国式现代化是人与自然和谐共生的现代化",明确了中国新时代生态文明建设的战略任务,总基调是推动绿色发展,促进人与自然和谐共生。

## 二、新时代的生态文明理论:习近平生态文明思想

### (一) 习近平生态文明思想的内涵

习近平生态文明思想是习近平新时代中国特色社会主义思想的重要组成部分,是社会主义生态文明建设理论和实践创新成果的集大成者,并传承中华优秀传统文化中的生态思想基因,是体现"第二个结合"的重大成果。全面准确理解和认识习近平生态文明思想,有助于从整体上把握习近平新时代中国特色社会主义思想,更好地贯彻党的二十大精神,推进绿色发展,实现中国的绿色崛起。

### (二) 基本方面

1. 生态文明建设是发展战略

党的十八大把生态文明建设纳入中国特色社会主义事业"五位一

体"总体布局,明确提出大力推进生态文明建设,努力建设美丽中国,实现中华民族永续发展。这标志着我们对中国特色社会主义规律认识的进一步深化,是新时期中国共产党运用整体文明理论指导当代中国的又一重大理论创新成果。突出生态文明建设在"五位一体"总体布局中的重要地位,表明中国共产党从全局和战略高度解决日益严峻的生态矛盾,确保生态安全,加强生态文明建设的坚定意志和坚强决心。同时,生态文明建设在"五位一体"总体布局中具有突出地位,发挥独特功能,为经济建设、政治建设、文化建设、社会建设奠定坚实的自然基础和提供丰富的生态滋养,推动美丽中国的建设蓝图一步步成为现实。

2. 绿色发展方式是发展路径

恩格斯曾经说道:"不要过分陶醉于我们对于自然界的胜利,对于每一次这样的胜利,自然界都报复了我们。"所以人类的发展活动必须尊重自然、顺应自然、保护自然,否则将会自食后果。只有让发展方式绿色转型,才能适应自然的规律。

3. 发展理念具有战略性、纲领性、引领性

发展是党执政兴国的第一要务。绿色发展理念作为党科学把握发展规律的创新理念,明确了新形势下完成第一要务的重点领域和有力抓手,为党切实担当起新时期执政兴国使命指明了前进方向。必须要坚持和贯彻新发展理念,像保护眼睛一样保护生态环境,像对待生命一样对待生态环境。加深对自然规律的认识,自觉以规律的认识指导行动。绿色发展不仅明确了我国发展的目标取向,更丰富了中国梦的伟大蓝图,是生态文明建设中必不可少的部分。

4. 建设美丽中国是发展目标

尽管在生态建设方面取得了很大成效,但生态环境保护仍然任

重道远。步入新时代，我国社会主要矛盾已经转化为人民日益增长的美好生活需要和不平衡不充分的发展之间的矛盾，而对优美生态环境的需要则是对美好生活需要的重要组成部分。在党的十九大报告中，将"美丽"纳入建设社会主义现代化强国的奋斗目标之中，多次提出要建立"美丽中国"，还自然以宁静、和谐、美丽，这句富有诗意的表述，实际上反映了党的执政理念，体现了党的责任担当和历史使命。

### (三) 核心理念

**1. 生态兴则文明兴、生态衰则文明衰——人与自然和谐共生的新生态自然观**

历史上有许多文明古国，都是因为遭受生态破坏而导致文明衰落。"生态兴则文明兴，生态衰则文明衰"这一重要论断，揭示了生态与文明的内在关系，更把生态保护的重要性提升到了关系国家和民族命运的高度。人类只有遵循自然规律才能有效防止在开发利用自然上走弯路，人类对大自然的伤害最终会伤及人类自身，这是无法抗拒的规律。人类尊重自然、顺应自然、保护自然，自然则滋养人类、哺育人类、启迪人类。

**2. 绿水青山就是金山银山——保护环境就是保护生产力的新经济发展观**

要把生态环境保护摆在更突出的位置。我们既要绿水青山，也要金山银山。让绿水青山充分发挥经济社会效益，关键是要树立正确的发展思路，因地制宜选择好发展产业。绿水青山和金山银山绝不是对立的，关键在人，关键在思路。只有充分考虑到生态环境的承受能力，才能保持两者的协调发展关系，保持经济的持续发展。

决不能以牺牲环境、浪费资源为代价换取经济增长,不能在问题发生之后再以更大的代价去弥补,而是要让经济发展和生态文明相辅相成、相得益彰,让良好环境成为人民生活质量的增长点,让"绿水青山"变为"金山银山"。

3. 山水林田湖草是一个生命共同体的新系统观

山水林田湖草是一个生命共同体,人的命脉在田,田的命脉在水,水的命脉在山,山的命脉在土,土的命脉在林草。人和自然相互依存、相互影响的。如果破坏了山、砍光了林,也就破坏了水,山就变成了秃山,水就变成了洪水,泥沙俱下,地就变成了没有养分的不毛之地,水土流失、沟壑纵横。人类在这样的自然环境下,怎么能正常生存下去呢。所以人和自然是一个生命共同体,如果只看到眼前的利益而忽视对自然环境的保护,那么人类的实践活动终将影响人类的命运。这也告诉人们,用途管制和生态修复必须遵循自然规律,不可顾此失彼。由一个部门行使所有国土空间用途职责,对山水林田湖草进行统一保护、统一修复是十分必要的。

4. 环境就是民生,人民群众对美好生活的需求就是我们的奋斗目标

建设生态文明,关系人民福祉,关乎民族未来。良好的生态环境是最公平的公共产品,是最普惠的民生福祉。小康全面不全面,生态环境是关键。经济在发展,环境在污染,我国已经在发展与污染中徘徊了很多年。造成环境污染的原因固然有群众环保意识淡薄、绿色生活习惯尚未形成等原因,但是归根结底,还是因为重经济发展轻环境保护、重开发资源轻科学统筹规划。面对日益严重的环境问题,应把它上升到民生的高度去认识、去重视、去治理。所以温饱问题解决以后,保护生态环境就应该而且必须成为发展的题中应有之义,这也是

改善民生的重要着力点。

## 三、生态文明理论与农业生态产品价值实现

生态文明理论与农业生态产品价值实现之间存在着密切的联系和相互作用机制。

首先,生态文明理论强调了人与自然的和谐共生,提倡在发展过程中尊重自然规律,保护生态环境。而农业生态产品的生产方式正是在这一理念指导下不断发展和完善的。采用生态友好的农业生产方式,如有机农业、生物动力农业等,不仅有助于保护农业生态环境,减少化学农药和化肥的使用对环境的污染,还能促进土壤健康、维护农业生态系统稳定。

其次,生态文明理论倡导的可持续发展理念与农业生态产品价值实现密切相关。农业生态产品的生产过程中注重生态环境的保护和可持续利用,不仅有助于当下生产的可持续性,也为后代提供了更好的生存环境。例如,有机农业不仅可以提高土壤的肥力和保水能力,还可以减少对水资源的消耗,保护生态系统的多样性和稳定性,从而实现了农业生态产品价值的长期持续实现。

再次,生态文明理论强调生态系统服务的重要性,这也直接关系到农业生态产品价值实现。农业生态产品的生产不仅是为了获取产品本身的价值,更重要的是通过生产过程中维护和增强生态系统的服务功能,如土壤保持、水资源调节、生物多样性维护等,为社会和经济发展提供了重要的支撑和保障。因此,农业生态产品的价值实现应当考虑到生态系统服务的价值,从而将生态产品的社会价值和经济价值相统一。

最后,生态文明理论强调社会责任和公共利益,这也影响到了农业生态产品价值实现。在生产和营销过程中,农业生态产品需要充分

考虑消费者的健康和安全需求，注重产品的品质和安全性，以赢得消费者的信任和认可。因此，在农业生态产品价值实现过程中，生态文明理论不仅是一种理论指导，更是一种社会伦理和道德引领，引导农业生态产品生产者和消费者共同追求人与自然和谐共生，推动生态文明建设不断深入。

生态文明理论与农业生态产品价值实现的关系，体现了人类与自然和谐共生的理念在实践中的重要性。面对当前存在的挑战和问题，迫切需要从完善市场机制、强化政策支持、加强科技支撑、弘扬生态文化等方面入手，推动农业生态产品价值的有效实现。通过生态文明理论的指导，农业生态产品能以更加环保、可持续的方式生产，从而保护了农业生态环境，提升了产品的品质和安全性，提升了社会认可度和市场竞争力。

## 第二节 农业生态经济理论

随着全球经济的快速发展，环境问题日益严峻，可持续发展成为各国共同追求的目标。在农业领域，传统农业生产方式的高投入、高消耗、高污染已难以满足现代社会的需求，农业生态经济理论应运而生，为农业生态产品价值实现提供了重要的理论基础和实践指导。

### 一、农业生态经济理论的内涵与发展模式

#### （一）农业生态经济理论的基本内涵

农业生态经济理论是生态经济学与农业经济学的交叉学科，它研究农业生态系统与经济系统之间的相互作用关系，探讨如何在保护生

态环境的前提下实现农业经济的可持续发展。该理论的起源可以追溯到20世纪60年代，随着全球环境问题的日益突出，学者们开始关注农业生产与生态环境之间的关系，逐渐形成了农业生态经济学的理论体系。农业生态经济理论是指以生态学为基础，结合经济学原理，探讨农业生产与生态环境之间相互作用和协调发展的理论体系。该理论旨在实现农业可持续发展，保护生态环境，提高农业生产效率，促进农民收入增长，实现农业与生态环境的良性互动。

农业生态经济发展与人民群众的日常生活息息相关，这一领域的工作重点是增加农民群众的收入，促进农业经济循环发展并实现城乡居民收入增长双赢。农业生态经济系统主要有两个子系统，分别是农业经济系统、农业生态系统，两者之间有着密切关系，前者主要用于后者物质能量的连续输入，后者对经济体系的结构和功能产生限制作用，两者在复杂的过程中交织在一起。在经济体系中，经济利益是首要目标；在生态系统中，环境利益是首要目标（图1-1）。

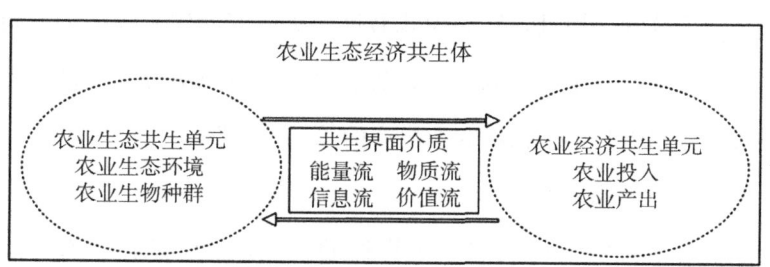

**图1-1　农业生态经济共生体**

## （二）农业生态经济发展模式

1. 渐进式发展模式

中国人口规模巨大，但是可利用的土地面积却十分有限，农业、经济和环境在这种条件下的矛盾会激化，因此，要遵循经济和社会环境的发展规律。

渐进式发展的必要性在于：①减少风险。渐进式发展模式可以帮助农民和农业生态经济系统逐步适应新模式、新技术、新理念，减少突变带来的风险。通过逐步推进，可以更好地评估和处理可能出现的问题，降低农业生态经济发展过程中的风险。②保障稳定性。渐进式发展模式有助于保障农业生态系统的稳定性。逐步引入新的生态经济理念和技术，有助于农民和相关机构逐步适应和理解，避免过快推进导致的系统不稳定和混乱。③降低成本。渐进式发展模式可以降低农业生态经济发展的成本。通过逐步改变生产方式、调整管理模式，农民和相关机构可以更有效地利用资源和资金，降低转型成本，实现更可持续的发展。④促进共识。渐进式发展模式有助于促进各方共识和合作。在逐步推进过程中，可以更好地与农民、政府、科研机构、企业等各方沟通和协作，形成共识，共同推动农业生态经济的发展。⑤提高可持续性。渐进式发展模式有助于提高农业生态经济的可持续性。通过逐步改善生产方式、保护生态环境，可以更好地实现生态经济的可持续发展目标，保障农业生产的长期稳定性。

2. 多元化发展模式

农业生态经济结构表现出多样性的特征。通常来说，农产品的种植主要根据环境和气候的变化进行，因此人们会在不同的气候条件下种植不同的农作物。这也意味着，人们在农业生产发展过程中，应当充分考虑因地制宜原则，采用分类指导的耕种方法，对生态空间的使用模式产生共识。与此同时，人们应采取谨慎的方法进行农业开垦，以多元化发展模式收到适应当地生态空间生产的效果，通过分析区域环境结构，在不损坏当地生态环境的前提下获得更多的农产品产出。

多元化发展的必要性在于：①减少风险。多元化发展模式可以降低农业生态经济系统面临的风险。通过种植多样化的作物、发展多元化的农产品生产方式，可以减少对单一作物或产业的依赖，降低因自然灾害、市场波动等因素带来的风险。②提高抗风险能力。多元化发展模式有助于提高农业生态经济系统的抗风险能力。当某一作物或产业受到不利因素影响时，其他作物或产业的收益可以起到一定的稳定作用，保障农民的经济收入。③优化资源利用。多元化发展模式有助于优化资源利用效率。通过种植不同类型的作物或发展多种农业产业，可以更好地利用土地、水资源等农业生产要素，提高资源利用效率，实现农业生态经济的可持续发展。④增加收入来源。多元化发展模式可以增加农民的收入来源。通过发展多种农产品、农业产业，农民可以获得更多的经济收益，提高经济稳定性，改善生活质量。⑤促进生态平衡。多元化发展模式有助于促进生态平衡。通过种植多样化的作物、发展多种农业产业，可以提高生态系统的多样性，促进生物多样性的保护，维持生态平衡，减少对生态环境的破坏。

3. 重点突破发展模式

当前生态系统恶化趋势尚未得到有效遏制，同时面临水土流失等生态环境压力。在这种情况下，国家有必要集中精力为恢复生态环境的项目投入资金。例如，在对关键控制样本区域进行整治时，应着重于逐步取得突破和恢复生态，考虑到在某些地区水土流失现象较为严重，因此应集中精力恢复植被。在生态环境建设方面，可以将生物技术和财政措施有机结合起来，在一些污染较严重的地区，采用物理和化学方法相结合的方法，多管齐下恢复当地生态环境。

重点突破发展的必要性在于：①集中资源优势。重点突破发展模式可以集中资源、精力和资金，有针对性地推动某一领域或某一环节的发展。通过突破关键环节或核心问题，可以更有效地推动农业生态经济的发展，实现可持续发展目标。②加快创新步伐。重点突破发展模式可以促进科技创新和技术进步。通过重点突破关键技术或创新模式，可以加快技术研发和推广应用的步伐，提高农业生产效率和质量，推动农业生态经济的发展。③提升核心竞争力。重点突破发展模式有助于提升农业生态经济系统的核心竞争力。通过优化重点领域的产业结构、提升关键环节的效率，可以增强农业生态经济系统的竞争力，提高整体发展水平。④带动全面发展。重点突破发展模式可以带动农业生态经济系统的全面发展。通过重点突破，可以促进相关领域的发展，带动整个农业生态经济系统的协调发展，实现全面、均衡的发展目标。⑤提高效益。重点突破发展模式有助于提高农业生态经济系统的效益。通过重点发展某一领域或某一产业，可以提高资源利用效率，提升经济效益，推动农业生态经济的可持续发展。

## 二、新发展阶段农业生态系统与农业经济系统的关系

农业生态—经济系统是由农业生态和农业经济两个子系统构成的复杂巨系统，是人地关系地域系统的重要组成部分，在人地关系研究中扮演着重要角色。农业生态系统是人类按照自身的需要，采用一定的技术手段，调节农业生物种群和非生物环境间的相互作用，并通过合理的物质循环、能量转化，进行农业生产的生态系统。农业经济系统则是农业经济活动的主客体要素诸如农业劳动者、农业生产企业、农业宏观调控者、农用土地、农业技术装备、农业资金、农产品及其各类市场等实体要素和农业产业结构、农业科学技术、农业经济管理手段、农业经济信息等软性要素以及各类要素关系的集合。在新发展

阶段，农业生态系统与农业经济系统之间存在着密切的关系和相互作用。

## （一）生态保护与资源可持续利用

农业生态系统的保护和资源的可持续利用变得尤为重要。中国面临着土地资源有限、水资源短缺、生态环境压力大等挑战，因此需要通过合理的资源管理和生态保护措施，确保农业生态系统的稳定性和可持续性。这包括加强农业面源污染治理、推动农业节水和水资源管理、加强土壤保护与修复、推动农业生物多样性保护等。

## （二）农业生产效率与农产品质量

农业经济系统需要重视农业生产效率的提高和农产品质量的提升。通过引进先进的农业技术和管理模式，提高农业生产效率，增加农产品的产量和质量，满足人们对食品安全和营养需求的同时，提高农民的收入水平。例如，推广高效节水灌溉技术、智能农业设备和精准农业技术，提高农田水分利用效率和农产品产量。

## （三）农业产业结构与农产品供给

农业经济系统需要调整和优化农业产业结构，提高农产品供给的质量和多样性。通过发展特色农产品、优质农产品和有机农产品等产业，创造农业增值服务，提高农业产品的附加值，丰富市场供给，满足人们对农产品多样性和高品质需求。同时，推动农产品加工业的发展，提高农产品的附加值和市场竞争力。

## （四）农业科技创新与数字化农业

农业经济系统需要加强农业科技创新和推动数字化农业的发展。

通过引进先进的农业科技，如物联网、大数据、人工智能等，提高农业生产的智能化水平，优化农业生产流程，提高生产效率和农产品质量，推动农业经济的现代化发展。例如，推广农业物联网技术，实现农田环境监测和农业生产过程的精确管理。

(五) 农业生态补偿与生态农业补贴

农业经济系统需要加强农业生态补偿和生态农业补贴机制的建设。通过建立生态保护补偿机制，鼓励农民参与生态环境保护，保护生态系统的稳定性和功能完整性。同时，通过给予生态农业补贴，推动农民转向生态友好型的农业生产方式。例如，实施农田面源污染治理奖补政策，鼓励农民采取农田生态保护措施。

新发展阶段的农业生态系统与农业经济系统之间的关系紧密，农业经济系统需要注重生态保护和资源可持续利用，提高生产效率和产品质量，调整产业结构和增加农产品供给，推动科技创新和数字化农业发展，建立生态补偿和生态农业补贴机制，以实现农业生态经济的可持续发展。通过这些措施，可以促进中国农业的绿色发展，提高农民收入，实现农业可持续发展和乡村振兴。

## 三、农业生态经济理论在农业生态产品价值实现中的应用

(一) 生态平衡与经济平衡的统一

在农业生态产品价值实现过程中，必须坚持生态平衡与经济平衡的统一。一方面，要充分考虑农业生态系统的承载能力，合理安排农业生产活动，避免过度开发和利用导致生态系统退化；另一方面，要

优化农业生产结构,提高农业生产效率,实现经济效益与生态效益的双赢。例如,通过推广生态农业技术、实施轮作休耕制度等措施,可以在保护生态环境的同时提高农业生产效益。

### (二) 资源高效利用与循环利用

农业生态经济理论强调资源的高效利用与循环利用。在农业生态产品价值实现过程中,应注重提高农业资源的利用效率,减少浪费和污染。这包括加强农业科技创新,推广节水灌溉、精准施肥等先进技术;加强农业废弃物资源化利用,将农作物秸秆、畜禽粪便等废弃物转化为有机肥料或生物质能源;加强农业节水工作,提高水资源利用效率等。

### (三) 生态服务功能的维护与提升

农业生态系统具有多种生态服务功能,如气候调节、水源涵养、生物多样性维护等。在农业生态产品价值实现过程中,应注重保护这些生态服务功能,并通过科学管理和技术创新提升其服务功能。例如,通过建设农田防护林网、实施水土保持工程等措施,可以提高农田生态系统的防风固沙、水土保持能力;通过保护农业生物多样性,可以维护生态平衡,提高农业生态系统的稳定性和抗逆性。

在实践层面,宁夏回族自治区银川市贺兰县进行"稻渔空间"一二三产业融合,促进价值转化,因地制宜开发了集农业种植、渔业养殖、产品初加工、生态旅游于一体的"稻渔空间"生态农工旅项目,完成了从传统种植到稻、鱼、蟹、鸭立体种养,再到一二三产业融合发展的转型升级,获得了耕地保护、生态改善、产业提质、农民增收等多重效益。云南省元阳县阿者科村发展生态旅游实现人与自然和谐共生，以保护自然生态和传统文化为基础，以发展"内源式村集体主导"旅游产业为重点，在保护中开发、在开发中保护，把优质生态产品的综合效益转化为高质量发展的持续动力，走出了一条生态保护、文化传承、经济发展、村民受益的人与自然和谐共生之路。江苏省苏州市金庭镇发展"生态农文旅"，按照"环太湖生态文旅带"的全域定位，依托丰富的自然资源资产和深厚的历史文化底蕴，积极实施生态环境综合整治，推动传统农业产业转型升级为绿色发展的生态产业，打造"生态农文旅"模式，实现了经济价值、社会价值、生态价值、历史价值及文化价值的全面提升。

# 第三节　市场营销理论

农业生态产品不仅满足了消费者对健康、安全、环保的需求，还促进了农业产业结构的优化和农民收入的增加。探讨市场营销理论及农产品营销理论在农业生态产品价值实现中的指导作用，对农业生态产品的品牌培育、市场推广和机制建设具有重要意义。

## 一、市场营销理论的内涵和营销策略的分类

### （一）市场营销理论的基本内涵

市场营销是指企业以满足消费者需求为中心，通过市场调研、产品开发、定价、促销、分销等一系列活动，将产品或服务送达消费者手中，从而实现企业目标的一系列过程。市场营销的核心在于理解消费者需求，并据此制定营销策略，以实现企业与消费者之间的价值交换。

市场营销这门学科最早是由管理学之父弗雷德里克·温斯洛·泰勒提出。随着社会经济的发展及企业的大规模兴办与扩张，越来越多的企业家发现只有通过有效的管理才能促使企业更好地生存与发展，这一发现也推动经济学家开始了解和研讨这一学科，并将其推向成熟。在今天，市场营销的概念就是要明确市场的定义，强调客户的需求，协调所有影响顾客的营销活动，根据顾客的满意程度，建立长期互惠的关系并以此获利。当然，营销不仅仅只是一项满足顾客需求的活动，除此之外，营销还是一场传播运动和一场教育运动，同时营销也是一种沟通方式和一种生活方式，给人们生活的方方面面带来了极大影响。开展市场营销活动，一方面是为了更好地满足人们不断增长的物质生活需要和精神文化需要，另一方面则是为了使企业获得更大的经济效益和社会效益。

## （二）市场营销理论的演变过程

市场营销理论经历了"4P"（产品、价格、渠道、促销）、"4C"（顾客需求、成本、便利、沟通）、"4R"（关联、反应、关系、回报）、"4I"（趣味、互动、利益、个性）等阶段的演变。这些理论为企业制定营销策略提供了不同的视角和思路，使企业能够更加精准地把握市场动态和消费者需求。

"4P"理论即营销的四个因素，包括产品、价格、渠道、促销。产品是营销活动的轴心，是营销的首要因素。一般来说，在现代市场经济条件下，企业不能专注于现有产品的生产和销售，只有用新产品取代旧产品，才能在生存的基础上取得更大的发展。价格决策作为市场营销计划的重要内容，关系到企业的利润。首先要明确价格目标：成本、竞争和需求，其次选择定价方向。但产品要想有效进入市场，就必须有强大的分销渠道,它是指商品从制造企业流向消费场所的全过程体验的路径。通过在不同营销渠道间制定的不同促销手段,成了扩大产品销售量的重要方式。

"4C"营销理论是由美国学者罗伯特·劳特朋教授在1990年《4P退休4C登场》一书中提出的,他认为,从厂家的角度去确定产品、定价、渠道、促销策略(即传统的"4P"营销理论)无法确保企业取得长久的竞争优势,而应根据客户需求(Consumer's need)来决定企业应该卖什么产品,根据客户为了购买产品愿意付出多少成本(Cost)来决定卖什么价格,从方便(Convenience)客户的角度出发来决定如何建构渠道,要持续地与客户沟通(Communication),服务好客户。

"4R"营销理论(The Marketing Theory of 4Rs)是美国的唐·E.舒尔茨(Don E Schultz)于2001年提出的营销理论,"4R"分别为Relevance(关联)、Reaction(反应)、Relationship(关系)和Reward(回报)。关联(Relevance)是指企业与顾客的命运是相关联的。与顾客建立长久的关系是企业经营的最重要的内容和核心理念。反应(Reaction)是企业的生产与经营过程的任何一个环节,说到底就是为了满足顾客的需求。因此,企业要抢占市场,快速的反应机制尤为重要。关系(Relationship)是指企业与顾客的关系对企业来说尤为重要。顾客从一次性交易到与企业保持良好的长久的关系,这个过程就是关系营销的目的。回报(Reward)是指企业行为的一切目的都是以利益为出发点,回报是企业永远的追求。"4R"策略的成功运用,将使企业获得丰厚的回报。

"4I"营销理论是指四大原则,分别为Interesting(趣味原则)、Interaction(互动原则)、Interests(利益原则)、Individuality(个性

原则)。个性原则是指应深入了解用户的多元需求,对受众的消费以及行为习惯进行细致的划分,有针对性地对各细分群体进行个性化、差异化营销。趣味原则是指应打破同质化瓶颈,呈现出具有趣味性的营销模式,引起目标群体的关注。互动原则是指在营销的过程中向受众传递信息,与受众进行思想交流,增强品牌对用户的吸引力,加强用户对品牌的了解,提高用户的满意度与忠诚度,一般包括用户与用户之间的互动以及用户与平台之间的互动。利益原则是指企业在追求自身利益的同时也要满足消费者经济、精神双重层面的利益。

## 二、农产品市场营销理论

### (一) 农产品市场营销理论的基本内涵

农产品市场营销是指农产品生产者或农业企业通过市场调研、产品定位、渠道策略、推广活动等一系列活动来推广和销售农产品的过程。它涵盖了从农产品生产到最终消费者之间的各个环节,包括产品定价、品牌塑造、渠道建设、销售推广、售后服务等。由于农业的产业属性,使农产品营销具有季节性、地域性、易腐性等特点。这些特点要求农产品营销必须注重时效性、灵活性和创新性。同时,农产品营销还需要关注农产品的品质、安全、营养等方面,以满足消费者对高品质农产品的需求。因此,农产品市场营销的目标是通过有效的市场推广和销售策略,将农产品推向市场,满足消费者需求,实现销售收入的最大化。它不仅关注农产品的质量和供应,还注重市场需求和消费者行为的分析,以及与渠道商、零售商、消费者等各方的合作与沟通。

### (二) 农产品市场营销的作用

不同农产品领域的营销策略和作用会有所不同。总体而言，市场营销对农业的作用是提高农产品的附加值、拓展市场份额、增强消费者信任，并促进农业的可持续发展和农民收入的增加。在新阶段，农产品市场营销发展的方向包括：①强化品牌建设和差异化策略，提高产品的品质和独特性。②加强渠道拓展和电子商务的应用，拓展销售渠道和市场覆盖度。③关注消费者需求和市场趋势，进行市场调研和分析，灵活调整产品供应和定价策略。④加强合作与合作伙伴关系，建立稳定的供应链和渠道合作，提高产品流通效率和市场反应速度。⑤引入新技术和数字化手段，提升市场营销的效率和精准度，如数据分析、智能营销等。这些发展方向将有助于进一步推动农产品市场营销的创新与发展，提升农产品的市场竞争力和农业的可持续发展水平（表1-1）。

表1-1 不同农产品的营销策略和作用

| 产品 | 营销策略 | 作用 |
| --- | --- | --- |
| 畜牧奶制品 | 品牌建设：建立具有良好声誉和信誉的品牌形象，提高产品的知名度和认知度<br>渠道拓展：与超市、便利店等零售商建立合作关系，扩大产品的销售渠道<br>产品差异化：通过产品品质、包装、口味等方面的差异化，满足不同消费者的需求 | 提高产品附加值：通过品牌塑造和差异化策略，提高产品的附加值，增加销售利润<br>拓展市场份额：通过渠道拓展和品牌建设，进一步开拓市场，提高市场占有率<br>增强消费者信任：通过品质保证和良好的售后服务，增强消费者对产品的信任感和忠诚度 |
| 皮毛制品 | 市场细分：根据不同消费者的需求和偏好，将产品定位于高端市场、时尚市场或特定目标市场<br>品牌建设：打造独特的品牌形象和故事，提高产品的品牌价值和认知度<br>销售渠道：与高端百货店、专卖店等合作，提供高品质的产品和专业的购物体验 | 提高产品附加值：通过品牌建设和市场细分，提高产品的品质和独特性，提高产品的附加值<br>开拓高端市场：通过与高端渠道合作，进入高端市场，寻找高价值的消费者群体<br>增强品牌影响力：通过品牌建设和市场推广，提高品牌的知名度和影响力，进一步拓展市场 |

(续表)

| 产品 | 营销策略 | 作用 |
|---|---|---|
| 蔬菜水果 | 供应链管理：建立稳定的供应链，确保产品的新鲜度和品质，满足消费者健康、安全的需求<br>电子商务：通过电商平台，直接与消费者进行交流和销售，提供便捷的购物渠道<br>季节性营销：根据不同季节的蔬菜水果供应情况，制定相应的营销策略，满足消费者的需求 | 提高产品的市场竞争力：通过供应链管理和品质保证，提供新鲜、高品质的产品，增强市场竞争力<br>拓展销售渠道：通过电子商务和线下渠道的结合，拓展销售渠道，提高产品的市场覆盖率<br>满足消费者需求：根据季节性营销和消费者反馈，调整产品供应和品种，满足消费者对多样化、健康、安全的需求 |

## 三、市场营销理论对农业生态产品价值实现的指导作用

### （一）市场细分与目标市场定位

市场营销理论中的市场细分和目标市场定位策略对农业生态产品价值实现具有重要指导意义。通过对市场进行细分，企业可以识别出具有相似需求和偏好的消费者群体，从而有针对性地制定营销策略。在农业生态产品领域，企业可以根据消费者的健康意识、环保理念、收入水平等因素进行市场细分，并选择适合的目标市场进行定位。例如，针对高端消费群体，可以推出高品质、高附加值的有机农产品；针对普通消费群体，则可以推出性价比较高的生态农产品。

### （二）产品策略与差异化竞争

产品策略是市场营销理论中的核心要素之一。在农业生态产品领域，产品策略的制定需要注重产品的品质提升和差异化竞争。企业可以通过引进优质品种、采用绿色生产技术、加强品牌建设等方式提升产品的品质和价值。同时，企业还可以通过差异化竞争策略

来区分于竞争对手,如开发具有独特口感、营养价值或文化特色的生态农产品。这些措施有助于提升农业生态产品的市场竞争力,实现价值增值。

### (三) 价格策略与消费者价值感知

价格策略是市场营销理论中的重要组成部分。在农业生态产品领域,价格策略的制定需要充分考虑消费者的价值感知和支付意愿。由于生态农产品通常具有更高的生产成本和品质要求,因此其价格往往高于普通农产品。然而,这并不意味着高价就一定能够获得消费者的认可。企业需要通过有效的营销策略来传递产品的生态价值、健康价值和文化价值等附加价值,提高消费者的价值感知和支付意愿。例如,通过举办品鉴会、健康讲座等活动来宣传生态农产品的优势;通过提供优质的售后服务和购物体验来增强消费者的信任感和忠诚度。

### (四) 渠道策略与多元化销售

渠道策略是市场营销理论中的关键环节之一。在农业生态产品领域,渠道策略的制定需要注重多元化销售和渠道拓展。企业可以通过建立线上线下相结合的销售渠道来扩大市场覆盖面和提高销售效率。线上渠道包括电商平台、社交媒体等;线下渠道则包括超市、专卖店、农产品批发市场等。同时,企业还可以与餐饮企业、旅游企业等合作开展跨界营销和联合推广活动,进一步拓展销售渠道和提升品牌影响力。

### (五) 促销策略与消费者互动

促销策略是市场营销理论中的重要手段之一。在农业生态产品领域，促销策略的制定需要注重与消费者的互动和沟通。企业可以通过举办促销活动、提供优惠券、赠品等方式吸引消费者的关注和购买意愿。同时，企业还可以通过社交媒体、微信公众号等渠道与消费者进行互动和交流，了解消费者的需求和反馈意见，并根据市场变化及时调整营销策略。此外，企业还可以通过举办健康讲座、农产品文化节等活动来增强消费者的参与感和归属感，提高品牌忠诚度和市场占有率。

## 第四节　公共政策理论

农业生态产品作为自然生态系统与人类经济活动相互作用的产物，不仅承载着保障粮食安全、促进农村经济发展的重任，还直接关系到生态环境的保护与改善。公共政策作为社会公共事务管理的重要手段，其在农业生态产品价值实现过程中发挥着至关重要的作用。

### 一、公共政策理论的内涵及其分类

#### （一）公共政策理论的基本内涵

公共政策是一个过程，通过这个过程作出集体决策，这些决策对受影响各方都具有约束力，无论人们是否同意最终的决策。公共政策具有导向功能、调控功能和分配功能，旨在实现社会资源的有效配置、规范社会行为、解决社会问题和促进社会发展。公共政策理论是政府为处理社会公共事务而制定的行为规范，体现了政府对全社会公共利益所作的权威性分配。它是对公共政策制定、实施和评估过程中的原理、概念和模型进行研究和解释的学科领域。它涉及对政府决策制定者、利益相关者、政策工具和政策结果之间相互影响关系的理解和分析。公共政策理论的主要目标是解释公共政策形成和执行的原因、过程和结果。它研究政府决策制定者如何识别问题、制定政策目标、选择政策手段以及如何评估政策效果。同时，公共政策理论也关注政策制定和实施中的政治、经济、社会和制度因素对政策决策的影响。公共政策理论的范围包括不同的学派和理论框架，如制度主义、公共选择理论、实证主义、政策网络理论等。这些理论提供了不同的解释和分析公共政策的视角和工具，帮助研究者和决策者更好地理解和应对公共政策挑战。

### （二）公共政策的分类

公共政策可以按照不同的分类标准进行分类。以下是一些常见的公共政策分类标准。

1. 政策领域

按照政策所涉及的领域划分，如经济政策、教育政策、环境政策、健康政策、社会福利政策等。

2. 政策目标

按照政策的目标和导向划分，如经济增长政策、社会公平政策、环境保护政策、就业政策、减贫政策等。

3. 政策工具

按照政策实施所采用的手段和方式划分，如法律法规、经济激励措施、信息传播、教育培训、监管措施等。

4. 政策层级

按照政策制定和实施的层级划分，如国家级政策、地方政策、区域政策、行业政策等。

5. 政策时间

按照政策制定和实施的时间范围划分，如长期政策、中期政策、短期政策、紧急政策等。

6. 政策性质

按照政策的性质和类型划分，如经济政策、社会政策、行政政策、财政政策等。

这些分类方式可以根据研究或实践的需要进行组合和调整，以更好地理解和分析具体的公共政策问题。同时，不同的分类方式之间可能存在重叠和交叉，政策分类是一个动态的过程，随着社会和政策环境的变化而不断演变。

## 二、公共政策的主要模式及其特点

公共政策的理论模式主要有传统理论模式、渐进决策模式、综合决策模式、集体行动模式、精英决策模式。

### （一）传统理论模式及其特点

传统理论模式主要理论基础来源于美国的伍德罗·威尔逊和德国的马克斯·韦伯。传统模式认为，只要决策过程的每一步骤都是出于理性的思考，最后所决定的政策自然是合理的、能有效达到目标的。要使每一步骤合理，必须用合理的方法和精细的计算，分析各种政策方案的优劣，从而求得最佳的政策，其实质是一种政策优选的方法。一个理性的政策就是效率最高的政策，而为了达成理性的政策，它必须具备一些条件，如完善的政府结构、畅通无阻的情报渠道、正确可靠的反馈信息、政策制定者有权衡各种社会影响因素的能力、政府的决策者必须知道所有的社会价值偏好及其相对比重等。

传统理论模式主要有以下几个特点：①官僚性，一旦政府涉足政策领域，它将成为通过官僚体制提供公共产品和服务的提供者。②公共利益被假定为公务员个人的唯一动机，为公众服务是无私的付出。③公共行政被看做是一种特殊活动，因而要求公务员保持中立、默默无闻、终身雇用以及平等地服务于任何一个政治领导人。④在政治、行政二者的关系中，行政管理者一般认为政治与行政事务是可以分开的。⑤行政任务的书面含义是执行他人的指令而不承担由此而致的个人责任。早期的传统模式无论是从理论上还是从实践上看，都显示出了优势。与以前腐败盛行的制度相比，它更具效率，而且职业化公务员的思想对个人以及业余服务都是一个巨大的进步。然而，该模式现在也暴露出了问题，公共行政的理论支柱已经难以描述政府现实了。传统模式的另一理论支柱——官僚制理论也不再被认为是组织的特别有效形式。传统模式的所有事实都已经受到了挑战，官僚制的确有威力，但不是在所有的情况下都适用，它会带来一些负面的结果。

## （二）渐进决策模式

渐进决策模式又叫"枝干模式"，认为公共政策的改变只能从现有的基础上改进。渐进模式的思想，一般认为是耶鲁教授林德布罗姆在西蒙的满意度理论的基础上提出来的。渐进决策模式认为，公共决策的制定和修改，是在现有的基础上渐进改革，进步不是一蹴而就，而是在混乱和无序中挣扎前行的。林德布罗姆把这个过程叫做"挣扎前行的科学"。这种模式认为公共政策是过失的修正，是把公共政策制定过程看作是对以往政策行为的不断修正的过程，换句话说它是在以往的政策、惯例基础上制定的新政策，只对过去的政策作局部的调整和修改，而不是全面更替。渐进决策模式遵循三个基本原则，即按部就班原则、积少成多原则和稳中求变原则。

渐进决策模式对缓解社会矛盾冲突，维持政治稳定和社会安定，具有重要的现实意义。但它在理论上和实践上都带有维持现状和缺乏变革的保守主义色彩，使公共政策的制定成为修修补补的过程，创新性不够。

（三）综合决策模式

综合决策模式由美国学者埃特奥尼提出，目的在于试图保留理性决策模型和渐进决策模型各自的优势和弥补其缺陷。综合扫描决策要求决策者在不同的情况下运用不同的决策模型，把两种决策模型结合起来，根据决策的情况来运用，对变革时代制定较佳的决策方案具有积极的作用。这种决策模式强调公共政策应当是多种决策模式的混合使用，取长补短、有机结合的结果。如它首先基于对现行政策的检查与评估，避免了对所有备选方案的考察，从而吸收了渐进决策模式的优点，缩减了审查范围，节约了大量开支；它也充分吸收了理性分析模式的科学方法，对所考察的方案进行科学测量和优化，同时，它重视理性决策模式探讨长期方案和创新方案的优点，克服了渐进决策模式的保守倾向。这种模式最大的特点是综合了不同模式的优点，对在变革时代制定较佳的决策方案具有积极的作用。正是由于该决策模式强调公共政策应当是多种决策模式的混合使用，取长补短、有机结合，所以这种模式也被称为理想决策模式。

（四）集体行动模式

集体行动模式认为公共事务管理是一种典型的"集体行动"形式。而集体行动的逻辑或集体行动的困境是客观存在的社会现象，是行动个体理性行为的非合作博弈结果。个人自私的行为并不一定能够而且在许多情况下显然不能够在亚当·斯密的"看不见的手"的指引下产生最佳的社会共同结果，个人理性并不能保证集体理性。因此，公共管理危机的出现似乎在所难免。公共管理危机的克服有赖于行动个体的行为自主性，但更多地仰赖于制度的安排。因为制度是长期迭演博弈所选择的均衡结果，它是行动个体由不合作走向合作的路径依赖。每一次集体行动都是一次社会进步的契机。集体行动总是在寻求突破方向，摆脱不合理的制度约束，指向权力机器力所不及的地方，能够帮助社会朝向更有效、更公平、更多关爱的位置运动，达到更好的均衡点。而针对集体行动带来的问题，美国的莉诺·奥斯特罗姆建构了公共池塘资源模型，从理论和实证的角度阐述了运用非国家（集权）和非市场（私有化）的解决方案解决公共事务的可能性。奥尔森教授设计了一种动力机制——选择性激励，这种独立的和"选择性"的激励会驱使潜在集团中的理性个体采取有利于集团的行动。其中，实施"监督"和"分级制裁"是必须的。

**（五）精英决策模式**

精英决策模式是由托马斯·戴伊和哈蒙·齐格勒提出，认为公共政策不是由人民群众通过他们的利益需求与行动决定的，而是由占统治地位的社会精英决定并由政府官员加以实施的。戴伊认为，标准的精英决策模式在描述制定政策的模式时过于简单化。因此，他从探求掌权阶层在决定国家政策的主要方面的作用出发，试图从关于全国性精英人物的资料中提出一种分析政策制定过程的理论模式，即"关于国家政策制定过程的寡头论模式"。该模式认为，最初用于国家政策的研究、调查、规划及制定的经费，的确来自企业和私人财富，但掌权阶层在整个制定政策的过程中起协调作用的中心点是各政策规划组织。尽管现实社会精英对政策的决定和影响作用不是绝对的，但它的确是实实在在的，因此这模式具有不可否认的现实意义。

## 三、公共政策理论对农业生态产品价值实现的指导作用

### （一）引导农业生产方式转变

公共政策理论强调通过政策手段引导社会行为，将其纳入统一、明确的目标之中。在农业生态产品价值实现的过程中，政府可以通过制定和实施一系列有利于农业生态化发展的政策，如推广生态农业技术、实施农业面源污染治理等，引导农民转变传统的农业生产方式，采用更加环保、可持续的农业生产模式。这种转变不仅有助于减少农业生产对生态环境的破坏，还有助于提高农业生态产品的产量和质量，从而推动农业生态产品价值的实现。

### （二）优化农业资源配置

公共政策理论具有分配社会资源的功能，通过政策手段将公共资源有效地分配到社会的不同领域。在农业生态产品价值实现的过程中，政府可以通过制定和实施相关政策，如加大农业生态产品的科研投入、建设农业生态产品生产基地等，优化农业资源配置，提高农业生态产品的生产效率和供给能力。同时，政府还可以通过政策手段引导社会资本向农业生态产品领域投入，形成多元化的投资格局，为农业生态产品价值实现提供坚实的物质基础。

### （三）推动农业科技创新

公共政策理论鼓励通过技术创新推动社会进步。在农业生态产品

价值实现的过程中，政府可以通过制定和实施相关政策，如设立农业科技专项基金、加强农业科技人才培养等，推动农业科技创新。科技创新不仅可以提高农业生态产品的生产效率和质量，还可以开发出更多具有市场竞争力的农业生态产品品种，从而满足消费者的多样化需求。此外，科技创新还有助于降低农业生态产品的生产成本，提高农民的收入水平，进一步激发农民参与农业生态产品生产的积极性。

### （四）完善市场机制

公共政策理论还强调通过市场机制实现资源的优化配置。在农业生态产品价值实现的过程中，政府可以通过制定和实施相关政策，如建立农业生态产品认证制度、完善农业生态产品市场体系等，完善市场机制。这些政策有助于规范农业生态产品的市场秩序，提高市场透明度，增强消费者对农业生态产品的信任度。同时，市场机制的完善还可以激发市场竞争活力，推动农业生态产品生产企业不断提高产品质量和服务水平，从而推动农业生态产品价值的实现。

### （五）强化监管和执法力度

公共政策理论还注重通过政策手段保障公共利益和社会秩序。在农业生态产品价值实现的过程中，政府需要加强对农业生态产品生产过程的监管和执法力度。通过制定和实施严格的监管制度和执法措施，政府可以确保农业生态产品的生产过程符合环保要求和质量标准，防止假冒伪劣产品进入市场损害消费者利益。同时，政府还可以通过加强执法力度打击违法违规行为，维护市场秩序和公平竞争环境，为农业生态产品价值实现提供有力保障。

# 参考文献

昌业云,2009.公共政策理论:研究群体性事件的一个重要范式[J].国家行政学院学报(6):60-63.

高静,于建平,武彤,等,2020.我国农业生态经济系统耦合协调发展研究[J].中国农业资源与区划,41(1):1-7.

胡进,庞冬冬,2023.中国式生态文明建设的理论指导与实践路径[J].佳木斯大学社会科学学报,41(6):1-5,9.

李校利,2008.生态文明理论定位与发展策略简述[J].理论月刊(6):131-133.

聂继东,郝延军,2019.农业生态经济发展模式与策略探究[J].现代商业(22):57-58.

施小雪,2022.公共政策理论视角下我国知识产权司法保护的实践逻辑[J].知识产权(2):66-85.

田江,2017.农业生态——经济系统协同发展研究进展[J].中国农业资源与区划,38(4):9-16.

王健,汪娇,2023.习近平生态文明思想的实践基础、理论渊源和价值旨趣[J].湖南农业大学学报(社会科学版),24(1):1-6.

王曦,尼古拉·罗宾逊,郭祥,等,2023.生态文明视域下的环境治理[J].新文科教育研究(4):58-76,142.

王雨辰,2022.西方生态文明理论嬗变与中国社会主义生态文明理论的构建[J].新文科教育研究(4):13-23,141.

王雨辰,张佳,2023.论我国生态文明理论体系的建构及其价值归宿［J］．马克思主义与现实（5）：32-40，201．

杨林生，郭亚南，朱会义，等，2023．中国生态文明制度体系建设进展与走向［J］．中国科学院院刊，38（12）：1793-1803．

朱鹏颐，黄新焕，2017．共生理论视角下创新农业生态经济研究范式［J］．生态学报，37（20）：6945-6952．

朱思吉，孙俊，吴映梅，等．农业生态经济系统近远程耦合及可持续发展研究——以云南省高原特色农业为例［J/OL］．中国农业资源与区划：1-14［2024-06-14］．http：//kns.cnki.net/kcms/detail/11.3513.S.20230803.1658.018.html．

邹士年，2009．公共政策理论模式分析及中国的公共政策理论模式选择［J］．经济研究导刊（16）：195-197．

# 第二章
# 农业生态产品价值的核算方法

2022年,国家发展和改革委员会联合国家统计局研究制定了《生态产品总值核算规范(试行)》文件,从生态产品价值核算的步骤、方法、数据来源等各个方面为生态产品的价值核算制定统一的标准和依据。本章在《生态产品总值核算规范(试行)》的基础上,首先总括农业生态产品价值核算的总体框架,其次分别介绍农业生态产品实物量和价值量这两种价值核算方法,最后给出了浙江省丽水市农业生态产品价值核算的案例分析。

## 第一节 农业生态产品价值核算的总体框架

### 一、农业生态产品价值核算的目标和意义

农业生态产品价值实现是新时代我国农业领域推动"绿水青山就是金山银山"价值转化和全面推进乡村生态振兴的内在要求。给予农业生态产品合理的价格,完善农业生态产品的价值核算机制,继而完善农业生态产品的定价机制,能够有效促进农业生态产品进入市场,

实现"绿水青山"到"金山银山"的重要转变。

### （一）农业生态产品价值核算的主要目标

农业生态产品价值核算是农业生态产品进入市场的重要一步，通过进行农业生态产品价值的核算，可以评估和量化农业生态产品所具有的经济、社会和环境价值，以便更好地指导农业生产和决策。农业生态产品价值核算的结果可称为农业生态产品总值。生态产品总值（Gross Ecosystem Product，简称GEP）是基于国内生产总值（Gross Domestic Product，简称GDP）的概念发展而来，是指一定行政区域内各类生态系统在核算期内提供的所有生态产品的货币价值之和。生态产品总值核算主要涉及物质产品、生态系统调节服务和生态系统文化服务，需要核算的农业生态产品价值也相应包括农业物质产品价值、农业调节服务价值和农业文化服务价值。

农业生态产品价值核算的一个关键目标是评估其经济价值。这包括确定农业生态产品的市场价值、销售潜力和经济效益，通过对农业生态产品的经济价值进行评估，可以帮助农民、政策制定者和投资者更好地理解农业生态系统的经济可持续性和发展潜力。

农业生态产品价值核算的另一个关键目标是评估其社会价值，农业生态产品的社会价值是指其对社会福利、人类健康和社会公平的贡献。核算农业生态产品的社会价值可以帮助政府和决策者更好地了解农业生产对社会的影响，以及农业生态系统的重要性。这有助于制定相关政策和规划，以促进社会公平和可持续发展。

农业生态产品价值核算的最后一个目标是评估其环境价值，农业生态产品的环境价值是指其对环境保护和生态系统服务的贡献。这包括土壤保护、水资源管理、空气质量改善、生物多样性保护等方面的影响。核算农业生态产品的环境价值可以帮助评估农业生产对环境的影响,并提供可持续农业管理和土地利用规划的依据。

总体而言,农业生态产品价值核算的目标是为了综合评估和量化农业生态系统的经济、社会和环境价值,以促进可持续农业发展和生态环境保护。通过对农业生态产品的价值进行核算,可以为农业生产和决策提供重要的信息和依据。这种价值核算可以帮助农民、政府和决策者更好地了解农业生态系统的重要性,制定农业政策和规划,以实现可持续农业发展和保护生态环境的目标。

(二)农业生态产品价值核算的重要意义

在进行农业生态产品价值核算之后,可以准确评估生态产品价值,从而推动资源合理配置,促进农业可持续发展,保护生态环境和生态系统服务,传递生态保护的价值观念和意识,从而生态与经济效益双赢等。

首先,农业生态产品价值核算可以量化农业生产过程中所涉及的经济、社会和环境效益,帮助农民、政府和决策者更好地认识农业生态系统的重要性,并提供相关的经济价值信息,传递农业生态产品的价格信号,帮助他们更好地理解资源利用效率、生产成本、市场需求以及社会和环境影响等因素,这有助于农业投资者优化投资决策和资源配置,制定更有效的农业政策和决策,促进资本流入农业产业和乡村,激活农村产业动力。同时也可以指导农业生产者的生产活动,促进可持续农业发展,合理利用资源,进行生态保护和农业创新,提高农业生产效率。

其次,农业生态产品价值核算也能够量化农业生态系统对环境保护和生态系统服务的贡献。这有助于更好地认识农业活动对生态环境的影响，推动农业生产向环境友好型和可持续发展方向转变。通过保护和恢复农业生态系统，可以改善土壤质量、水资源管理、空气质量和生物多样性等方面的问题，促进生态系统的健康和可持续发展。

最后，农业生态产品价值核算可以帮助公众和决策者更好地认识农业生态系统的重要性，并传递价值观念和意识。通过量化农业生态产品的经济、社会和环境价值，可以提高公众对农业可持续发展和生态环境保护的认识，增强其对农业生态系统的关注和支持。这有助于形成全社会对可持续农业的认知和共识，推动农业生态系统的改善和保护。

综上所述，农业生态产品价值核算有助于推动可持续农业发展、优化资源配置和决策制定、保护生态环境和生态系统服务，以及传递价值观念和意识，其能够为农业生产者、政府、决策者和公众提供重要的信息和依据，进而促进农业和生态环境的协调发展。

## （三）农业生态产品价值核算的基本原则

农业生态产品价值核算的原则是基于综合考虑经济、社会和环境等多个因素的基础上进行评估，主要包含客观性原则、循序渐进性原则、基于交换价值性原则、开放性原则、可持续性原则等。

1. 客观性原则

价值核算应当客观、科学地评估农业生态产品所产生的各种价值，避免主观臆断和片面评估，确保评估结果具有客观性和可信度。

2. 循序渐进性原则

价值核算应该采取逐步深入、系统完备的方法，循序渐进地开展价值评估工作，不断完善评估指标和方法，确保评估结果更加准确和全面。

3. 基于交换价值性原则

农业生态产品的价值核算需要考虑其在市场交换中的实际价值，包括直接经济效益和间接社会效益等方面，确保价值评估结果符合实际交换价值的需求。

4. 开放性原则

价值核算应当是一个开放的过程，需要吸收各方意见和建议，与相关领域进行交流与合作，促进不同学科之间的交叉融合，提高评估工作的科学性和可操作性。

5. 可持续性原则

农业生态产品价值核算应该关注农业生产的可持续性。这包括评估农业生产对资源的合理利用、生态系统的健康和农业社区的可持续发展等方面的影响，确保评估结果符合可持续发展的要求。通过评估农业生态产品的可持续性，可以为农业的长期发展提供指导和支持。

这些原则的遵循可以确保农业生态产品的价值核算工作科学、准确地反映其在生态、经济和社会层面的贡献和影响，为相关政策制定和决策提供科学依据和支持，有助于促进农业生态系统的健康发展，实现生态、经济和社会的协调发展目标。同时，根据不同地区和具体情况，还可以根据实际需要制定适应性的原则和指南。

## 二、农业生态产品价值核算的原理和步骤

### （一）农业生态产品价值核算的基本原理

1. 综合性原理

农业生态产品价值核算应该综合考虑经济、社会和环境等多个维度的价值。传统的农业经济评估主要关注经济效益，但农业生态产品

的核算需要更全面地考虑社会效益和生态效益。这意味着需要综合运用经济学、生态学和社会学等多学科的理论和方法。

2. 价值链分析原理

农业生态产品的价值核算需要从供应链的角度进行分析。价值链分析可以帮助识别和量化不同环节和参与者对农业生态产品创造的价值。这包括从农田生产到产品加工和销售的各个环节，以及农民、中间商、消费者等不同参与者的贡献。

3. 生态系统服务评估原理

农业生态产品的价值核算需要评估其对生态系统服务的影响和依赖。生态系统服务是指自然生态系统提供给人类社会的各种物质和非物质的利益，如水源保护、土壤保持、气候调节等。通过评估农业生态产品对生态系统服务的影响，可以量化其生态效益和环境贡献。

4. 多元评估原理

农业生态产品的价值核算需要采用多元评估方法，将经济、社会和环境等不同维度的价值进行综合评估。这包括市场价值评估、成本效益分析、生命周期评估、环境影响评估等方法。通过综合运用不同方法，可以更全面地评估农业生态产品的总体价值和影响。

5. 参与式评估原理

农业生态产品的价值核算应该充分考虑利益相关者的参与和意见。这包括农民、政府、决策者、研究机构、非政府组织和消费者等。通过参与式评估方法，可以获得更广泛的视角和更可持续的决策结果。

上述农业生态产品价值核算的基本原理提供了农业生态产品价值核算的基本指导。然而，实际的核算过程需要根据具体情况和目标的不同进行适应和调整，以确保评估结果的科学性和可靠性。

## （二）农业生态产品价值核算基本步骤

借鉴国家发改委和国家统计局联合出版的《生态产品总值核算规范（试行）》，在进行农业生态产品价值核算时，应该基本遵循以下的步骤。

1. 确定核算的目标和范围

明确农业生态产品价值核算的目标，根据农业生态产品价值核算的目的，确定农业生态产品价值核算所涉及的农业生态系统和相关要素，例如特定农产品、农业区域或农业生产方式等。

2. 明确农业生态系统类型与分布

明确核算区域内的森林、草地、湿地、农田、荒漠、城市、海洋等生态系统类型、面积与分布，绘制农业生态系统空间分布图。

3. 编制农业生态产品目录清单

调查核算范围内的农业生态产品种类，编制农业生态产品目录清单。

4. 数据收集和整理

从有关部门官方网站、相关文献等里面收集所需的数据和信息，包括农产品的生产和销售数据、生态系统服务的影响和价值评估数据、相关政策和市场信息、基础地理信息图件等，并开展有必要的实地观测调查，进行数据预处理以及参数本地化，以便于后续分析和评估。

5. 进行农业生态产品实物量核算

确定核算的基准时间，选择科学合理、符合核算区域特点的实物量核算方法和技术参数，核算各类农业生态产品的实物量。

6. 开展农业生态产品价值量核算

根据农业生态产品实物量，运用土地租金法、市场价值法、残值法、人力资本法、成本法、旅行费用法、享乐价格法等方法，核算各类农业生态产品的货币价值。

7. 计算农业生态产品总值

将核算区域范围内的各类农业生态产品价值加总，得到核算区域内农业生态产品的价值。

8. 结果沟通和应用

将农业生态产品价值核算的结果进行沟通和应用。向农民、政府、决策者、投资者和公众等相关利益相关者传达评估结果，以便于决策制定和资源配置。根据评估结果，制定相关政策、规划和农业管理措施，促进可持续农业发展和生态环境保护。

这些步骤和流程提供了一个常见的框架，但实际的农业生态产品价值核算可能会根据具体情况和目标的不同而有所调整和补充。

## 第二节　农业生态产品实物量核算方法

### 一、农业生态产品实物量核算的内涵和步骤

实物量是对物质实体或量的具体、直观的数量表达，可以帮助人们更好地理解和管理生产、消费和资源利用等活动。

#### （一）农业生态产品实物量的概念

农业生态产品实物量通常是指农业生态产品的物理量，是客观存在的可以被丈量的物质数量。如粮食产量、洪水调蓄量、土壤保持量、固碳量与景点旅游人数等。农业生态产品实物量的基本概念可以从以下几个方面来理解。第一是生产方面，在生产过程中，农业生态产品

实物量可以表示农业生产的产品数量、原材料的用量、劳动力的投入等。通过实物量的计量，可以直观地了解到农业生产活动的规模和效率。第二是消费方面，在消费领域，农业生态产品实物量可以表示消费者购买的商品数量、消费的食物重量、能源消耗量等。通过实物量的统计，可以分析农业生态产品消费行为的特征和趋势。第三是资源管理方面，在资源管理和环境保护中，农业生态产品实物量可以用来衡量农业资源的开采量、污染物排放量、耗能量等。通过监测和控制实物量的变化，可以有效管理农业资源利用和环境保护。

### （二）农业生态产品实物量核算的内涵

农业生态产品实物量核算是指对农业生态产品的产出进行量化和统计的过程。它旨在测量农业生态产品的实际物理数量，包括农作物、畜禽养殖、水资源等。这个核算过程可以通过收集相关数据，如农业统计数据、实地调查和遥感技术等手段，来确定不同类型农业生态产品的产出情况。

除了简单地统计农业生态产品的物理数量外，农业生态产品实物量核算还需要综合考虑产品的品质、损耗率以及对农业生产效益的贡献等因素。例如，对于农作物，除了统计产量之外，还可以考虑品质指标、农药使用量、化肥使用量等。对于畜禽养殖，除了统计出栏数量之外，还可以考虑屠宰率、商品率、饲料转化率等指标。

农业生态产品实物量核算的目的是评估农业生产的规模和效益，为农业政策制定和资源配置提供依据。通过准确测量和核算农业生态产品的实物量，可以为农业发展、环境保护和可持续农业生产提供科学依据，并为决策者和研究人员提供有关农业生态系统的重要信息。

### (三) 农业生态产品实物量核算方法的步骤

农业生态产品实物量核算主要包括以下几个基本步骤。

1. 数据收集和统计

农业生态产品实物量核算的首要原理是收集和统计相关的数据。这涉及收集农业统计数据、实地调查、遥感技术等手段，以获取关于农作物、畜禽养殖、水资源等方面的物理量数据。数据的准确性和全面性对于核算结果的可靠性至关重要。

2. 单位面积产量和单位数量计算

核算农业生态产品实物量时，常使用单位面积产量和单位数量计算的方法。单位面积产量指的是在单位面积上获得的农产品产量，例如每公顷的粮食产量。单位数量计算则涉及养殖数量，如每头牛的产奶量、每只鸡的产蛋量等。通过将单位面积产量或单位数量与相应的农田面积或养殖数量相乘，可以得出农业生态产品的实物量。

3. 考虑产品质量和损耗

农业生态产品实物量的核算原理还包括考虑产品质量和损耗情况。产品质量指标可以涉及农产品的品质、营养价值等方面。损耗情况则包括在生产过程中由于各种原因导致的农产品的减损情况，如病虫害损失、物理损失等。通过考虑产品质量和损耗因素，可以更准确地估算农业生态产品的实物量。

4. 综合分析和评估

农业生态产品实物量核算不仅是简单地统计产出的物理数量，还需要进行综合分析和评估。这包括对不同农业生态产品之间的关系和交互作用进行综合考虑，评估农业生态系统的稳定性和可持续性，以及对农业生产效益的贡献等。综合分析和评估结果可以为农业政策制定和决策提供重要参考。

综上所述,农业生态产品实物量核算基于数据收集和统计、单位面积产量和单位数量计算、考虑产品质量和损耗,以及综合分析和评估等基本原理,旨在准确测量和评估农业生态产品的实物量。

## 二、农业生态产品实物量核算具体方法

农业生态产品实物量核算可以采用多种方法,包括统计调查法和统计模型法。下文将从这两个方面来介绍具体的方法。

### (一)统计调查法

1. 农业统计数据调查法

利用农业统计数据是进行农业生态产品实物量核算的常见方法。这种方法通过搜集和整理已有的农业统计数据,如农作物产量、畜禽养殖数量、灌溉面积等,来估算农业生态产品的实物量。这些数据通常由农业农村部门、农业调查机构和统计局等机构提供。

2. 实地调查法

实地调查是一种直接获取农业生态产品数据的方法。通过在农田、养殖场等实地进行调查,统计农作物种植面积、养殖数量、产量等指标,获得农业生态产品的实物量数据。这种方法可以提高数据的准确性,尤其是对于小规模和分散的农户和农田。

3. 遥感技术调查法

遥感技术可以通过卫星图像获取农业生态产品相关的空间信息,如农作物种植面积、植被指数等。这些数据可以与其他数据源结合,进行农业生态产品实物量的估算和核算。

4. 统计报表法

统计报表法是指基于农业生物物理模型建立本土化核算参数集和

统计经验模型,通过统计报表由地方政府部门自主开展的农业生态产品实物量核算方法。统计报表法包括编码报表系统、统计经验模型、本土化参数集等重要组成部分。统计报表法初步实现了核算结果的可重复、可比较、可应用,规定了数据来源,简化了核算流程,在保证相对精确的基础上实现了业务部门自主化核算,但统计报表法仍处于探索阶段,前期的统计经验模型和本土化参数集建设仍不完善,尚未建立统一标准的全过程核算方法。

### (二)统计模型法

1. 计量模型法

利用计量模型是进行农业生态产品实物量核算的一种常见方法。这种方法基于历史统计数据和相关指标,建立模型来预测农业生态产品的实物量。例如,可以使用回归模型、时间序列模型等进行产量预测和估算。

2. 生态系统模型法

生态系统模型可以模拟和模拟农业生态系统的运行和相互作用,从而预测农业生态产品的实物量。这些模型考虑土壤、气候、作物生长等因素,并通过模拟和模拟来估算农业生态产品的产出。农业生态系统模型可以提供对不同因素的敏感性分析和决策支持。

3. 综合评估模型法

综合评估模型综合考虑多个因素,如气候变化、土地利用、水资源利用等,对农业生态产品实物量进行综合评估和预测。这些模型可以基于多个指标和数据源,提供对农业生态系统的综合评估和决策支持。

4. 生物物理模型法

生物物理模型法是指利用本土化监测数据和参数,在运用科学模型进行实物量核算的基础上，得到生态系统服务货币化价值的方法，是当前应用最为广泛的方法。这种方法核算结果精度高，核算过程科学性强，易于支撑本土化决策，是所有核算方法的基础，但由于核算过程复杂，对数据要求较高，导致目前只能由科研机构实施开展，不利于业务化部门自行开展核算。这种方法当前主要应用于调节服务类生态产品的核算，但由于同一种核算科目涉及过程模型、机理模型、经验模型等多种选择，导致不同区域的核算过程不可重复、核算结果无法比较。

## 第三节　农业生态产品价值量核算方法

价值量是农业生态产品的货币价值，是指商品或服务的经济价值大小。它反映了人们对某种商品或服务的需求程度和愿意为之付出的代价。

### 一、农业生态产品价值量核算的概念和内容

#### （一）农业生态产品价值量的概念

价值量是市场经济中的一个重要概念，它在决定商品价格、市场供求关系以及资源配置等方面起着重要的作用。不同商品或服务的价值量不同，这取决于市场对其需求程度和稀缺程度的评估。

农业生态产品价值量的含义可以从两个方面来理解。第一是使用价值，即农业商品或服务能够满足人们的需求和带来实际的效用，这种效用就是使用价值。农业生态产品的使用价值是通过商品或服务的实际功能、品质、特性等来决定的。第二是交换价值，即农业商品或

服务在市场上的交换能力，即被其他人愿意以货币或其他商品进行交换的能力。农业生态产品的交换价值是通过供求关系、市场竞争等因素来决定。当市场上对某种农业商品或服务的需求大于其供给时，其交换价值会相对较高。

(二) 农业生态产品价值量核算的内涵

农业生态产品价值量核算是对农业生态产品的经济价值进行评估和量化的过程，它将生态系统提供的服务所产生的价值货币化，是用货币量的多少来衡量价值大小的一种定量评价方法。它旨在量化农业生态产品对经济的贡献，并将其转化为货币单位，以便进行比较和决策。较之农业生态产品实物量核算方法，农业生态产品价值量核算方法克服了实物量核算方法的量纲不同的重大缺陷，可以实现区域农业生态系统内部不同服务和区际不同农业生态系统价值的比较和汇总，有利于农业生态系统服务价值的综合评估。

农业生态产品价值量核算包括农业生态产品的直接价值和间接价值。直接价值指的是农业生态产品本身所带来的经济效益，如农产品销售收入、养殖产品收入等。间接价值则涉及农业生态产品对其他经济部门和生态系统的贡献，如生态旅游、碳排放减少等。通过将直接价值和间接价值加总，可以得出农业生态产品的总经济价值。

农业生态产品价值量核算方法广泛应用于农业生态产品的价值核算和评价中，常用的农业生态产品价值量核算方法包括市场价值法、生产成本法、替代成本法、环境评估法等。这些方法可以根据具体情况和核算目的选择使用，以全面评估和量化农业生态产品的经济价值。

(三) 农业生态产品价值量核算的内容

农业生态产品价值量核算主要包括以下几项基本内容。

1. 价值转换

农业生态产品价值量核算是将农业生态产品的特征和效益转化为货币单位。这就要求将农业生态产品的特性、贡献和效益与市场上的货币价值联系起来，以便进行经济评估和比较。这种转换可以通过市场价格、生产成本、替代成本、环境评估等方法进行。

2. 经济评估

农业生态产品价值量核算包括对农业生态产品的经济评估。经济评估考虑的是农业生态产品对经济的贡献，包括直接价值和间接价值。直接价值指的是通过农产品的销售收入、养殖产品收入等直接获得的经济效益。间接价值则涉及农业生态产品对其他经济部门和生态系统的贡献，如生态旅游、碳排放减少等。经济评估可以通过市场调研、统计数据、模型计算等方法进行。

3. 成本考虑

农业生态产品价值量核算还包括考虑生产成本。生产成本包括直接生产成本和间接生产成本，如农作物的种植成本、养殖的饲料成本等。将生产成本与农业生态产品的产出进行比较，可以评估农业生态产品的经济效益和盈亏情况。成本考虑可以帮助决策者更好地了解农业生态产品的经济可行性和可持续性。

4. 环境评估

农业生态产品价值量核算同时包括考虑环境效益和生态效益。农业生态产品对生态系统的贡献可以通过环境评估来量化，包括土壤保护、水资源保护、生物多样性保护等方面。环境评估可以采用生态系统服务评估、环境影响评估等方法，将农业生态产品的环境效益转化为经济价值。

综上所述，农业生态产品价值量核算基于价值转换、经济评估、成本考虑和环境评估等，旨在将农业生态产品的特征和效益与经济价值联系起来，为农业政策制定和资源配置提供科学依据。

## 二、农业生态产品价值量核算具体方法

在农业生态产品实物量核算的基础上，可以选择适当的价值评估方法，核算各类农业生态产品的价值量，将其货币化。对于不同类型的农业生态产品，基于它们所具有的不同的特性，有不同的价值量核算方法。其中，物质供给类农业生态产品主要使用土地租金法、直接市场法等进行核算；调节服务类农业生态产品主要使用替代成本法、直接市场法等进行核算；至于文化服务类农业生态产品价值则可以使用旅行费用法、替代成本法等进行核算。下文将对直接市场法、间接市场法和模拟市场法等农业生态产品价值量核算方法进行介绍，其中直接市场法包含市场价值法、费用成本法，间接市场法包含旅行费用法、享乐价格法、替代成本法、影子工程法。

### （一）直接市场法

直接市场法是以直接实物价格或者直接市场价格评定存在实际市场的生态产品的评估方法。直接市场法适用于具有实物量和存在市场价格的生态产品的价值测算，常用于物质供给服务方面的价值评估，主要有市场价值法、费用成本法、生产效应法等。物质供给类农业生态产品主要使用市场价值法确定价值量，该法直接将市场价格作为生态产品的交换价值。例如物质供给中的林业产品（林木产品、林下产品及与森林资源相关的初级产品，如木材、橡胶、松脂、生漆、油桐籽、油茶籽、食用菌等）可直接利用其市场交易价格衡量价值量。

1. 市场价值法

市场价值法（Market Value Method）来源于环境经济学，认为农

业生态产品在市场上具有价格，是一种将农业生态产品的价值量化为市场价格的方法。它基于农业生态产品在市场上的交易行为，通过将农业生态产品的市场价格与产量或供给量相乘，将农业生态产品的市场价值量化为货币单位，来确定农业生态产品的价值。市场价值法主要适用于能够直接在市场上进行交易的生态产品，如非木质林产品、固碳服务等，使用的是农业生态产品的市场价格，并扣除当中的人类投入贡献，以获得生态产品的"净"价值。基于不同的市场基础进行价值评价，可分为直接市场法、替代市场法以及模拟市场法。

市场价值法是指对农业生态系统服务提供的部分有交易市场和价格的产品和功能，将市场交易总额直接作为农业生态系统某项服务价值的一种方法，主要用于农业生态系统产出的物质产品的价值评价。市场价值法操作简单，只要获取产品的单位价格和总产量，即可较准确地核算该产品的价值。直接市场价值法对市场需求的依赖性较强，市场对农业生态服务功能经济价值的影响较大。使用此法的关键在于获得可信的单位价格和总产量，而产量不仅受限于自然条件，同时也受限于人类获取农业生态产品的强度，通常人类活动强度越大产量越高。此外，同一生态系统物质产品多样，实际研究时不可能囊括所有物质产品，一般选取其中比较有代表性的一种或几种农业生态产品计算价值，用上述农业生态产品价值的总和等同于农业生态服务的价值显然是偏低于实际值的，且不同研究者选取的产品类型可能不同，而不同农业生态产品的数量和价格也不同，那么最终得到的相同服务功能的价值量就很可能不同。

2. 费用成本法

费用成本法（Cost of Expenses Method）是以人们对某种环境效益的支出费用来表示该生态系统服务功能的经济价值，这种方法的特点是根据任何农业生态产品的获得或生产，都要付出一定的费用这一事实，将农业生态产品的价值转化为获取的费用，用金额来表示费用，此时农业生态产品的价值就可以根据消费者获取该种产品所花费的费用来确定。但是费用成本法也有一定的缺点，那就是消费者或者生产者获取农业生态产品过程中所使用的费用统计困难，与实际价值可能存在较大误差。

## （二）替代市场法

替代市场法是以"影子价格"和消费者剩余来衡量生态产品的经济价值，常用的替代市场法有旅行费用法、享乐价格法、替代成本法、影子工程法、恢复成本法等。

### 1. 旅行费用法

旅行费用法（Travel Cost Method）是一种将农业生态产品的价值量化为旅行费用的方法，是一种替代市场价值法。该方法主要适用于旅游康养类农业生态产品，它认为农业生态产品可以吸引旅行者参与享乐活动，旅行者为了参与这些活动会支付一定的费用，基于农业生态产品为旅行者提供的享乐活动，通过调查旅行者的交通费用、住宿费用、饮食费用、入场费、旅游时间价值等，将旅行者的费用累加，可以将农业生态产品的旅行费用价值量化为货币单位，来确定农业生态产品的旅行费用价值。

一般最近者旅行费用最低，其消费者剩余最大，不足以真正代表旅游景观的价值；相反，距离最远者旅行费用最高，而消费者剩余为零，比较能代表该旅游景观的价值，因此，一般采用消费者剩余为零的（边际）旅游者的旅行费用乘以旅游者人数来计算该旅游景点的价值。

2. 享乐价格法

享乐价格法（Hedonic Price Method）是一种将农业生态产品的价值量化为享乐活动的价格的方法，是一种替代市场价值法，它的原理是认为农业生态产品可以为人们提供享乐活动，这些活动在市场上具有价格，而人们对优质环境的享受所支付的额外费用则被视为环境差异的价值。享乐价格与很多因素有关，如房产本身数量与质量，距中心商业区、公路、公园和森林的远近、当地公共设施的水平、周围环境的特点等。享乐价格理论认为如果人们是理性的，那么他们选择时必然考虑上述因素，故农业生态产品周围的环境会对其价格产生影响，因周围环境的变化而引起的生态产品价格的变化可以估算出来，以此作为农业生态产品周围环境的价格。

享乐价格法的基本步骤大致包含以下步骤：第一是选择环境指标，这些指标应当是与待估资产价格相关的，并且可以通过测量来确定。第二是确定资产价格函数，要构建一个资产价格与其相关环境属性之间关系的函数。第三是进行回归分析，通过利用回归分析技术来研究房地产价值与其对应环境属性之间的关系，以此来估计环境属性的价值。需要注意的是，享乐价格法依赖于实际的市场数据，并且在运用时需要具备大量数据和专业统计知识的支持。此外，这种方法的有效性取决于房地产市场的高效性和环境的可感知性。如果没有正确估算环境的非使用价值，可能会导致对总体环境价值的低估。

3. 替代成本法

替代成本法（Replacement/Restoration Cost Method）是一种将农业生态产品的价值量化为生产成本的方法，指通过估算恢复受损环境到原有状态所需成本费用来衡量原资源环境所具价值的方法，即通过计算等量实现农业生态产品提供的服务所需要成本，来估算农业生态产品的价值量，也称为重置成本法。其中，它的替代品可以是消费品（如用家庭空气过滤装置替代空气净化服务）或者投入品（如用高粱替代鲜草等饲料）或资本投入（如用建设污水处理厂替代水质净化服务）等。替代或者恢复一项生态系统服务到它原来状态的目的是重新获得消费者剩余和非使用价值，替代或恢复该生态系统服务的费用来自人们愿意为重新获得该服务所支付的最高费用。

全面评估农业生态资源的价值，在一般情况下较难，在无法直接确定农业生态资源环境所具价格时，可把恢复生态资源或保护生态资源不受破坏所需的费用，作为该资源环境本身所具的最低价值。用恢复成本法衡量农业生态资源的价值，事实上隐含了两个基本假设：一是假设恢复状态与原有的资源环境功能具有完全替代性；二是恢复成本法衡量的是恢复所需的成本，而不是直接衡量效益，所以必须假设生态资源恢复所需的成本就是生态资源损失的效益价值。由此，我们可以用市场上真实可测的农业生态资源恢复成本来衡量不具备市场表现形式、无法在市场上得以直接体现的农业生态资源自身价值。

4. 影子工程法

影子工程法（Shadow Project Approach）是替代成本法的一种特殊形式，当环境劳务难以评价或由于发展计划可能失去环境劳务时，经常借助于能提供环境劳务替代物的补充工程的经济费用，来确定选择方案的顺序。即假设当环境破坏后，用人工方法建造一新工程来替代原来生态环境系统的功能，然后用建造新工程所需的费用来估计环境破坏（或污染）造成经济损失的一种计量方法。这种方法常用于难以估计经济价值的自然资源的估值，将难以计算的生态价值转化为可计算的经济价值。如湿地水调节价值就等于总水分调节量和单位蓄水量的库容成本之积；一个旅游海湾被污染了，则需另建一个海湾公园来替代；一片森林被毁坏，使涵养水源的功能丧失或造成荒漠化，就需要建设一个水库或防风固沙工程等，其资源损失的价值就是替代工程的投资费用。

影子工程法价格将不可量化的问题转化为可量化的问题，简化了自然资源的估价，但是影子工程法仍然存在一些问题。第一，替代原来生态环境系统的功能的工程并不唯一，每一个替代工程的费用有差异，因此，使用不同的替代工程，其估价结果也并不唯一。第二，需要进一步考虑选取的替代工程的代表性，由于替代工程与原自然资源系统的功能效用可能有异质性，以及自然资源的许多功能无法在现实生活中的代替，因此，使用影子工程法对生态产品的估值可能存在一定偏差。在实际应用中，为了尽可能减少误差，可以同时采用集中替代工程，选取最符合实际的替代工程，或者取各替代工程的平均值。

(三) 模拟市场法

模拟市场法是在连替代市场法都无法使用时，用支付意愿和净支付意愿来评估生态系统服务功能的经济价值，通过询问人们对某种生态产品的需求程度或者人为构造假想市场去直接调查人类的支付意愿，从而得出生态产品价值，主要评估方法为条件价值法。条件价值法在我国的研究和应用晚于西方发达国家，应用领域与国外相近，主要是对森林、流域、湿地等自然资源或公园、景区、图书馆等公共资源的价值评估以及土地、水域等资源生态环境污染损失的补偿价值测算。但是由于条件价值法是根据假想市场做出的经济行为反应，且采用抽样调查的统计方法，因而使用条件价值法时，可能会出现抽样误差和非抽样误差以及信息偏差、策略偏差、调查偏差、误解性偏差等，影响评估结果的准确性，因此在使用条件价值法时，要采用多举措减少偏差，尽可能确保结果的正确性。

这些方法都是用来量化农业生态产品的经济价值的具体操作方法，它们基于不同的原理和观点，根据农业生态产品的性质和研究目的选择适合的方法进行应用，但是这些方法的核心思想是将农业生态产品的价值量化为货币单位，以便进行经济评估和决策分析。在选择农业生态产品的价值核算方法时。总体来看，直接市场法的可信度高于替代市场法，替代市场法的可信度高于模拟市场法，因此在选择农业生态产品价值核算方法时，应该首选直接市场法，其次考虑替代市场法，当这两者都无法使用时，再使用模拟市场法。

## 第四节　浙江丽水农业生态产品价值核算的案例分析

### 一、浙江丽水农业生态产品价值核算的实践背景

#### （一）浙江省丽水市自然资源背景

丽水市位于浙江省西南部，地理坐标 118°41′~120°26′E、27°25′~28°57′N，市域面积为 1.73 万 $km^2$，是浙江省陆域面积最大的地级市，共统辖莲都区、龙泉市、青田、云和、庆元、缙云、遂昌、松阳和景宁县 9 个县（市、区）。

丽水市生态资源丰富，有丰富的生态优势，是华东地区重要的生态屏障，素有"浙江绿谷"之称。丽水是典型的山区市，地势以中山、丘陵地貌为主，属于典型的亚热带季风气候，四季分明，雨水丰沛，多年平均气温和降水量分别为 18.7℃和 1 444.8mm。丽水市主要

生态系统类型有森林、灌丛、草地、湿地、农田和城镇。丽水市生态优势突出，整体生态环境质量常年列于全国前列，境内生态资源丰富森林覆盖率达到81.70%，水资源丰沛，河流众多，是瓯江、钱塘江、飞云江、椒江、闽江、赛江"六江之源"。

丽水市文化资源同样丰富。丽水是浙江省历史文化名城、中国地级市民间艺术之乡，历史文化遗存丰富。其中龙泉青瓷、龙泉宝剑、青田石雕被誉为"丽水三宝"。全市共有龙泉青瓷、丽水木拱廊桥、遂昌班春劝农3项联合国人类非物质文化遗产，18项国家级非物质文化遗产，51个国家级、省级历史文化名城名镇名村，257个国家级传统村落，是华东地区古村落数量最多、风貌最完整的地区。同时丽水作为浙西南革命老区所在地，是全省唯一所有县（市、区）都是革命老根据地县的地级市。丽水是浙江三大革命根据地之一，有465处党史胜迹。总而言之，丽水不仅有良好的绿色生态环境，更有丰富的红色文化旅游资源。

**（二）丽水市生态产品价值核算发展历程**

丽水坚定生态优先、绿色发展的核心战略定力，实现了生态保护与经济发展的双丰收。

2018年7月，浙江省发展改革委员会、中国科学院生态环境研究中心与丽水市政府共同在丽水举办了以"创新生态产品价值实现机制，推动绿色发展"为主题的生态产品价值实现机制国际研讨会。2018年11月，丽水市人民政府、中国科学院大学、中国科学院生态环境研究中心、浙江省发展规划研究院、丽水学院签订协议，探索组建了服务全国的生态产品价值核算评估机构——中国（丽水）两山学院，丽水市人民政府市长兼任院长。

2019年1月，推动长江经济带发展领导小组办公室印发《关于支持浙江丽水开展生态产品价值实现机制试点的意见》，国家长江办正式发文批复丽水成为全国首个生态产品价值实现机制试点市，要求丽水在建立价值核算评估应用机制、建立生态产品市场交易体系、创新生态价值实现路径等方面深入开展探索。同年3月，浙江省人民政府办公厅印发《浙江（丽水）生态产品价值实现机制试点方案》。2019年5月30日，全国首个村级GEP报告在遂昌县发布。报告显示，2018年遂昌大田村GEP（生态系统生产总值，余同）为1.6亿元，其中水源涵养为5 152.19万元，气候调节为5 449.46万元，负氧离子为8.44万元。以此为起点，其他乡镇及村的GEP核算试点快速推开，基于GEP核算的生态产品采购、生态金融服务等各项工作，持续深化核算成果转化运用。

2019年7月，浙江（丽水）生态产品价值实现机制试点建设推进会在丽水召开，丽水生态产品价值实现步入全面实施阶段。同年8月1日，丽水市制定并出台了全国首个市级生态产品价值核算技术办法——《丽水市生态产品价值核算技术办法（试行）》，以生态系统物质产品、调节服务和文化服务三个大类核算为重点，形成生态产品功能量和价值量核算的技术流程、指标体系与核算方法。进一步探索完善了生态产品目录、价格评估标准以及基础数据收集体系，准确核算生态系统提供的产品与服务的价值总和。同时，丽水市与中国科学院合作开展GEP的GDP转化率研究，系统研究物质产品、调节服务产品和文化服务产品价值实现量，为量化评估GEP的GDP转化率提供理论依据。在此基础之上丽水市印发《关于促进GEP核算成果应用的实施意见》为生态产品价值实现机制的建立提供政策支撑和方向指导文件提出将GEP列为与国内生产总值（GDP）同等重要的指标来评估丽水市社会经济发展状况把 GEP 作为媒介将保护生态环境保护纳入政府日常工作以及重大决策之中以 GEP 为参考开发生态产品价值实现路径、拓宽生态产品交易范围、提升生态产品价值、提高生态产品经济效益转化的效率。丽水市已完成了生态产品价值评价机制构建初步完成 GEP 应用体系构建具有开展生态产品价值实现实践的良好生态和政策土壤。

自生态产品价值实现机制试点工作开展以来，丽水在全国率先建立了生态产品价值核算评估应用体系，出台了全国首个山区市生态产品价值核算技术办法，发布了全国首份《生态产品价值核算指南》地方标准，开展市、县、乡（镇）、村四级 GEP 核算，全面推进 GEP 核算成果应用。率先探索试行与生态产品质量和价值相挂钩的财政奖补机制，率先建立 GDP 和 GEP 双核算、双评估、双考核机制。

在《丽水市 2020 年度实施乡村振兴战略重点工作任务》中，明确了要"指导支持景宁办好全省民族乡村振兴示范建设现场会。支持遂昌等地开展民族乡村振兴标准化试点工作。总结推广 GEP 核算的试点经验，借鉴遂昌县大田民族村、景宁县大均乡 GEP 核算的试点做法，推动更多民族乡村开展 GEP 价值核算，提高民族乡村 GEP 转化率"，同时鼓励"要建立健全科学、合理、可操作的生态产品价值核算评估体系，实现全市所有乡镇 GEP 核算评估全覆盖。积极推广生态产品价值试点农村、进学校、进企业、进军营。实施乡村振兴生态激活行动。建立健全科学、合理、可操作的生态产品价值核算评估体系"。

丽水市 2021 年 12 月出台的《丽水市生态产品价值实现"十四五"规划》中，明确了目前生态产品价值核算存在的技术难以攻克、核算数据难以获取等难题，明确要进一步完善以生态产品实物量为重点的生态产品价值核算办法，优化市域生态产品总值核算地方标准，完善生态产品价值核算指标体系、算法、数据来源和统计口径等,并要建立常态化的 GEP 核算机制,同时加强生态产品价值核算的科技保障,要充分利用物联网、大数据、云计算、遥感影像等数字信息技术,基于丽水市"花园云"大数据平台,探索建立丽水市 GEP 自动核算平台,绘制丽水 GEP 地图,探索开展三维生态系统服务价值评估。

丽水市确立了加快高质量绿色发展的使命目标,明晰了加快建设以"生态经济化、经济生态化"为基本特征的现代化生态经济体系的战略任务,提出了跨山统筹、创新引领、问海借力三把"金钥匙"等系列策略方法,进一步为丽水发展厘清了思路、指明了方向。全市上下全面奏响"丽水之干"最强音,推动 GDP(地区生产总值)和 GEP(生态系统生产总值)规模总量协同较快增长、转化效率持续较快增长,以"绿起来"首先带动"富起来"进而加快实现"强起来",精彩书写践行"绿水青山就是金山银山"理念的新篇章(表 2-1)。

表 2-1 浙江省丽水市出台的相关文件

| 出台时间 | 政策性文件 |
| --- | --- |
| 2019 年 8 月 | 《丽水市生态产品价值核算技术办法(试行)》 |
| 2020 年 5 月 | 《生态产品价值核算指南》 |
| 2020 年 6 月 | 《关于促进 GEP 核算成果应用的实施意见》 |
| 2021 年 12 月 | 《丽水市生态产品价值实现"十四五"规划》 |

## 二、浙江省丽水市农业生态产品价值核算过程及成效

### (一)浙江省丽水市农业生态产品价值核算过程

1. 编制生态产品目录清单

浙江省丽水市在出台的《生态产品价值核算指南》中,编制了生

态产品目录清单，将生态产品分为生态物质产品、生态调节服务以及生态文化服务，并给出了相应的二级、三级和四级目录，确定了核算的对象和内容。列入核算对象的生态产品是进入经济社会领域的最终形态的实际产品，以可交易、可消费、可体验为判断标准，并规定未进入社会经济领域的生态系统服务、未形成最终形态的过程性产品、未产生实际收益的潜在产品、不具有经济稀缺性的产品、没有可获得性数据的产品、破坏生态环境或非法利用生态资源生产的产品、有毒有害以及禁用的产品不纳入核算范围（表2-2）。

表2-2 生态产品目录清单

| 一级目录 | 二级目录 | 三级目录 | 四级目录 |
| --- | --- | --- | --- |
| 生态物质产品 | 农业产品 | 谷物 | 稻谷、玉米、小麦、大（元）麦、副产品等 |
| | | 豆类 | 大豆、蚕（豌）豆、杂豆、副产品等 |
| | | 薯类 | 番薯、马铃薯、副产品等 |
| | | 油料 | 油菜籽、花生、芝麻、副产品等 |
| | | 糖料 | 甘蔗等 |
| | | 药材 | 白术、菊花、元胡、浙贝、铁皮石斛等 |
| | | 蔬菜 | 白菜、菠菜、油菜、卷心菜、苋菜、韭菜、蒿菜、香菜、芥菜等 |
| | | 水果 | 柑橘、梨、桃、李子、杨梅、枇杷、柿子、葡萄、猕猴桃等 |
| | | 食用菌 | 香菇、黑木耳、鲜蘑菇、金针菇等 |
| | | 茶叶 | 春茶、夏茶、秋茶 |
| | | 食用坚果 | 山核桃、栗子、白果、香榧、其他坚果等 |
| | | 其他农作物 | 饲料、草绿肥、席草等 |
| | 林业产品 | 木材 | 木材、毛竹、蒿竹、杂竹 |
| | | 其他林业产品 | 油茶籽、松脂、笋干、毛料、竹壳、人造板原料、野生植物等 |

(续表)

| 一级目录 | 二级目录 | 三级目录 | 四级目录 |
|---|---|---|---|
| 生态物质产品 | 畜牧业产品 | 畜禽产量 | 猪肉、牛肉、羊肉、禽肉、兔肉等 |
| | | 奶类 | 牛奶 |
| | | 蜂产品 | 蜂蜜、蜂王浆、蜂蜡、蜂花粉 |
| | | 禽蛋 | 鸡蛋、鸭蛋、鹅蛋等 |
| | 渔业产品 | 水产品 | 鲤鱼、鲫鱼、乌鳢、青鱼、草鱼、鲢鱼、贝壳、虾、蟹等 |
| | 生态能源 | 水能、风能、太阳能、潮汐能、地热能、生物质能等 | 发电量 |
| | 其他产品 | 其他产品 | 花卉、苗木、盆栽类园艺等 |
| 生态调节服务 | 水源涵养 | 水源涵养量 | |
| | 土壤保持 | 减少泥沙淤积 | |
| | | 减少面源污染-氮 | |
| | | 减少面源污染-磷 | |
| | 洪水调蓄 | 植被调蓄 | |
| | | 湖泊调蓄 | |
| | | 水库调蓄 | |
| | | 沼泽调蓄 | |
| | 空气净化 | 净化二氧化硫 | |
| | | 净化氮氧化物 | |
| | | 净化工业粉尘 | |
| | 水质净化 | 净化COD | |
| | | 净化总氮 | |
| | | 净化总磷 | |
| | 固碳释氧 | 固碳 | |
| | | 释氧 | |
| | 气候调节 | 林地降温 | |
| | | 灌丛降温 | |
| | | 草地降温 | |
| | | 水面降温 | |
| | 病虫害控制 | 森林病虫害控制面积 | |
| 生态文化服务 | 旅游休憩 | 景区休闲游憩 | |
| | | 城市公园景观 | |
| | | 农村自然景观 | |

2. 确定核算方法与数据来源

在《生态产品价值核算指南》中，探讨了在使用价值量核算方法时，不同的生态产品需要采取的核算方法，其中生态物质产品由于可以直接流入市场并进行定价，因此可以采用直接市场法，生态调节服务不可直接定价因此宜采用替代市场法，生态文化服务中有市场价格的采用直接市场法，无市场价格生态产品的采用虚拟市场法。

进行生态产品价值核算的数据包括统计数据、调查数据和测量数据。为了确保数据的准确性和可得性，其中统计数据应来自相关行业主管部门的日常业务监测数据和资源清查数据，调查数据来自对核算区域的实地调查，测量数据则来自对核算区域的实际测量。

(二) 核算结果

2019年1月，丽水成为生态产品价值实现机制改革试点市；同年10月，丽水发布该市2018年生态产品总值为5 024.47亿元。核算结果显示，丽水GEP中的生态系统调节服务产品总价值最高，为3 659.42亿元，文化服务产品总价值为1 202.18亿元，物质产品总价值为162.86亿元。2006—2018年，丽水市生态系统生产总值从2 096.31亿元增长到2018年的5 024.47亿元，增加了2 127.46亿元，按可比价格计算，增加了101.49%。2017年，丽水GEP达4 672.89亿元，2017—2018年，丽水市GEP增加了351.58亿元，实现了GEP规模总量较快增长。在中国科学院生态环境中心的支持下，丽水连续多年发布GEP核算成果。2019年，丽水市GEP为4 110.21亿元，相比2020年有所下降（表2-3）。

表 2-3　2018 年丽水生态产品总值

| 类　别 | 价值量（亿元） |
| --- | --- |
| 生态物质产品 | 162.86 |
| 生态调节服务 | 3 659.42 |
| 生态文化服务 | 1 202.18 |
| 合计 | 5 024.47 |

与此同时，乡镇及村的 GEP 核算试点快速推开。2019 年年中和 2019 年年底，全国首个村级 GEP 核算报告和乡镇 GEP 核算报告分别公布，遂昌县大田村 GEP1.6 亿元、景宁畲族自治县大均乡 GEP17.88 亿元。

## 三、浙江省丽水市农业生态产品价值核算经验

### （一）构建完善且公认的核算框架与方法

只有基于学术界公认并且市场认可的核算方法得出的农业生态产品价值核算结果，正确核算生态产品价值，才有可能使农业生态产品进入市场交易，充分利用农业生态产品价值核算的结果，将 GEP 转化为 GDP。丽水市自探索生态产品价值核算方法以来，与中国科学院合作建立了"两山学院"，通过与高校合作，加强农业生态产品价值核算结果的可信度，同时不断探索生态产品价值核算方法，并以正规文件的形式规定了农业生态产品价值核算的内容与方法，并规定了农业生态产品价值核算报告的内容，这为进一步利用生态产品价值核算结果奠定了基础。

### （二）完善科技支撑，打造数据共享平台

丽水市在进行生态产品价值的过程中，不断更新科技支撑，利用

高新技术打造数据获取、共享平台,实现生态产品价值核算自动化。丽水市依托地面监测网络推进"花园云"生态环境智慧监管平台建设,实现涉水涉气污染源、秸秆焚烧等生态环境损害行为的智能监管与实时预警。同时,丽水市与航天五院合作推进"天眼守望"卫星遥感数字化服务平台建设,利用卫星遥感等数字化技术,实时跟踪掌握各类自然资源的数量、质量、分布、保护和开发利用变化情况,开发生态产品总值核算数据报送、自动核算功能,实现对生态产品总值构成因子的全方位监测,市、县、乡三级行政区域和任意地块生态产品总值核算及其变化的动态展示,有效保障和提升生态产品可持续供给能力。

### (三) 注重生态产品价值核算成果转化

丽水市在进行全市的生态产品核算之后,积极探索乡镇级别的生态产品价值核算,并依据核算结果,创新相应的产品或服务。首先,丽水市在生态产品价值核算结果的基础上,与银行合作,设计出"两山贷""生态贷""GEP 贷"等依据当地生态发展条件及预期而发放的绿色金融产品。丽水建立生态产品市场交易体系,创新组建"两山银行"生态产品交易平台,制定出台基于生态产品总值核算的生态产品市场交易制度,创造生态产品的市场需求,引导和激励企业和社会各界参与,构建多元主体、多个层次的市场交易体系。2020 年 7 月,青田县首笔基于生态产品总值核算的生态产品市场交易成功,杭州宏逸投资集团有限公司通过"两山银行"向小舟山乡"两山公司"支付300 万元,购买项目所在区域生态产品。到 2020 年年底,丽水所有乡镇均组建了"两山公司",负责生态环境保护与修复、自然资源管理与开发等,成为公共生态产品的供给主体和市场化交易主体。

其次，丽水市积极将生态产品价值核算结果应用于制定生态补偿标准、完善生态补偿机制上，丽水市在全国率先研究制定《生态产品总值核算在生态环境损害赔偿应用的指导意见》，建立起瓯江流域上下游生态补偿机制，截至2022年底，丽水市累计完成排污权有偿使用和交易笔数4 037笔，交易金额2.12亿元。

最后，丽水市率先建立GDP和GEP双核算、双评估、双考核机制，2019年和2020年连续两年将GEP和GDP的双增长、GEP向GDP的快转化等4个方面30项指标列入市委对各县（市、区）年度综合考核指标体系。浙江省政府实施新一轮绿色发展财政奖补机制，在丽水试行与生态产品质量和价值相挂钩的财政奖补机制，生态系统生产总值绝对值、增长率指标考核权重分别为40%和60%。同时，丽水将自然资源资产负债表编制纳入生态文明制度体系，与资源环境生态红线管控、领导干部自然资源离任审计、生态环境损害责任追究等重大制度相衔接，并逐步将GEP核算相关指标纳入自然资源资产负债表统计范围，更好地发挥绿色"指挥棒"和导向约束作用。

# 参考文献

范良银，邱文锋，2021.生态产品价值实现机制的丽水实践——档案见证GEP改革推动绿水青山和金山银山相互转化［J］.浙江档案（2）：6-8.

贺红艳，等，2008,自然资源财务与会计问题研究［M］.大连：东北财经大学出版社.

李志刚，钟佳龙，孙子舒，2021.城市生态系统服务功能与价值分析及调控对策研究［M］.成都：四川科学技术出版社.

林亦晴，徐卫华，李璞，等，2023.生态产品价值实现率评价方法——以丽水市为例［J］.生态学报，43（1）：189-197.

马仁锋，李加林，王益澄，2019.围填海工程的社会经济与生态影响评价［M］.北京：海洋出版社.

孟召博，2022,生态文明建设实践探索及财税政策研究——以江西省为例［M］.上海：立信会计出版社.

牛坤玉，刘静，郭静利，等，［2024-04-02］.农业生态补偿：内涵、要素特征与政策创设［J/OL］.中国农业资源与区划：1-10.

欧阳志云，林亦晴，宋昌素，2020.生态系统生产总值（GEP）核算研究——以浙江省丽水市为例［J］.环境与可持续发展，45（6）：80-85.

宋昌素，欧阳志云，2023.生态产品总值（GEP）理论内涵与应用实践［J］.人民论坛·学术前沿（18）：92-95.

王舒曼，2001.自然资源核算理论与方法研究——以江苏省水、大气资源核算为例［M］.北京：中国大地出版社.

王晓慧，崔旺来，2015.海岛估价理论与实践［M］.北京：海洋出版社.

王学雷，2020.洪湖湿地生态环境演变及综合评价研究［M］.武汉：湖北科学技术出版社.

杨晓梅，尹昌斌，2022.农业生态产品的概念内涵和价值实现路径［J］.中国农业资源与区划，43（12）：39-45.

张彪，2016.北京市绿色空间及其生态系统服务［M］.北京：中国环境出版社.

# 第三章
# 农业生态产品的品牌价值实现

## 第一节　农业生态产品品牌价值实现的内涵与意义

### 一、农业生态产品品牌价值实现的内涵

(一) 概念界定

所谓品牌价值，是指品牌所具备的经济价值，体现了品牌在市场中的影响力、竞争力和盈利能力。品牌价值实现则是指通过一系列的营销和管理策略，将一个产品或服务转化为具有独特身份和价值的品牌的过程。它既是企业对消费者的质量承诺，又是企业所获得的消费者的信任水平。通过品牌价值实现，能够赋予产品或服务某种差异性特征，吸引和保持消费者的注意力和兴趣，并向消费者作出某种质量承诺，提高消费者的信任水平，从而得以在激烈的市场竞争中脱颖而出。这一过程赋予产品特定的象征性意义，使其不仅是一个物质实体，而是一种能够激发消费者情感、信任和忠诚度的精神产品。

农业生态产品品牌价值实现，是指将农业生态产品所具有的生态、

经济和社会价值，通过一系列的品牌策略和手段，转化为具有独特标识、形象和市场影响力的品牌过程。在这一过程中，不仅要在质量和生态环保标准方面向消费者作出承诺，还要挖掘产品背后的文化内涵、地域特色和生态价值；同时，还要求构建一套完整的品牌维护、管理、传播体系，将农业生态产品的优势和特色准确传达给目标消费者，增加消费者的信任、激发消费者的情感、提高消费者对品牌背后生态文明理念的认同感和付费意愿。

（二）内涵特征

1. 质量承诺

农业生态产品的品牌价值实现意味着向消费者作出明确而坚定的质量承诺。具备品牌价值的农业生态产品承诺遵循严格的生态生产标准，确保农产品无污染、安全健康。同时，在生态环境保护方面，会积极采取可持续的生产方式，减少资源的浪费和环境的破坏。例如，通过精准灌溉技术，合理利用水资源，避免过度开采地下水；采用生物防治病虫害的方法，降低化学农药的使用，保护周边的生态系统；在养殖领域，营造符合其生物习性的舒适生活空间，严格把控饲料的质量和安全，确保饲料营养均衡且无有害添加物；在加工环节，实施精细的筛选分级和保鲜处理，运用先进且环保的加工技术，最大程度保留其固有营养成分，并杜绝加工过程中的污染风险；在生态服务领域，则既为消费者提供高质量的生态产品与体验，又注重对生态环境的保护与可持续发展。

2. 信任提升

农业生态产品的品牌价值在很大程度上取决于消费者对品牌的信任度。这种信任的建立基于品牌生产流程的透明度和可追溯性，以及严格的第三方检测和认证等质量保证措施。农业生态产品在品牌价值实现过程中，需要通过建立全面的质量追溯系统，让消费者清晰了解农产品从种植、养殖到加工、销售的每一个环节；采用国际认可的质量检测标准，定期对产品进行严格检测，确保符合高品质要求；在品牌宣传中，如实公开产品的优势与特点，以真诚赢得消费者的信赖；在售后服务方面，设立专门的客服渠道，及时、有效地处理消费者的问题和反馈，展现对消费者负责的态度；积极参与行业自律组织，接受社会监督，以规范自身行为，树立良好的品牌形象。

3. 情感认同

农业生态产品的品牌价值实现过程中，情感认同起着至关重要的作用。情感认同是消费者对品牌的积极感受和认同，是消费者对品牌的情感投射和情绪连接。农业生态产品的品牌价值实现不仅在于其功能性，更在于它所传达的生活理念和价值观。品牌可以通过故事、形象、包装等方式，唤起消费者的情感共鸣，使消费者对品牌产生认同感和忠诚度。

在农业生态产品的品牌价值的构建中，情感认同可以通过以下几个方面体现其价值：第一，消费者对农业生态产品品牌的认同感。消费者由于对品牌独特的理念和文化感到认同，形成对品牌的忠诚度。农业生态产品的品牌倡导绿色、健康生活方式，消费者在购买这些产品时能感受到对自然和环境的尊重，从而产生认同感。第二，消费者与农业生态产品品牌的情感连接。农业生态产品的品牌价值可以通过营销活动和品牌形象塑造，与消费者建立情感联系。消费者对品牌的情感认同会使其更加倾向选择该品牌的产品，从而提高品牌的忠诚度和口碑。第三，农业生态产品品牌与消费者的共鸣。农业生态产品的理念和文化与消费者的价值观和生活方式相契合，消费者在购买和使用品牌产品时能感受到与品牌的共鸣,从而增强情感认同。

4. 生态环境

农产品的生产环境常常成为其品牌核心价值的表达内容。首先,生态环境对于农产品的品质有着直接的影响。优质的生态环境下生长出的农作物能够更好地保证其品质安全、无污染。因此,对优良生态环境的强调,可以让农业生态产品品牌在市场上获得更高的认可度和信任度。其次,生态环境对于品牌形象的建立和传播也至关重要。农业生态产品的品牌价值构建能够传递出环保、可持续发展等正面的价值观,吸引更多消费者的青睐。通过与生态环境的紧密联系,品牌还能够塑造出独特的品牌故事,增加产品的文化内涵和附加值。最后,品牌需要积极参与生态环境保护,采取可持续的生产方式,确保生产过程中的可持续性和稳定性。

5. 文化内涵

农业生态产品的品牌价值构建需要深刻融合文化内涵,这主要体现在以下几个方面:首先,传承和尊重当地传统文化,通过采用传统的种植、养殖技术和加工方法,赋予产品浓厚的地方特色和深厚的文化意蕴。其次,通过富有文化内涵的包装设计和有意义的命名,塑造独特的文化符号,可以增强农业生态产品品牌的文化魅力和吸引力。此外,品牌价值实现过程中,往往还需要强调产品的地域特色,通过展示当地的自然风光、民俗文化和传统习俗,加深消费者对产品产地的认识,从而提升产品的附加价值。最后,生态理念的传播也是品牌价值构建的一部分,通过在宣传中突出生态农业发展理念,强调对生态环境的保护和可持续发展的重视,树立积极的品牌形象,吸引更多关注生态保护的消费者。这种多维度的文化价值构建不仅丰富了农业生态产品的内涵,也为品牌赋予了独特的市场竞争力。

## 二、农业生态产品品牌价值实现的意义

### （一）经济层面

1. 提升产品附加值

品牌价值的实现使得农业生态产品在市场上具有更高的辨识度和独特性，能够突破同质化竞争，从而提升产品价格，增加农民和相关企业的收入。此外，品牌价值得以实现的产品可以通过包装、营销和故事讲述，增加其文化和情感价值，进一步吸引消费者，提高消费者对产品的认可度和忠诚度。品牌价值得以实现的生态产品往往能够更好地传达其生态友好和健康安全的理念，这种理念的传播有助于塑造消费者对品牌的信任和支持，从而实现更高的市场溢价。

2. 拓展市场渠道

知名品牌更容易进入大型超市、电商平台等主流销售渠道，甚至有机会出口到国际市场，扩大产品的销售范围。品牌价值得以实现的产品由于其质量和信誉的保证，更容易获得分销商和零售商的青睐，从而降低市场进入的门槛。同时，品牌价值获得实现的农业生态产品可以通过参与国际展会、建立国际合作伙伴关系等方式，提高其在海外市场的知名度和影响力。这种国际化的市场拓展不仅能够增加产品的销售额，还能够促进文化交流和国际合作，提升国家形象。

3. 促进产业升级

为了维护品牌形象，农业经营者会不断改进生产技术、优化管理流程，推动整个农业向高端化、智能化发展。品牌价值的实现要求生产者在产品质量、生产效率和环境可持续性等方面进行持续的创新和改进。这种自我提升的压力和动力，促使生产者采用更先进的生产设

备和技术,提高生产自动化和智能化水平,减少对环境的影响,提升产品的附加值。同时,品牌价值的实现还可能带动相关产业链的发展,如物流、包装、营销等,形成产业集群效应,促进整个农业生态经济的升级和转型。

### (二) 社会层面

1. 保障食品安全

品牌价值的实现要求产品遵循严格的质量标准,减少农药、化肥等有害物质的使用,为消费者提供更安全、健康的食品。这种对食品安全的重视,不仅增强了消费者对品牌的信任,也促进了整个农业产业向更加环保和健康的方向发展。生态产品通过透明的供应链管理和可追溯性,确保消费者能够了解食品的来源和生产过程,从而更加放心地选择和消费,由此来实现其品牌价值。此外,生态产品还会通过持续的技术创新和研发,不断提高食品安全标准,满足消费者对高品质食品的需求,从而实现其品牌价值。

2. 增加就业机会

从生产、加工、销售到品牌推广等环节,能够创造大量的就业岗位,尤其是为农村劳动力提供了在家门口就业的机会。农业生态产品要实现其品牌价值,需要更多的专业人才进行管理、营销和技术支持,这为当地居民提供了多样化的职业发展机会。同时,随着品牌影响力的扩大,相关的产业链也会得到发展,如物流、包装、设计等,进一步带动就业。这种就业机会的增加有助于提升农村地区的经济水平,改善居民的生活质量,促进社会稳定和谐。

3. 推动乡村振兴

农业生态产品的品牌价值实现有助于提升农村地区的经济活力,

吸引人才回流，改善农村基础设施和公共服务，促进乡村的全面振兴。农业生态产品在实现其品牌价值的过程中，往往与地方特色和文化紧密相连，这有助于保护和传承地方文化，同时吸引游客和投资者。随着品牌农业的发展，农村地区的基础设施建设也会得到加强，如交通、通信、教育和医疗等，提高农村居民的生活水平。此外，农业生态产品的品牌价值实现还能够带动当地旅游业的发展，通过农旅融合，增加农村地区的经济收入，实现乡村的可持续发展。通过这些综合措施，农业生态产品的品牌价值实现为乡村振兴提供了强大的动力和广阔的发展空间。

### （三）环境层面

1. 促进农业生态环境保护

农业生态产品的品牌价值实现，可以鼓励生产者采用可持续的农业生产方式，减少对土地、水资源的过度开发和污染，保护生物多样性，维护生态平衡。品牌价值实现不仅仅是一种市场策略，更是一种生态责任的体现。农业生态产品通过推广有机耕作、生物防治等生态友好型农业技术，有效降低农业生产对环境的负面影响。同时，品牌价值实现的推动也促使政策制定者、企业和消费者更加关注生态保护的重要性，形成全社会共同参与的生态保护机制。这种机制的建立有助于实现农业生产与自然环境的和谐共生，为子孙后代留下更加健康和可持续的生态环境。

2. 提高农业资源利用效率

品牌价值实现促使企业和其他农业生产经营主体更加注重资源的节约和循环利用，提高农业废弃物的资源化转化率，实现农业的绿色发展。农业生态产品为实现其品牌价值，在生产过程中，会采用高效的资源管理策略，如精准施肥、节水灌溉等，以减少资源浪费。同时，品牌企业还会积极探索农业废弃物的再利用途径，如将秸秆转化为生物质能源，将动物粪便加工成有机肥料等，这不仅减少了环境污染，也为农业生产提供了新的资源。通过提高资源利用效率，农业生态产品的品牌价值实现有助于推动整个行业向更加高效、环保的方向发展。

3. 增强公众环保意识

通过品牌宣传，向消费者传递生态环保理念，提高公众对环境保护的重视和参与度。农业生态产品的品牌价值实现需要通过各种渠道，如产品包装、广告、社交媒体等，积极宣传生态环保的重要性。这种宣传不仅能够教育消费者认识到生态保护的必要性，还能够激发他们的环保行动，如选择环保产品、参与环保活动等。此外，品牌企业还会通过举办环保教育活动、支持环保组织等方式，进一步推动社会公众的环保意识。通过这些努力，农业生态产品的品牌价值实现有助于构建一个更加绿色、可持续的社会环境。

## 第二节　农业生态产品的品牌价值形式与要素

### 一、农业生态产品的品牌价值形式

农业生态产品的品牌价值形式包括四个不同层级：以优质品种、环境友好、生态共富为核心的产品价值；以纯天然、原生态、地域特色为核心的产地价值；以生产过程标准化、现代化、绿色低碳化为核心的产业价值；以绿色消费、健康生活、生态文明理念为核心的文化价值。每个价值层次都是更高一层的价值基础，也都有自己的评判标准。

## （一）产品价值

随着人们对健康和环保意识的不断提高，消费者开始更加关注食品的安全和质量。因此，在农业生态产品品牌价值实现过程中，其产品价值不仅是食品的口感和营养价值，更涵盖了环保、可持续和社会责任等方面。首先，产品价值在于其源自于优质的农产品。这些农产品通常采用有机种植、无公害种植或者绿色生产等方式，避免使用化学农药和化肥，保证食品的安全和质量。消费者购买这些产品，不仅可以享受到天然原料所带来的健康和美味，也可以放心食用，不用担心对身体造成伤害。其次，产品价值还表现在其强调环保和可持续发展。这些品牌在生产过程中注重生态平衡，保护生态环境，减少对自然资源的消耗和污染。消费者购买这些产品，不仅为环保事业作出贡献，还可以享受到与大自然和谐共生的美好食物。此外，产品价值还体现在其注重社会责任和公益事业。这些品牌通常会与当地农民合作，提供培训和支持，帮助他们改善种植技术和生活水平。同时，他们也会积极参与公益活动，回馈社会，推动农村地区的可持续发展。

## （二）产地价值

产地价值是指农业生态产品生产所在地区的自然、人文环境、土地资源以及种植、养殖技术等因素所带来的附加价值，这种价值在农业生态产品的品牌建设过程中具有重要的意义。第一，产地价值是农业生态产品的品牌价值基础。一个优质的农业生态产品，必须建立在产地资源丰富、生态环境优良的基础之上。只有这样，才能确保其品质和口感优异，能够赢得消费者的青睐；第二，产地价值是农业生态产品的品牌价值的保障。产地的环境、资源、技术等因素直接影响着农业生态产品的质量和特色。只有在这些因素得到有效保障和管理的情况下,品牌才能持续发展,保持其独特的价值;第三,产地价值是农业生态产品的品牌价值差异化竞争优势。每个产地都有其独特的自然环境和文化传统,这些因素为农产品品牌赋予了独特的特色和文化内涵。通过挖掘和利用产地的独特价值,农产品品牌可以塑造自己与众不同的形象,吸引更多消费者的注意和认可,建立起品牌的竞争优势。

### (三)产业价值

产业价值是通过实现标准化、现代化、绿色低碳化,提高农业生态产品商品化率、品牌集中度,打造产业链价值优势。在农业生态产品原本所具有的产地特色基础上,进一步发挥集聚效应和规模效应,提高整个产业的标准化、现代化程度,促进技术完善并不断进步。例如,新西兰奇异果(猕猴桃)产业,不仅种植规范、采收规范,而且统一营销,整个链条标准化程度极高,相应的,人们对奇异果就不仅仅停留在好吃、新西兰产地环境等方面的认知,更是其高标准严要求的良好印象。又比如云南的普洱茶产业,云南省对普洱茶的种植、加工、标签等方面的规定,是中国乃至世界上最为严格的地区之一,以高品质为基础发展普洱茶品牌为云南的茶产业带来了巨大的利益。通过制定和实施一系列标准,如种植、生产、加工、产品质量追溯和感官审评等方面,确保了生产过程的规范化管理。同时,引入新技术和制茶工艺,如数字化发酵系统,实现了清洁化、机械化、数字化、标准化生产,并通过科技手段提升茶园管理水平,实现质量安全可追溯体系。此外,还建立绿色茶园、有机茶园，以及实施病虫害绿色防控等措施，保护了生态环境，提高了茶叶的绿色附加值。截至2022年，云南茶园总面积749万亩，其中生态茶园占51.6%，绿色茶园占7.4%，有机茶园占比14.3%。普洱茶品牌价值达78.06亿元，位居"2022中国茶叶区域公用品牌价值评估"品牌价值第二位。

### （四）文化价值

农业生态产品的品牌价值代表着一种生活方式和价值观，它强调对自然的尊重和保护，注重产品的质量和安全，传承乡村文化和传统。这些品牌以其独特的文化内涵吸引着越来越多的消费者，他们希望通过购买这些产品来支持当地农民，保护环境，传承文化。品牌价值实现的文化价值还体现在其对当地文化的传承和发展上。许多农业生态产品将当地的传统文化元素融入产品中，如包装设计、宣传语言等，使消费者在购买这些产品的同时也能感受到当地的文化魅力，增强了消费者的认同感和归属感。

例如，云南省作为普洱茶的发源地，不仅以其得天独厚的自然条件孕育了普洱茶独特的风味，更在历史的长河中积淀了深厚的茶文化价值。普洱茶种植区多位于海拔较高、云雾缭绕的山区，这些地方远离工业污染，土壤肥沃，气候适宜，为茶树的生长提供了最佳条件。云南省积极推广有机茶园，严格限制化学肥料和农药的使用，确保了普洱茶的天然纯净。云南各民族有着丰富的茶文化传统，如傣族的竹筒茶、佤族的烧茶等，这些茶俗不仅是日常生活的一部分，也是民族文化传播的载体。云南省通过举办各种茶文化节、茶艺表演、茶马古道旅游等活动，向世界展示了普洱茶的文化魅力，促进了茶文化的交流与传承。

## 二、农业生态产品品牌价值实现的核心要素

### (一) 产品品质

作为品牌价值的基石,农业生态产品的品质首先体现在其卓越的内在属性上,如独特的风味、丰富的营养价值,以及无可挑剔的安全性、真实性和可持续性。这些品质不仅满足了消费者对食品的基本需求,更契合了现代人对健康、环保生活方式的追求。随着消费者对食品质量与安全性的关注度不断提升,高品质的农业生态产品自然成为了市场中的佼佼者,赢得了广泛的认可与信赖。进一步而言,农业生态产品在其整个生命周期中坚持生态生产模式,从源头把控产品质量,采用物理干预法减少化学农药的使用,确保了产品的纯净与安全。这种对品质的坚持,不仅提升了产品的市场竞争力,还在消费者心中树立了品牌的良好形象。当消费者因产品的优良品质而产生信赖与忠诚时,他们会成为品牌的忠实拥趸,通过口碑传播为品牌带来更多的潜在客户。这种基于品质的正面循环,不仅增强了品牌的知名度和影响力,还促进了品牌市场份额的稳步增长。同时,优质的农业生态产品不仅满足了消费者的需求,更推动了品牌价值的全面提升。它们作为品牌的核心竞争力,帮助品牌在激烈的市场竞争中脱颖而出,实现了销售额与市场占有率的双重增长。同时,这种增长也为品牌带来了更为可观的经济效益,为品牌的持续发展与创新提供了坚实的支撑。

### (二) 品牌形象

作为消费者对品牌整体感知与印象的集成体,品牌形象通常涵盖了品牌名称的辨识度、标志的独特性、包装的吸引力以及广告宣传的

效力等多个维度。一个积极、清晰且独特的品牌形象，对于农业生态产品而言，是其在竞争激烈的市场中脱颖而出、激发消费者购买欲望的重要因素。

在构建农业生态产品的品牌形象时，品牌方通常注重营造一种朴实自然、健康纯净的品牌氛围。色彩运用上，绿色与棕色作为主导色，不仅象征着大自然与农田的生机盎然，还深刻传达了产品源自自然、纯净无添加的品牌理念。品牌标志的设计，则巧妙融合农作物、果实或农场动物等自然元素，直观展现产品的天然属性与纯正品质，从而加深消费者对品牌与产品间天然联系的认知。

包装作为品牌形象的重要展示窗口，其设计也往往体现出环保与健康的理念。自然纸或可降解纸盒等环保材料的采用，不仅展现了品牌对环境的尊重与保护，也强化了产品健康属性的传达。包装表面通常会印制产品农场直供的标识、绿色生产过程的简述以及无污染、无添加的承诺，通过信息的透明化展示，提升消费者对产品的信任感与安心度。

在品牌推广与宣传策略上，品牌方通常会充分利用社交媒体平台，以自然风光为背景，发布高质量的自然、健康、生态相关内容，以吸引追求品质生活的消费者关注。同时，品牌方也会积极参与生态农业展览与宣传活动，通过展示产品的独特优势与品牌价值观，提升品牌知名度与美誉度。这一系列策略的实施，共同构建了一个全方位、多层次、立体化的品牌形象体系，为农业生态产品的市场拓展与品牌成长提供了有力支持。

### （三）消费者认知

在农业生态产品市场中，消费者认可不仅是品牌知名度与影响力的基石,更是实现品牌价值转化的核心要素。消费者对产品的理解、认同与偏好,直接决定了其在市场中的接受度与竞争力。因此,提升消费者对农业生态产品的认知,成为了品牌塑造与价值实现的关键环节。

消费者对农业生态产品的认知是一个多维度、深层次的过程,主要包括以下几个方面:一是对产品生产过程的好奇与关注,他们希望了解产品从种植、养殖到加工的每一个环节,判断其是否符合环保与可持续发展的标准;二是对产品品质与健康价值的重视,消费者倾向于选择那些纯净、天然、营养丰富的产品,以满足自身对健康生活的追求;三是基于环保与可持续性发展的消费理念,越来越多的消费者将购买行为视为对环境负责的表现,倾向于支持那些能够促进农业可持续发展的品牌;四是消费者还会考虑产品的透明度与品牌信誉,以及价格与购买的便捷性,这些因素共同构成了他们购买决策的重要依据。

为实现农业生态产品的品牌价值,企业应积极采取措施来影响和提升消费者的认知。首先,通过透明化的生产过程展示与信息传播,让消费者深入了解产品的环保与可持续发展特性;其次,强化产品品质与健康价值的宣传,突出产品的独特优势与差异化特点;再次,积极倡导环保与可持续性消费理念,引导消费者形成绿色消费习惯;最后,注重品牌信誉的建设与维护,提供便捷的购买渠道与合理的价格策略,以赢得消费者的信任与忠诚。通过这些措施的实施,农业生态产品将能够更有效地影响消费者认知,进而实现品牌价值的最大化。

(四)品牌忠诚度

品牌忠诚度是指消费者对某一品牌的偏好和重复购买行为。在农业生态产品市场中，品牌忠诚度尤为重要。忠诚的消费者不仅会持续购买产品，还会成为品牌的口碑传播者，帮助扩大市场份额。要提高消费者对农业生态产品的品牌忠诚度，不仅要提供高质量的产品，确保其产品符合生态和健康的标准；还要在消费者心中建立浓厚的情感联系，增强消费者对品牌价值观的认同。例如，依托其独特的地理环境和文化背景，安吉白茶讲述"一片叶子富一方百姓"的生态共富品牌故事，让消费者感受到深厚的乡土情怀和社会责任，与消费者建立起浓厚的情感联系。与此同时，注重品质管理，实行"母子"商标管理制度，确保产品品质，并通过"浙农码"等数字化手段实现信息透明化，提升消费者信任。同时，通过保护区划定和分级保护管理，强化原产地品牌保护，增强消费者对正宗性的认可。安吉白茶还通过产业链延伸和产品多样化，满足不同消费者需求，并通过"茶旅"融合让消费者在体验中感受品牌文化，从而与消费者建立情感联结，提高品牌忠诚度。在2024年的评估中，安吉白茶以其54.86亿元的品牌价值连续15年跻身中国茶叶区域公用品牌价值十强。

### （五）品牌联想

品牌联想是指消费者在看到某一品牌时，会联想到的与之相关的概念、属性或形象。对于农业生态产品来说，消费者往往会将其与健康、环保、自然等积极的概念联系在一起。强化这些正面的品牌联想，有助于提高品牌的附加值和市场竞争力。

品牌联想可以通过以下5个指标来评估：信息检索，即品牌资产（如名称、商标、广告）从客户大脑中检索联想的程度；定位和差异化，即产品或服务与竞争对手的差异有多大（通常是通过令人难忘的价值主张实现的）；购买的理由，类似于感知质量，品牌联想在顾客购买过程中所起作用的程度；积极的态度和感受，即品牌能在多大程度上引起顾客的积极情感反应；品牌延伸，品牌延伸得越多，就有越多的机会创造积极的品牌联想。

（六）品牌名称

品牌名称是品牌的重要组成部分，一个好的品牌名称应该简洁易记、有特色且能够传达品牌的核心理念。对于农业生态产品来说，选择一个与产品特点相符合的名称，能够提高消费者对品牌的认知度和记忆度。品牌名称应该简单易记，不宜过长或复杂，便于消费者记忆和传播；品牌名称应该能够体现产品的农业生态特点，让消费者能够一眼看出产品的特色；品牌名称应该与目标消费者的喜好和需求相关，以吸引目标市场的消费者；如果是面向国际市场，品牌名称应该能够跨越语言和文化的障碍，不易出现歧义或不良意义；品牌名称应该独具个性和独特性，能够凸显产品的独特之处，帮助品牌在市场中脱颖而出。

（七）商标注册

商标是品牌的法律保护手段，通过商标注册，企业可以确保自己的品牌权益不受侵犯。对于农业生态产品来说，商标注册可以防止他人模仿或假冒品牌，保障产品的品质和消费者的利益。同时，拥有注册商标的品牌也更易获得消费者的信任和认可，农业生态产品的商标可以注册在国家的商标局，商标注册需要提供相关的商标申请表和相关材料，包括商标图样、商品或服务的说明、商标申请人的信息等。在申请商标注册时，应确保商标不与已有商标相近，同时也要保证商标符合商标法律的要求，比如不侵犯他人的权益，具有显著性等。一旦商标注册成功，就能获得商标的注册证书，对商标拥有独家使用权，并能对他人侵权进行法律维权。

## 第三节 农业生态产品品牌价值实现的路径和方法

农业生态产品的品牌价值实现是当前农业发展中的重要课题，面临着诸多挑战，同时也有着多样的实现路径和方法。从产品品质保障、品牌价值度量、传播推广，到各利益相关主体的协同，每个环节都存在着亟待解决的问题。通过探索政府与市场的不同主导方式下的实现路径，以及品质提升、价值度量、营销传播、多主体协调和持续创新等手段，能够找到有效的实现路径，提升品牌价值，促进农业生态产品的可持续发展。

### 一、农业生态产品品牌价值实现面临的挑战

#### （一）产品品质保障和市场交易的挑战

农业生态产品的生产过程较为复杂，涉及绿色种植、无公害农产品、有机农业等多个方面。目前缺乏统一的标准和认证体系，导致产品质量难以保障，消费者难以辨别产品的真实价值；农业生态产品中的物质产品存在知名品牌较少、同质化程度高、绿色有机农产品等社会认可度不高、农产品冷链物流不配套、农业产地环境受损问题严重影响优质农产品生产与销售等问题，导致优质农产品不优价；调节服务类产品存在产权界定不清，一般以政府制定的补贴或补偿政策为依据，缺乏市场化的生态产品交易平台和交易机制，难以实现价格发现和价值实现，如农业碳排放如何纳入清洁发展机制，实现交易，从而

为生产者带来收益等问题还未解决;农业生态产品的生产过程涉及多个环节,如种植、加工、运输等,存在较多的中间环节和可能的信息不对称问题。这些环节中可能存在不法操作或者假冒伪劣产品,增加了产品交易的风险和不确定性。这些问题导致了农业生态产品难交易。

(二) 品牌价值度量与价值实现的挑战

价值度量的明确是农业生态产品价值实现的首要条件。如何科学度量农业生态产品间接利用价值是当前的一个焦点问题。主要原因在于调节服务类农业生态产品的功能属性多样、供给数量和质量不同,生态产品价值量的核算框架体系缺乏标准、核算方法多样等,导致调节类生态产品实物量及其对应价值量难以科学核算和准确度量,例如同一类型品牌的产品由于位于不同区域或采用不同方法核算等,价值量差别较大,价值评判标准难以统一。

此外,农业生态产品的品牌价值实现还面临如何将生态服务价值转化为经济价值的挑战。要将生态服务的价值转化为实际的经济效益,需要有效的市场机制和消费者的认可。然而,目前市场上对生态服务价值认可度不高,导致生态产品难以获得相应的市场溢价;市场信息不透明,消费者难以准确了解生态产品的真实价值,影响其购买决策;市场供需机制不完善,生态产品供需双方信息不对称,造成有效供给不足或过剩;价格机制扭曲,生态产品成本较高但市场售价无法反映其真实价值,影响生产者的积极性;以及市场竞争机制不健全,地方保护主义和不公平竞争现象存在,限制了生态产品的市场化发展。这些问题共同制约了农业生态产品的品牌价值的有效实现。

(三) 品牌传播和市场推广的难题

农业生态产品以其天然、健康和可持续的特性在市场上占有一席之地，这些产品通常来源于严格的生态保护和可持续的农业实践，具有较低的化学残留和对环境友好的生产过程，但在消费者心中，这些优势并未得到充分的认识和赞赏，对其品牌价值实现形成了挑战。首先，消费者对农业生态产品的认知不足，往往不清楚这些产品与普通产品的区别，不了解其背后的环保理念和健康益处。这种认知上的差距导致消费者在购买决策时，可能不会优先考虑生态产品。其次，品牌与消费者之间缺乏深层次的情感联结，许多品牌未能通过故事讲述和文化传达，建立起与消费者的情感共鸣。品牌故事的缺失或平淡无奇，使消费者难以感受到品牌的个性和魅力，从而影响了品牌忠诚度的建立。

以茶叶品牌为例，尽管中国茶叶种类繁多，具有深厚的文化底蕴，但许多茶叶品牌在传播过程中未能充分展现这些特点。茶叶品牌普遍面临着品牌传播和市场推广的共同挑战。尽管中国有着悠久的茶文化和丰富的茶叶资源，但整体上，茶叶品牌在将生态价值转化为消费者认知方面存在不足。消费者对于生态茶叶的环保属性、健康益处以及文化深度的认识不够深入，这在很大程度上限制了生态茶叶品牌的发展。

### （四）品牌建设利益相关主体协同的挑战

农业生态产品的品牌价值建设在产权归属界定不清晰、沟通协调成本高、利益分配不均和市场认知不足等方面面临诸多挑战。

首先，农业生态产品产权归属界定不清晰，无法区分其所有权、经营权、收益权、管理权，存在产权交叉重叠和监管缺位现象，难以创新农业生态产品产权的实现形式，不能适度扩大使用权的出让、转让、出租、担保、入股等权能，可能会导致潜在的资源浪费、缺乏激励机制和产权纠纷等问题。为解决这些问题,需要建立明确的生态产品产权制度,明确相关方的权利和责任,促进生态产品的开发和保护。同时,相关政策和法规也应加强监管和规范,确保资源利用和产权分配的合理性和公平性。其次,农业生态产品的品牌价值建设涉及的主体众多,每个主体都有自己的利益诉求和经营策略,不同主体之间的信息不对称和沟通障碍,容易导致决策失误和执行偏差,影响品牌建设的效果。如何在众多利益相关者之间达成一致,形成有效的协同机制,是一大挑战。再次,农业生态产品的价值链较长,从生产到销售,每个环节都需要投入大量的资源和精力,但由于市场定价机制的不完善,往往导致某些环节的利益被过度挤压。例如,农户作为生产的最前端,通常承担了较大的生产风险和成本,但由于议价能力弱,往往难以获得合理的收益。品牌推广和消费者教育需要投入大量的资金和资源,但分散的小农户通常缺乏足够的财力和能力来承担这些费用。这不仅限制了品牌的市场扩展,也影响了消费者对品牌的认知和认可度。

## 二、农业生态产品品牌价值的实现路径

农业生态产品的不同属性决定其价值实现方式不同。从"谁来主导"的价值实现前端分析,公益性生态产品的投资和生产由政府主导实现其价值,非公益性生态产品可以半市场化和完全市场化实现其价值。考虑到不同类型、不同属性的农业生态产品,并结合价值实现前端的主导方,围绕农业生态系统的物质供给、调节服务和文化服务三种功能,探索"政府主导、市场主导、政府+市场"等主要形式的不同类型的农业生态产品的品牌价值实现具体路径。

## （一）"政府主导、生态购买"的服务类农业生态产品品牌价值实现路径

通过资源保护、生态修复和环境治理，增强农业生态系统的调节服务和支撑服务功能，发挥政府干预作用，规范农业生产中短期利益行为。其形式主要是依靠财政转移支付、政府购买服务等方式实现生态产品价值，并通过生态购买机制、公共宣传和教育、多方合作与利益共享等方式，进一步实现这类农业生态产品的品牌价值。例如，河南省淅川县作为曾经的国家级贫困县和河南省四个深度贫困县之一，以政府为主导，积极开展山水林田湖草系统治理和监控监管，夯实生态产品生产基础，通过政策奖励扶持、延伸资源产业链、推进绿色农业认定等措施，大力发展符合本地实际的生态农业、精品农业、水产业、生态旅游发展，打通了淅川县生态产品品牌价值实现渠道。

## （二）"市场主导、政府引导"的物质类农业生态产品品牌价值实现路径

农业生态产品价值实现的市场路径主要表现为借助市场在资源配置中的决定性作用，通过市场配置和市场交易，将农业生态产品的优质优价特点显性化，实现可直接交易类生态产品的价值。同时，通过品牌建设与市场推广，消费者愿意为优质生态农产品支付不同程度的溢价，强化政府引导、市场主导的运营机制，落实"产出来"与"管出来"要求，坚持质量第一，以优质优价促进农业生态产品的品牌价值实现。江西省赣州市寻乌县在统筹推进山水林田湖草生态保护修复的同时，因地制宜发展生态产业，利用修复后的土地建设工业园区，引入社会资本建设光伏发电站，发展油茶种植、生态旅游、体育健身

等产业,逐步实现"变废为园、变荒为电、变沙为油、变景为财",实现了生态效益、经济效益和社会效益相统一。

**(三)"政府+市场"联动的服务类农业生态产品品牌价值实现路径**

农业生态产品价值实现涉及政府、社会、公众等多方利益主体,结合政府统筹协调作用和市场资源配置作用,探索多元化、社会化投入,通过法律或政府行政管控、给予政策支持等方式,培育交易主体,促进市场交易,进而实现生态产品的价值。立足乡村生态优势,做好政府搭台,更好发挥市场作用,持续把"生态+"理念融入产业发展之中,不断拓展农业多功能性,将生态优势转变成为经济优势和乡村持续发展优势。例如,南平市顺昌县开展"森林生态银行"试点,以政府为主导,借鉴商业银行"分散化输入、整体化输出"的模式,构建"生态银行"这一自然资源管理、开发和运营的平台,对碎片化的资源进行集中收储和整合优化,转换成连片优质的"资产包",委托专业且有实力的产业运营商具体管理,引入社会资本投资,打通了资源变资产、资产变资本的通道,探索出了一条把生态资源优势转化为经济发展优势的生态产品价值实现路径。

## 三、农业生态产品品牌价值的实现方法

**(一)品质提升与品牌价值实现**

农业生态产品的品牌价值实现是以保障自然生态系统的休养生息为基础,强调保护环境优先,在保护的过程中推进生态资源的合理开发利用,实现乡村生态资源增值,促进生态产品供给。农业生态农产

品品牌价值的打造需要依靠一系列高质量的绿色健康品种,根据标准化生产和统一化加工的一体化操作理念,保证产品质量标准化。通过智能化和信息化的方式,将农产品的原料加工和包装设计进行价值提升,增加农产品附加价值,做好市场定位、营销传播、渠道转化,做好农业生态产品的宣传,将农产品销售出去。

## (二) 价值度量与品牌价值实现

在农业生态产品品牌价值实现的过程中,价值度量扮演着至关重要的角色。品牌需通过精准的价值度量来确定其定位目标与市场定位点,这要求品牌不仅识别并量化自身的核心竞争力,还要明确产品独特的价值主张与差异化特征,为后续的市场推广与营销奠定坚实基础。价值度量帮助品牌量化其在市场中的独特位置,确保定位策略既符合品牌内在价值,又贴近市场需求。因此,结合消费者的实际需求与市场趋势,品牌需运用价值度量工具进行深入的市场调研与分析,以数据为依据,精准定位目标消费群体。这一过程不仅涉及对消费者偏好的量化评估,还涵盖了对市场容量的预测与细分市场的识别,为制定符合目标市场特性的营销策略提供科学依据。品牌还需借助有效的渠道建设和品牌传播策略,将经济价值度量精准提炼的品牌定位信息传递给目标消费者。这一环节强调信息的精准传达与高效接收,通过量化评估传播效果,不断优化传播手段,以树立并巩固品牌在目标市场中的独特地位。品牌还需运用价值度量方法,定期评估市场反应与消费者行为变化,及时调整和优化市场定位策略。这一过程不仅是对市场动态的及时响应,更是对品牌价值实现效果的全面评估与持续优化,确保品牌能够灵活应对市场与消费者的需求变化,保持其在市场中的竞争力和影响力。

### (三) 营销传播与品牌价值实现

营销传播在品牌价值实现中占据关键地位，它不仅是建立品牌认知的必经之路，还通过精准信息传递塑造品牌形象，促进品牌与消费者之间的深度互动。有效的营销传播策略能够迅速提升品牌知名度，增强品牌辨识度，并巩固品牌在市场中的地位。

农业生态产品品牌通过多元化的营销传播策略，实现了品牌价值的显著提升。它们不仅利用社交媒体平台构建与消费者的紧密连接，还通过高质量的内容创作和互动活动，传递品牌的生态理念与产品优势，增强消费者对品牌的认知与好感。同时，积极参与农业展会、线下体验活动等，直观展示产品的独特魅力和生产过程的环保可持续性，加深消费者对品牌的信任与依赖。此外，跨界合作也为品牌带来了全新的发展机遇，通过与其他领域的品牌共同创造协同效应，拓宽市场边界，吸引更多潜在消费者。这种全方位、多层次的营销传播模式，不仅有效提升了农业生态产品品牌的知名度和影响力，更在消费者心中树立了积极、健康的品牌形象，实现了品牌价值的深度挖掘与持续增值。

线上线下无缝衔接的全渠道布局正成为农业生态产品整合资源和提升品牌价值的有效途径。全渠道被定义为多个可用渠道和客户接触点的协同管理，用以优化跨渠道的客户体验和营销效用，要着力布局消费者可能接触的各个节点，例如：依靠以淘宝等电商平台为主导达成交易，包括天猫、唯品会、京东、拼多多、微信小程序；自运营抖音小店、直播电商、社区团购等社交平台的电商分支，将娱乐、购物、社交融为一体；布局便利店、商超、专卖店、快闪店，致力于打造令用户愉悦的购物空间。应用全渠道战略，有助于催生差异化的增值服务，助力品牌价值链中触达、种草、转化、复购的各个环节，更好地满足消费者需求。

### （四）多主体协调与品牌价值实现

农业生态产品的品牌价值需要政府部门的引导和支持，以及各利益相关者的紧密合作与协调。通过各方的共同努力，提升产品质量，优化品牌传播，增强消费者认同，最终实现品牌的经济、社会和环境价值的全面提升。

农业生态产品的品牌价值的过程中，政府部门发挥着至关重要的作用。政府可以通过制定和实施相关政策和法规，确保农业生态产品的生产和加工过程符合环保和可持续发展的标准。通过提供技术支持和财政补贴，政府可以帮助农户和加工企业提升生产技术和产品质量，从而增强品牌的市场竞争力。此外，政府还可以通过举办行业展会和推广活动，帮助品牌扩大影响力，提高知名度。

政府部门的有效监管和支持为多主体协调奠定了坚实的基础。农户作为农业生态产品的生产者，需要在政府的指导下，采用环保的生产方式，确保产品的绿色和有机属性。加工企业则需要与农户紧密合作，确保原材料的高质量，并通过先进的加工技术提升产品的附加值。分销商在品牌传播中起到关键作用，他们不仅是产品的销售渠道，更是品牌形象的传播者。通过与分销商的合作，确保产品在市场上的可见性和可得性，是品牌价值的重要保障。

消费者是品牌价值的最终评判者。通过市场调研和消费者反馈，了解消费者的需求和偏好，调整产品和品牌策略，以满足市场需求。同时，通过品牌故事的讲述和生态理念的传播，增强消费者对品牌的认同感和忠诚度。

在多主体协调的过程中，品牌的价值实现不仅体现在经济收益上，更体现在社会和环境效益上。通过建立透明的供应链体系和公平的合作机制，确保各利益相关者的利益和权利，形成共赢的局面。同时，通过品牌的生态理念和社会责任感，提升品牌的社会形象和美誉度，增强品牌的长期竞争力。

### （五）持续创新与品牌价值实现

在农业生态产品领域，持续创新不仅是品牌价值持续攀升的引擎，更是其独特性与市场竞争力的核心保障。鉴于农业生态产品强调自然、健康、可持续的特性，其持续创新策略应紧密围绕这些核心价值进行深度优化与拓展。

1. 科技赋能，绿色生产

第一，引入先进农业技术。利用生物技术、智能农业、物联网等现代科技手段，提升种植、养殖的精准度与效率，减少化肥农药使用，促进资源循环利用，实现绿色生产。

第二，创新农业生产模式。探索循环农业、有机农业、精准农业等新型生产模式，提升产品品质，同时降低环境负担，增强品牌的环保形象。

2. 品质为王，故事营销

第一，强化品质管理。建立严格的质量控制体系，确保每一种农业生态产品都能达到甚至超越消费者的期待，形成品质口碑。

第二，讲述品牌故事。挖掘农业生态产品背后的文化、生态、人文故事，通过线上线下多渠道传播，增强品牌的情感连接，提升品牌认同感和忠诚度。

3. 视觉创新，塑造辨识度

第一，创建独特视觉识别系统。设计符合品牌理念的包装、

LOGO、宣传材料等，确保在市场上具有高度的辨识度，让消费者一眼就能识别并记住某种农业生态产品品牌。

第二，融合自然美学。在视觉设计中融入自然元素，体现农业生态产品的纯净与和谐，增强品牌的视觉吸引力和亲和力。

4. 可持续发展，责任担当

第一，强调可持续发展理念。将可持续发展作为农业生态产品品牌的核心价值观之一，通过实践生态种植、节能减排、社区共建等措施，展现农业经营者的社会责任感。

第二，推动产业链协同。与上下游经营者紧密合作，共同推动农业生态产业链的绿色发展，形成良性循环，提升整个行业的可持续发展水平。

5. 融合创新与传统，传承文化精髓

第一，结合传统智慧与现代科技。在尊重传统农耕智慧的基础上，融入现代科技力量，创新出既保留传统风味又符合现代消费者需求的农业生态产品。

第二，传承文化精髓。挖掘并传承地方特色文化、农耕文化等非物质文化遗产，将其融入产品设计、营销等环节，赋予农业生态产品品牌深厚的文化底蕴。

# 参考文献

何龙斌，2024. 生态产品价值实现助推乡村产业振兴：基本逻辑、内在机理与实现路径 [J]. 农村经济（1）：64-73.

李梅梅，2013. 推进生态原产地产品保护刻不容缓 [J]. 求实（S2）：134-135.

卢宏亮，许潇月，朱宇豪，2020. 自媒体时代消费者生态认知与区域农产品品牌资产创建[J]. 经济与管理评论, 36 (6): 150-160.

苏杨, 潘智文, 2018. 通过构建美丽乡村治理模式实现乡村绿色振兴——基于浙江仙居国家公园经验[J]. 环境保护, 46 (15): 59-62.

王大海, 姚唐, 姚飞, 2015. 买还是不买——矛盾态度视角下的生态产品购买意向研究[J]. 南开管理评论, 18 (2): 136-146.

伍海琳, 彭蝶飞, 2012. 南岳衡山生态旅游产品设计研究[J]. 湖南科技大学学报 (社会科学版), 15 (1): 153-157.

杨懿, 李玮涛, 2023. 电商平台异质性对生态产品定价策略的影响研究——以云南鲜花饼为例[J]. 东南大学学报 (哲学社会科学版), 25 (S2): 132-137.

姚江春, 朱江, 姜浩, 等, 2023. 基于生态产品价值实现的生态型地区城乡融合路径研究——以粤北生态发展区为例[J]. 自然资源学报, 38 (8): 2169-2183.

叶笛, 陈欣蕾, 刘震宇, 2021. 跨界生态链产品的用户接受行为影响因素研究——基于UTAUT模型[J]. 哈尔滨商业大学学报 (社会科学版) (2): 54-68.

张俊英, 2021. 青海打造国际生态旅游目的地SWOT分析与发展对策[J]. 青海社会科学 (3): 103-109.

赵卫宏, 2011. 构建鄱阳湖生态品牌资产——基于制度理论视角[J]. 江西社会科学, 31 (3): 78-82.

朱竑, 陈晓亮, 尹铎, 2023. 从"绿水青山"到"金山银山": 欠发达地区乡村生态产品价值实现的阶段、路径与制度研究[J]. 管理世界, 39 (8): 74-91.

第四章

# 农业生态产品的品牌培育与建设

## 第一节 农业生态产品的品牌培育思路与策略

### 一、农业生态产品的品牌培育思路

#### (一) 农业生态产品的品牌培育原则

1. 品质保证原则

品质保证是品牌培育的首要原则。品质是产品的核心,它不仅关系到消费者的购买体验,还涉及企业品牌的声誉与口碑。高质量的产品能够获得消费者的信任以及二次购买的欲望,也可以为其品牌博取好评,进而提高产品销售量。对于农业生态产品来说,品质保证一方面是对产品品牌质量的承诺,另一方面也是对消费者健康的负责。农业生态产品品质保证离不开对生产环境的保护,农业生态产品强调生产过程中的环境状况与种植的科学性,良好的生态环境是生产农业生态产品的前提。只有在污染较少、生态平衡的环境中,才能孕育出真正健康、符合要求的农业生态产品。这样的环境需要远离工业区与住宅区，土壤、水源和空气达到一定的生产标准。

2. 突出产品特色与生态优势原则

产品特色是品牌的符号和品牌培育的关键。产品特色能够树立独特的品牌形象，充分展现产品的亮点与品牌价值，快速吸引目标消费群体的注意，并且使消费者对产品产生深刻记忆点，便于这类产品在同品类的消费市场中脱颖而出。农业生态产品往往遵循"整体、绿色、循环、共享"的原则，在独特优良的地理气候条件下进行种植养殖，具有安全无污染、健康营养、绿色可持续等特点，在培育品牌过程中，应突出农业生态产品的特色和优势，使之成为农业生态产品的品牌竞争力。

3. 市场导向与政策支持原则

市场导向为品牌发展的前进方向，市场导向能够刺激品牌产生竞争意识，加大品牌培育力度，加快产品的更新迭代，从而提高品牌的竞争力。品牌的培育方向应以市场为导向，与市场需求、市场变化紧密结合。农业靠天吃饭，种植类农产品容易受气候、气象等自然条件的影响，具有脆弱性与不稳定性，仅仅依靠市场难以形成完善的品牌模式，品牌的可持续发展受限。此时，政府的政策支持与资金投入对农业生态产品的品牌的培育至关重要，为品牌的发展提供了有力的保障。要在充分利用市场在要素配置中的决定性作用基础上发挥政府的作用，促进农业生态产品的品牌高效发展。

4. 坚持绿色发展理念原则

随着全球气候变暖持续加剧、极端天气频率日益增加，政府与公众对环保、绿色的关注度逐渐提高。国家为了应对气候变化、实现经济可持续发展的目标，提出了"双碳"战略，在农业领域推动"产业生态化、生态产业化"融合发展。在此背景下，农业生态产品的生态与绿色特性顺应社会发展的需要，在品牌培育过程中，农业生态产品要符合国家发展战略与满足消费者的需求，贯彻绿色发展理念，走绿色发展道路。

5. 打造品牌价值原则

品牌价值打造是品牌建设的重要一环，它包括品牌的美誉度、知名度、忠诚度等方面。在农业生态产品的品牌培育中，应注重提升品牌的价值，明确其在市场的品牌定位。在农业生态产品自身产品特点基础上，加大品牌名称、标识的设计力度，以扩大品牌的影响力，实现农业生态产品的增值。

6. 创新发展原则

在产品同质化、市场竞争激烈的环境下，创新是品牌突出重围的驱动力。农业生态产品的品牌应遵循创新发展的原则，加大科技投入，加快产品种子的更新迭代，在产品宣传上，创新品牌宣传方式，设计吸引消费者的包装与广告。

## (二) 农业生态产品的品牌培育任务

1. 确保产品高品质

在农业生态产品的品牌培育过程中，确保产品的高品质是重中之重的首要任务。这一任务的达成直接关系到品牌的声誉、市场接受度以及长期可持续发展。高品质的农业生态产品不仅能满足消费者对于健康、安全和营养的需求，更是品牌立足市场、赢得竞争的关键所在。

要提高农业生态产品的品质，需要从多方面入手。首先，应严格把控生产源头，包括土壤质量、水源清洁度以及空气质量等环境因素，确保其符合生态标准。其次，采用科学合理的种植和养殖技术，精准控制施肥、用药和养殖密度等环节。最后，加强质量检测和监控体系，对产品进行全过程的质量追踪，及时发现和解决可能出现的问题。

确保农业生态产品高品质的同时，还应坚持绿色发展理念。绿色发展意味着在生产过程中最大程度减少对环境的负面影响，实现资源的高效利用和生态系统的平衡。遵循绿色、循环、可持续的原则，采用生态友好型的生产方式，如有机农业、生态养殖等，既能保证产品的天然品质，又有助于维护生态平衡和生物多样性。通过绿色发展，农业生态产品能够在品质上凸显其独特优势，从而在市场中更具竞争力。

2. 塑造独特品牌形象与价值

塑造独特的品牌形象与价值也是农业生态产品品牌培育的关键任务。在市场竞争激烈且产品趋于同质化的当下，这一任务对于提升品牌的市场竞争力、拓展市场份额以及达成可持续发展目标举足轻重。

为农业生态产品塑造独特的品牌形象与价值，首先要深度探寻产品的核心优势与特色，例如独特的产地环境、传统的种植养殖方式或者创新的生态技术运用。依凭这些特点，进行精准的品牌定位，明确目标市场与消费群体。在品牌传播领域，运用多元化的渠道和创新的模式，涵盖社交媒体、线上线下活动以及与相关机构的合作等，传递品牌的理念与价值。同时，重视品牌包装设计，令其具备视觉冲击力与辨识度。此外，还应构建优良的品牌声誉，借由提供优质的产品和服务，以及积极的客户互动，增进消费者对品牌的信任与认可。

塑造独特的品牌形象与价值绝非单个农业生产者所能独力承担的任务，这一过程需要产业链上各环节的共同协作，政府部门的大力支持也不可或缺。政府可以通过出台相关政策，提供资金扶持、技术指导和培训服务，加强质量监管，完善市场规范，为品牌的塑造创造良好的政策环境和市场秩序。还可以组织各类农业展会、推介活动，提升本地农业生态产品品牌的知名度和影响力。只有产业链各方与政府部门齐心协力，才能有效塑造农业生态产品独特的品牌形象与价值，推动其在市场中占据有利地位。

3. 推进产业化建设

推进产业化建设在农业生态产品品牌培育中具有显著的必要性。农业生态产品要实现品牌的可持续发展和市场竞争力的提升，产业化是必经之路。通过产业化建设，能够整合分散的农业生产资源，实现规模化、标准化生产，从而提高生产效率和产品质量的稳定性。同时，产业化有助于引入先进的技术和管理模式，促进农业生态产品的创新升级，满足不断变化的市场需求。

要推进产业化建设，关键在于促进产业链各个环节的协作。在生产环节，鼓励农户和企业采用绿色、环保的生产方式，确保产品的生态品质。加工环节应注重技术创新，提高产品附加值。销售环节要拓展多元化的销售渠道，包括电商平台、线下专卖店等。此外，加强产业链上下游企业之间的合作，建立紧密的利益联结机制，形成风险共担、利益共享的合作模式，共同应对市场挑战。

政府部门的支持在推进产业化建设中至关重要。政府可以制定和完善相关产业政策，加大对农业生态产业的资金投入和政策倾斜。提供税收优惠、贷款担保等政策，鼓励企业和农户参与产业化建设。同时，加强基础设施建设，改善交通、物流等条件，为产业发展提供便利。此外，政府还应加强监管，保障农产品质量安全，维护市场秩序，为农业生态产品的产业化建设营造良好的发展环境。

（三）农业生态产品的品牌培育主体责任

1. 明确品牌培育主体责任的重要性

明确农业生态产品品牌培育的主体责任具有多方面的重要意义。

首先，对于产品质量而言，清晰的主体责任能够促使各主体专注于提升农业生态产品的品质。生产者会更加严格把控生产流程，采用绿色环保的生产方式，减少农药化肥使用，遵循生态标准进行种植养殖，从源头上保障产品的高质量与安全性，让消费者放心购买和食用。

其次，从产业发展的角度来看，明确主体责任能够推动产业的健康发展。生产者、运营商、科研机构、政府部门等各主体各司其职、协同合作，不断推动农业生产技术创新，完善产业标准和规范，优化产业结构，促进农业生态产品产业的可持续发展。

最后，明确主体责任有利于维护市场秩序。各主体在责任约束下，依法依规进行生产经营活动，有效减少假冒伪劣产品流入市场，保护消费者的合法权益，保障正规生产经营者的正当利益，营造一个公平、健康、有序的市场环境。

2. 农业生态产品品牌不同发育阶段的培育主体

农业生态产品的品牌在不同发展阶段有不同的主体，在农业生态产品的品牌的初创阶段，主要的主体可能是农民或小农户，他们是生产者和供应商，负责种植或养殖高质量的农产品，并确保产品符合生态标准和安全要求。

在农业生态产品的品牌建设阶段，主要的主体可能是品牌运营商或合作社，他们负责品牌策划、推广和市场营销工作，打造农业生态产品的品牌形象，提升产品知名度和美誉度。

在农业生态产品的品牌成熟阶段，主要的主体可能是大型农业企业或合作社联盟，其承担着更多的责任和义务，包括产品质量管理、供应链管理、市场开拓等工作，同时也需要承担更多的社会责任，如环境保护、农民福利等。

在农业生态产品的品牌维护阶段，主要的主体可能是政府监管部门、行业协会等组织,他们负责监督品牌的运营和管理情况,确保产品质量和安全,维护消费者权益,促进农产品品牌持续发展。

3. 不同培育主体需承担的职责

农业生态产品的品牌培育需要不同主体共同承担相应职责、协同合作。农业生产者和农民合作社应采用环保的农业生产技术与管理方法,注重土壤保护和水资源管理,减少农药和化肥的使用,践行有机农业和可持续农业的种植或养殖模式,保障农产品生产过程符合生态标准,确保生态产品的质量与安全;农业科研机构和大学需积极开展农业科研和技术推广工作,为农民和农业生产者提供必要的技术支持与指导,研发并推广符合生态标准的农业生产技术,通过培训和咨询服务帮助农民提升生产能力和管理水平;政府部门和行业协会要肩负起监管重任,制定和执行相关的农业生态标准和认证体系,加强对农产品质量和安全的监管与执法,严厉惩治违法行为以保护农产品的生态品牌形象,同时为产业发展提供政策、资金支持和市场推广渠道,鼓励农民投身生态农业;农业合作社和农产品加工企业要与农民紧密合作,为其提供技术指导、加工设施以及市场渠道,保证农产品加工过程符合生态标准,确保产品质量安全,维持产品的原始特性与环保属性,并积极开展市场推广以提升品牌知名度和市场份额;消费者组织和环保组织应当对农产品的生产和品牌予以评估和认证,为消费者提供可靠信息,加强对农产品市场的监督,增进消费者对生态农业产品品牌的认知与信任,还要通过开展农业生态产品与环保知识的宣传教育活动,提高公众对农业生态产品的认识和重视程度。

## 二、农业生态产品的主要品牌培育策略

### (一) 质量与信任战略

在农业生态产品的品牌培育中,质量与信任战略至关重要。质量作为品牌的生命线,始终是品牌培育的核心要素。产品质量不仅直接决定品牌形象,更是品牌可持续发展的基石。一旦产品质量出现差池,品牌形象将蒙尘受损,品牌声誉会大打折扣,未来发展也将举步维艰。

从质量角度出发,品牌质量管理对于农业生态产品的消费市场拓展、品牌形象塑造以及可持续发展意义重大。其一,有助于提高消费者满意度。当下,消费者对健康、环保、安全的重视程度与日俱增,对农产品质量的期望不断提高,尤其是对农业生态产品的生长环境极为关注。通过提升农业生态产品质量,契合消费者对于高品质、健康环保农产品的需求,进而增强消费者的满意度与忠诚度。其二,能够提高农业生态产品竞争力。质量的提升会增加产品附加值,抬高市场价格,提升农业产业的整体形象与地位,吸引更多资本、人才等优质资源涌入农业领域,为农业产业的升级与转型注入动力,全面提升产业价值与竞争力。其三,有利于推动农业生态产品的可持续发展。为提升农业生态产品质量,需推行一系列环保、安全、健康的生产举措,促进农业生产向绿色化、生态化、可持续化方向发展。同时,质量提升可促进农业产业链的整合与优化,提高生产效率与资源利用率,为农业产业的可持续发展保驾护航。

而信任战略是增强品牌竞争力的综合性策略,旨在全方位提升农业生态产品品质,增进消费者对产品的信任与忠诚,进而推动产业的可持续发展。实施这一战略的关键在于:一是建立严格的质量管理体

系，这是保障农业生态产品品质的根本。品牌管理者需制定并严格执行生产标准，完善监测与检验流程，确保产品在生产、销售的各环节均符合质量标准，借助数字化手段对生产全程进行严密监控，杜绝产品质量问题。二是加强品牌宣传与推广。品牌运营者应运用多元化的市场营销与品牌推广活动，提升消费者对农业生态产品的认知与好感。借助社交媒体、广告、公关活动以及新媒体等多元渠道展开品牌宣传，向消费者精准传递产品的独特价值、生态环保理念以及完整生产流程等信息，让消费者坚信产品质量卓越。三是建立信任机制。信任是品牌建设的灵魂。品牌管理者需提供透明的产品信息，构建客户反馈机制，及时妥善处理消费者投诉，增强消费者对品牌的信任感。此外，引入第三方认证机构，对产品质量进行公正客观的评价，并公开评价结果，进一步提升品牌的信誉。四是强化产业链整合。品牌管理者应将农业生态产品的生产、加工、销售等环节紧密联结，形成完备的产业链，保障产品品质的稳定与统一。在产业链整合过程中，企业应制定统一的生产标准与质量管理体系，确保各环节遵循相同标准与质量要求。从源头的种植养殖环节开始，精选符合生态要求的种子、肥料和饲料，为农产品质量奠定基础。在加工与包装环节，运用先进工艺与设备，保证产品的加工精度与卫生质量。在运输与销售环节，通过科学合理的物流规划与销售策略，维持产品的新鲜度与口感。

## （二）定位与差异化战略

定位与差异化战略是确保产品在竞争激烈的市场中脱颖而出的关键。品牌定位是指企业根据市场需求、竞争态势以及自身实力，为产品确定一个独特的市场位置，以便在消费者心中形成独特的印象。而差异化战略则是通过提供与众不同的产品或服务，以满足消费者的特定需求，从而与竞争对手区分开来。

品牌定位离不开产品的特色、社会需求以及地区文化。对于农业生态产品来说，其品牌定位应该突出其生态、环保、健康等核心价值，获得农业生态产品目标群体的认可。首先，生态价值是农业生态产品的核心，它强调产品在生产过程中对环境的保护和尊重，符合现代消费者对绿色、环保生活的追求。其次，环保价值体现了农业生态产品对环境的友好性，包括减少化肥和农药的使用、保护土壤和水源等，这与消费者对环保的关注度日益提高的趋势相契合。最后，健康价值是农业生态产品的另一大卖点，它强调产品的新鲜、营养、安全等特点，符合消费者对健康饮食的追求。

为了实现差异化战略，农业生态产品的品牌可以从以下几个方面入手。

第一，产品创新（产品差异）。通过研发新品种、新装备、新技术和新工艺，提升农业生态产品生产的环境条件，提供具有独特卖点的农业生态产品，提升产品体验感。例如，研发具有特殊口感、营养价值或健康功能的农产品，以满足消费者的特殊需求。其次，基于农业生态产品的生产环境，发展新技术以提高产品的品质，凭借高质量优势将其与一般品质的农业生态产品区分开来。

第二，确定目标市场（市场差异）。针对农业生态产品的"生态"与"区域"特点，农业生态产品对接注重健康环保的市场消费者。农业生态产品更适合关注健康、环保、高品质的消费者群体。这些消费者通常愿意为有机、无农药残留的农产品支付更高的价格。

第三，品牌形象塑造（形象差异化）。通过独特的包装设计、宣传语和营销活动，邀请喜欢环保、绿色的明星或者博主进行宣传，突出农业生态品牌的特点，塑造独特的品牌形象。这有助于提升产品的知名度和美誉度,加强消费者对农业生态产品的品牌形象的认知,提高品牌的市场竞争力。

第四,渠道拓展(渠道差异化)。利用线上线下多种销售渠道,扩大产品的宣传覆盖面。不仅通过淘宝、京东等电商平台,而且利用抖音直播、小红书等新型销售渠道进行宣传与销售,设置区别于其他产品的销售渠道,即农业生态产品专门的社群进行交流。

### (三)形象与传播战略

在形象与传播战略中,品牌形象是企业或其某个品牌于市场上以及社会公众心中所展现的个性特质,反映着公众尤其是消费者对品牌的评判与认知。品牌形象在消费者的购买决策过程中起着关键作用,生动新颖的品牌形象可有力吸引消费者目光,优质的产品形象则能收获消费者的信任,激发消费者的购买欲望,进而为企业赢取丰厚的市场利润。

对于农业生态产品来说,品牌形象的塑造具有多重作用。其一,增强消费者的信任与认可。通过精心塑造品牌形象,能够充分展现农业生态产品的特性。农业生态产品专注于环保与绿色发展,在生产中杜绝使用化学产品,生产养殖遵循原生态模式,这种独特的品牌呈现,能使消费者深切感受到农业生态产品的可靠性,进而更坚定地选择购买。其二,传递价值观念与发展理念,彰显企业的诚信品质与社会责任。品牌形象作为传递品牌价值观与理念的重要载体,在塑造农业生态产品品牌形象的过程中,可向消费者传达其对环境保护、可持续发展以及健康生活等议题的关切与承诺,展现出企业在保护环境、减少污染以及助力"双碳"目标实现等方面所承担的社会责任。其三,推动品牌忠诚度的建立与口碑传播。积极树立优良的品牌形象,使农业生态产品凭借自身优势,加深消费者对品牌的忠诚程度，进而引发口碑传播效应。通常情况下，消费者对于自己认可的品牌，会更主动地向他人推荐和分享，这对品牌的长期发展以及市场份额的扩大极为有利。

## 第二节 新媒体时代农业生态产品的品牌传播

### 一、新媒体时代农业生态产品的品牌传播特点与类型

新媒体是继传统纸质媒体、广播、电视之后，在互联网技术成熟时代下催生的新型媒体传播形式，借助互联网平台和信息技术，以互联网为媒介，通过手机、电脑等终端，向公众提供信息和娱乐服务。相较于传统媒体时代，品牌传播的方式和效果发生了显著变化，新媒体品牌传播更侧重互动性、迭代性、及时反馈、覆盖面较广、内容营销，能够进一步迅速扩大产品知名度。

#### （一）新媒体时代农业生态产品的品牌传播特点

1. 传播速度快成本较低

相较于传统媒体，新媒体时代下品牌传播不受时空、场地、复杂程序的限制，具有较低的成本，并且传播速度较快。通过社交媒体、内容营销等方式，农业生态产品的品牌可以更快速高效地推广，吸引目标群体的关注，提升品牌知名度。例如，通过抖音、快手等短视频平台发布产品内容，可以迅速覆盖大量受众，降低宣传成本并提高传播效率。

2. 低成本收集信息，推动产品迭代更新

新媒体时代的品牌传播可以更快速地推动产品的迭代更新。农业生态产品的品牌可以通过视频的互动平台收集用户对产品的反馈，及

时了解消费者需求和市场动态，快速调整和改进产品以及生产线，以满足消费者的期望和需求。例如，品牌可以通过社交媒体平台的评论和私信功能，直接获取用户反馈，并进行实时分析和响应。

3. 交互性强

产品与消费者双向互动。新媒体时代的品牌传播强调与消费者的双向互动，而非单方面向消费者输出产品观点。通过社交媒体和线上活动，农业生态产品的品牌可以与消费者进行实时互动，便于提供个性化的服务和沟通，增加消费者对品牌的参与感和忠诚度。例如，品牌可以通过直播平台进行产品展示和互动，让消费者在观看直播的同时直接参与讨论和提问。

4. 沟通反馈的即时性

新媒体时代的品牌传播可以获得更加及时的反馈。通过社交媒体和在线评论等渠道，消费者可以直接表达对产品的意见和评价，品牌可以及时回应和处理，缩小双方交流信息差，加强与消费者的沟通和信任。

5. 用户生成内容的重要性

新媒体时代的品牌传播注重用户生成内容的重要性。新媒体时代下人人都有麦克风，个人自我表达空间扩大。农业生态产品消费者通过社交媒体平台分享产品使用体验、评价和推荐，产生的用户生成内容形成规模效应，能够对品牌传播具有重要影响力，可以扩大品牌的影响范围和口碑效应。

(二) 新媒体时代农业生态产品的品牌传播类型

1. 社交媒体传播

品牌可以通过社交媒体平台与消费者进行互动，传播产品内容与品牌价值。针对不同受众的社交媒体，品牌可以采取对应的传播策略。在小红书这类平台发布产品的优势与农业生态产品的内容，在抖音、快手这类使用群体较多的短视频平台发布产品多个方面的内容，便于筛选目标群体，并且与农业领域的"大 V"和地方融媒体合作进行推广农业生态产品，在 B 站（即 Bilibili，自媒体平台，编者注）则发布科普、测评以及品牌建设的长视频，利于视频推送，或者围绕农业生态产品拍摄微电影进行宣传，增加品牌的趣味性，让观众对品牌记忆深刻。

2. 内容营销

互联网时代下信息传播较快，一定程度上消除了信息差，公众能够全方面、多层次了解品牌，品牌传播核心从"渠道传播"转变为"内容传播"，内容传播能够激发用户的参与感，引起用户的共鸣，所以在内容为王的时代内容的打造十分重要。农业生态产品的品牌通过创作和分享有关农业生态产品的优质内容，如文章、视频、图片等，吸引潜在消费者的关注和兴趣。品牌可以在内容中传达产品的特点、故事和价值，提升消费者对品牌的认知和好感度。

3. 社群传播

社群传播是指通过社交网络、在线论坛、微信群等社交媒体、在线社区等渠道，将有共同兴趣与价值观的人们聚集在一起交流讨论，以转发视频或文章、表达自己看法等方式扩大传播范围与影响力，利用社群传播的优势实现集中性裂变式快速化的品牌推广。与传统的广告宣传与社区运营相比，社群传播更加注重用户参与和归属感，能够激发社群用户的自发性与积极性，更好地提高社群使用者的黏性与对农业生态产品的品牌认知程度。

4. 电商直播平台传播

新媒体时代下，直播电商这种新的商业模式应运而生，其可以通过实时直播的形式展示产品的详细信息。一方面农业生态产品品牌在电商平台上建立农业生态产品的线上销售渠道,通过电商平台的推广和营销手段、直播带货等方式售卖农业生态产品。另一方面,直播农业生态产品的生产基地环境与产品生产流程,将农产品生产产地与产供销链直接透明地呈现给消费者,让消费者能够更直观真实地认识农业生态产品的生产全流程。

## 二、新媒体时代农业生态产品的品牌传播模式与路径

### (一)新媒体时代农业生态产品的品牌传播模式

1. 社交媒体营销传播模式

该模式的核心在于通过多渠道、多形式的内容传播,构建一个立体化、全方位的品牌传播网络。基于多平台覆盖和多样化内容形式,结合自媒体运营、KOL(关键意见领袖)营销和互动营销等手段,全面提升品牌在新媒体时代的影响力。首先,品牌需要在微信、微博、抖音、小红书等多个社交媒体平台建立官方账号,形成自媒体矩阵,以确保信息传递的广泛性和多样性。内容形式应包括图文、短视频和直播等,以适应不同平台和受众的需求。在此基础上,品牌通过与行业意见领袖合作,借助其在特定领域的影响力进行传播,增强品牌的公信力和吸引力。其次,通过策划有趣的互动营销活动,如线上挑战、抽奖活动等,增加用户的参与度和品牌的曝光率。

2. 内容营销传播模式

该模式主要围绕品牌内容、专业内容和 SEO 优化(指搜索引擎的优化排名)展开。品牌内容包括品牌故事、品牌理念和文化等,通过深度挖掘和展示品牌内涵,塑造品牌形象和价值观。专业内容则涉及农业知识、健康饮食等方面,提供有价值的信息和知识,树立品牌在

行业内的权威性和专业性。SEO 优化是内容营销的重要组成部分,通过关键词优化和内容优化,提高品牌在搜索引擎中的排名,增加品牌的在线可见性和流量。整个框架体系的核心在于通过高质量的内容,吸引和留住目标受众,同时提升品牌的搜索引擎排名,从而实现品牌影响力的持续增长。

3. 用户生成内容（UGC）传播模式

该模式的核心在于通过激发用户的参与和创造力,形成大量优质的用户生成内容,增强品牌的可信度和影响力。在具体实施方面,首先需要策划富有创意的线上互动活动,如"晒产品体验赢奖品""创意短视频大赛"等,激发用户的参与热情和创作欲望。设置奖励机制,如积分、优惠券、实物奖品等,鼓励用户生成和传播优质内容。在社交平台上设置品牌话题标签,方便用户分享和互动,通过话题标签的传播,形成品牌的社交媒体影响力。建立用户反馈机制,及时收集用户的评价和建议,通过在线调查、评论区互动等方式,了解用户的真实需求和体验。根据用户反馈进行产品和服务的改进,提升用户满意度和忠诚度。通过数据分析工具,监测 UGC 的传播效果和用户参与情况,及时调整和优化互动活动和奖励机制,以确保 UGC 传播的持续有效性。总之,通过系统化的互动活动策划、社交媒体分享和用户反馈管理,UGC 传播模式能够有效提升品牌的用户参与度和市场影响力。

### (二) 新媒体时代农业生态产品的品牌传播路径

新媒体时代下,农业生态产品的品牌传播具有多元性,允许使用多个平台进行品牌宣传,覆盖更多的潜在用户。一方面品牌可以基于网站、报纸、广告等传统渠道进行营销,另一方面通过抖音、小红书等新媒体以及跨界营销进行联动传播。

1. 内容策划与发布

打造优质的素材内容，瞄准目标群体，有利于有效地传播农业生态产品。新媒体时代下消费者拥有更大空间诉说自己的需求，提出自己对农业生态产品的反馈意见，而这些需求和反馈正是潜在消费者选择农业生态品牌的重要参考之一，使消费者话语权增强。在这种情况下，企业可以利用消费者对产品的认可与赞扬进行推广农业生态产品。

2. 故事化传播

通过讲述农业生态产品的故事，打造与消费者的情感共鸣。可以利用文字、图片、视频等多种形式，展示产品的独特之处，如环境友好、健康营养等，让消费者更容易理解和接受，适当采用"梗营销"策略，引发目标群体关注的过程中潜移默化表现产品的特质。并且利用社交媒体平台的互动性，与消费者进行直接沟通和互动，让用户具有参与感。农业生态产品的品牌可以在一些短视频平台，通过答疑解惑、参与线上活动等方式增强品牌与消费者之间的互动关系，提高品牌认知度和信任度。

3. 线上线下结合

农业生态产品的品牌能够将新媒体传播与线下实体店相结合，打造线上线下一体化的购物体验。例如，在新媒体平台上进行产品宣传和预售，引导消费者到线下实体店或农场进行购买和体验，增强品牌的实体感和亲和力。

4. "意见领袖"合作

随着网络信息的发展，网络信息来源五花八门，海量信息有待处理，消费者选择购买产品时的筛选产品有效信息成本加大。此时，新媒体赋予意见领袖者更大的影响力。意见领袖者发布的信息对消费者购买产品的影响程度逐渐增大。农业生态品牌和当地影响力较强的农业生态领域 KOL 取得合作，借助其专业知识和个人能力、公信力引导粉丝关注产品，传播农业生态产品的品牌的理念和价值。并且邀请KOL进行产品试用、推荐和分享体验，以提高品牌曝光度和口碑效应，提高消费者购买意愿，达到合作共赢的效果。

5. 数据分析与策略优化

新媒体时代网络上存在大量的信息数据，这就需要大数据分析，把握消费者的偏好与心理。首先，农业生态产品通过对新媒体平台的已有数据进行分析，了解目标受众的兴趣偏好、行为习惯、所关注的博主等信息，对偏好生态产品的受众推广较多的农业生态产品信息。其次，根据实施监控的数据，接受消费者的意见，调整目前的营销策略，同时了解农业生态产品的品牌的市场情况，及时根据市场竞争状况制定企业运营对策，便于企业防范风险与市场冲击，从而实现企业的可持续发展。农业生态产品的品牌可以根据不同受众群体的需求，提供个性化的内容和服务，提高传播效果和转化率，进一步促进农业生态产品销售额的增加。

## 三、案例分享：新媒体农业生态产品的品牌传播实例

贵州铜仁位于武陵山区深处，海拔高度在205~2 572m，是典型的亚热带高原季风气候区，境内拥有国家级自然保护区梵净山和佛顶山，是优质茶叶的适宜生长区域。1992年，著名茶业专家、中国科学院陈宗懋院士挥毫赞誉梵净山茶"得天独厚、景美茶香"。随着社交媒体和新媒体的迅猛发展，传统的品牌推广模式正经历着深刻的变革。贵州铜仁通过统一品牌管理、品牌故事讲述、全媒体传播等方式，利用新媒体的力量进一步提高了品牌的传播力和影响力。

（一）统一品牌管理

自2012年以来，铜仁市开始将"梵净山茶"作为公用品牌进行统

一打造。梵净山茶的品牌管理采取了"五统一"模式，即统一商标标识、统一包装元素、统一质量标准、统一质量检测和统一对外宣传。这种模式确保了品牌的统一性和标准化，提升了品牌的市场竞争力和消费者信任度。通过"五统一"管理模式，梵净山茶品牌的知名度和市场影响力显著提升，有效规范了生产和销售流程，提升了产品质量和品牌形象，推动了地方经济的发展。

### (二) 品牌故事讲述

铜仁采取"走出去"与"请进来"相结合的宣传方式，积极组织开展茶事活动、企业评选和品牌评估活动，参加斗茶赛，多举措擦亮"梵山净水·泡茶好水""梵净抹茶·香溢天下"等地方特色品牌。在品牌故事的讲述上，梵净山茶成功塑造了其独特的品牌形象，传递了悠久历史、生态环境、传统工艺、社会责任等多重文化内涵。首先深入挖掘其作为明朝贡茶的悠久历史渊源，并着重强调梵净山这一得天独厚的生态环境优势。其次，通过短视频、图文等形式，将茶叶从采摘、萎凋、杀青到制作的全过程展现给消费者，突出了对传统工艺的坚守和品牌的文化自信。此外，还阐述了梵净山茶在助推乡村振兴、生态保护方面的使命和贡献。梵净山茶的发展不仅带动了当地农民增收致富，还通过生态茶园的建设，保护了梵净山的自然生态环境。这种社会责任感和使命感，让消费者感受到品牌价值不仅在于产品本身，更在于对社会发展的正面影响。最后，梵净山茶与知名茶艺师、文化名人合作，通过他们的影响力和美誉度，为品牌故事增添了可信度和传播力。这些名人不仅在现场展示梵净山茶的冲泡艺术，还通过个人经历分享对品牌品质的认可，为品牌故事增色不少。

## (三) 全媒体传播

铜仁网站把全媒体平台作为农业提质增效的重要载体，线上运用抖音、快手、微信等新媒体平台开展网络宣传，打破了宣传地域的限制，吸引自媒体人上茶山直播与创作，扩大了梵净山茶的品牌影响力，拓宽茶业销路。线下运用同仁社区、铜城仁者联合会，组织网络达人、公众人物开展网络营销，助推市场销路。注重引导农业龙头企业、专业合作社和种植、养殖大户，通过新媒体平台展示推介，初步构建起以"微铜仁""三棱镜"、抖音铜仁网、快手铜仁网、新浪、腾讯微博等全媒体矩阵，利用短视频、现场直播、H5、VR等方式广泛运用到脱贫攻坚、产业发展、文旅融合、社会治理、公共服务等各项工作之中，2022年，梵净山茶门店通过直播方式使得梵净山茶销往全国各地，打响了知名度。2023年，梵净山茶门店请专业人士直播带货，走进茶叶种植基地和茶厂拍摄茶叶生产的视频，展示梵净山茶绿色生态的生长环境和先进的制茶技术，让大众更加了解梵净山茶的品质，在品牌宣传方面取得了较大进步，让梵净山茶走向更广阔的市场。铜仁利用新媒体让"梵净山茶"走出大山，打响品牌，极大地提升了梵净山茶的影响力。

# 第三节　农业生态产品区域公用品牌建设与推广

## 一、区域公用品牌的概念、特征与打造要素

### (一) 区域公用品牌的概念与特征

区域公用品牌（Regional Public Brand）是指在特定地理区域内，

由政府、行业协会或其他组织主导，整合该区域内具有共同特征和优势的产品或服务，统一进行品牌推广和管理，以提升区域整体形象和竞争力的品牌。区域公用品牌的核心在于通过品牌的集体力量，带动区域内各个产业的发展，实现资源共享和协同效应。

国内学者对农产品区域品牌的概念界定，主要有以下三种观点：一是从产业集群视角进行界定，认为农产品区域品牌是农业产业集群发展的结果。二是从区域名优特农产品视角进行界定，认为农产品区域品牌是基于地方名优特农产品，以悠久人文历史为内涵，冠之以行政或经济区域名称，享有较高知名度和较高美誉度，具有较高商业价值的品牌。三是从地理区域视角定义，认为农产品区域品牌是某个特定地理区域的品牌，是社会公众对该区域核心价值的总体认知。

一般来说，农产品区域公用品牌的特征如下。

1. 区域性

区域公用品牌是针对特定地域范围内的企业、组织或产业集群而言的，它根据当地地理气候条件、凭借农产品资源优势发展形成，代表了该地区的特色、文化等地域特点。由于地域的差异性，地域性是区域公用品牌的重要特征之一，每个地区都有其独特的特点和文化底蕴，也是与其他品牌的显著区别之处。农产品区域公用品牌的区域性也表明这一品牌具有清晰严格的边界，只有在规定的区域内才能使用公用品牌。

2. 公用性

区域公用品牌是由多个企业、组织共同打造和推广的，多个企业和组织之间的合作和共建共享机制是打造区域公用品牌的关键，这样才能确保品牌的成功和稳健发展。它不仅代表个别企业与个人，更是整个地区的共同形象和价值体现，其品牌所有权与使用权分离，不属于个人与企业所有,而是属于区域内政府、企业、个人或者行业协会共同所有。

3. 产业性

区域公用品牌通常与特定的产业相关联,背后有完整的产业链,可以帮助该地区的企业在市场竞争中获得更大的优势,提升整个产业链的竞争力,同时对地方农业产业振兴、经济发展产生极其重要的作用。

4. 协同效应

通过资源整合、品质提升、市场影响力增强、规模经济、创新驱动和风险分担等多方面,显著提升了区域内农产品的市场竞争力和经济效益。通过品牌建设,区域内的生产者可以共享品牌资源,降低营销成本,提高整体营销效率,并通过严格的质量标准增强消费者信任,从而提升产品质量和市场竞争力。此外,品牌的统一形象和宣传能够显著提高区域农产品的知名度和美誉度,带动整体销售。集体推广和营销活动实现了规模经济效应,创新驱动则推动了技术进步和管理水平提升,风险分担机制帮助生产者共同应对市场波动和突发事件。

5. 可持续性

农产品区域公用品牌建设过程中强调生态环境保护和社会责任,推动绿色农业和有机农业的发展,促进资源的合理利用和环境的可持续发展,从而实现经济效益、社会效益和生态效益的平衡与统一,确保品牌和区域农业的长期健康发展。

(二) 区域公用品牌的打造要素

区域公用品牌的打造要素,包括以下 4 个方面。

1. 地域特色

在打造区域公用品牌时,突出农产品地域特色是至关重要的一个方面。区域公用品牌需要基于地区的特色资源、文化传统或产业优势进行定位和打造，以突出地区的独特性和差异化。通过深入挖掘地区的历史、文化和自然资源并且整合，将这些独特元素融入品牌定位和形象设计中，可以为区域公用品牌赋予独特的魅力和吸引力，从而在市场竞争中脱颖而出。对于具有特殊地理特点和传统生产工艺的产品，可以申请地理标志认证。地理标志认证可以有效保护产品的地域特色和品质，并增加消费者对产品的信任和认可度。申请地理标志认证需要提供相关的证据和资料，如地理环境、传统生产工艺、历史沿革等。

2. 政府主导与企业主营

政府在区域公用品牌的打造中扮演重要角色，它应该起到组织、协调和推动的作用，提供政策支持和资源保障和市场监管，为区域公用品牌的发展提供良好的外部环境和支持体系。同时，政府还可以通过引导和激励，促进企业和组织积极参与区域公用品牌的建设，推动地区经济的可持续发展。区域公用品牌的打造离不开企业的积极参与和合作，企业应该共同制定发展战略，提供符合品牌形象的产品或服务。企业可以通过提升产品质量、加强品牌推广和营销活动，为区域公用品牌的建设贡献自身的力量和资源。同时，企业之间也可以加强合作与共享，形成产业联盟或合作伙伴关系，共同推动区域公用品牌的发展壮大。

3. 产地认证和品质管理

品质和信誉是打造区域公用品牌的关键要素。品牌应该以高品质、可靠性和专业性为基础，确保产品或服务的一致性和优越性。这对区域公用品牌的打造提出要求即需要建立产地认证和品质保证体系。通过建立严格的产地认证标准和质量控制体系，这些标准包括农产品的生产环境、种植或养殖方法、使用的农药和化肥等方面的要求。标准的制定参考国家相关的法规和标准以及结合地区的特点和需求进行制定。确保产品或服务的来源可追溯性和一致性。并且建立品质监测和质量管理体系，监控产品的质量和合规性。这可以包括定期抽样检测、产品追溯系统的建立、质量问题的处理和投诉反馈机制等。同时，建立与供应商的合作关系，确保供应链各个环节的品质和安全。

4. 规模化

农业产业化是农产品区域公用品牌发展的基础，而产业规模化是区域公用品牌发展的前提。规模化的区域产业可以带来更大的市场份额和更广泛的品牌影响力。能够更有效地利用资源。通过集聚企业和供应链参与者，可以实现资源的共享和合理配置。规模化经营可以带来更高的生产效率和降低的成本，使企业能够以更具竞争力的价格提供产品或服务。

## 二、区域公用品牌建设的主体与管理模式

### （一）区域公用品牌建设的主体

区域公用品牌建设的主体可以由农户自发、政府引导、行业协会和龙头企业等多个参与方组成。以下是关于这些主体及其角色的具体说明。

1. 农户

在区域公用品牌建设中，农户是重要的参与主体之一。他们是农产品的生产者和供应商，是把控农产品质量的关键一环，其通过提供具有特色的农产品或农业服务为地区公用品牌的发展做贡献。农户可以通过自己的努力和创新来形成独特的产品或服务，为地区公用品牌的建设作出贡献。

2. 政府

政府在区域公用品牌建设中扮演着重要的引导和推动作用。政府可以通过出台相关的扶持政策，提供资金支持、技术支撑和市场保障，根据区域优势制定农产品区域公用品牌建设战略，发挥政府引导作用，鼓励和引导农户、行业协会和龙头企业等各方参与区域公用品牌的建设。

3. 行业协会

行业协会是代表特定产业的组织，可以在区域公用品牌建设中发挥重要作用。行业协会可以促进企业间的合作与共享，组织和推动行业内的技术创新和标准制定，组织农户进行标准化生产，加强品牌宣传推广力度，可以提高行业内企业对区域公用品牌的共同认同和参与。

4. 龙头企业

作为特定行业中具有影响力和实力的企业，龙头企业要在区域公用品牌建设中发挥带头和示范作用。他们可以通过自身的品牌影响力和市场渗透能力，打开当地市场，推动地区公用品牌的知名度和认可度。同时，龙头企业还可以与农户、行业协会和政府合作，抓住市场机遇，共同打造区域公用品牌。

(二) 区域公用品牌建设的管理模式

农业生态产品区域公用品牌的管理模式采用多元主体参与的协同模式。这种模式将政府、农户、龙头企业、行业协会和第三方认证机构等多方力量结合起来，通过各自的角色和职能，共同推动品牌建设和发展。该模式旨在整合各方资源和优势，形成合力，提升品牌的市场竞争力和可持续发展能力。

政府通过制定优惠政策、提供财政支持和加强监管服务，为品牌建设提供良好的环境和政策保障。农户按照品牌标准进行规范化生产，确保产品质量，并积极参与培训和交流，提升生产技能和品牌意识。龙头企业和农民专业合作组织等新型经营主体作为品牌建设和运营的核心力量，通过技术创新、市场拓展和产业链整合提升品牌价值，并与农户建立紧密合作关系，提供技术支持和市场信息。行业协会在品牌建设中发挥桥梁和纽带作用，组织农户和龙头企业共同制定和执行行业标准，协调各方利益关系，促进合作共赢。第三方认证机构则对产品质量和生产过程进行独立认证，确保品牌信誉。

各个主体通过多种机制进行协调和合作。政府加强与行业协会、龙头企业和农户的沟通合作，制定和推广品牌标准和认证体系，确保品牌建设的规范性和一致性。行业协会通过定期会议、培训和交流活动，促进各方信息共享和经验交流，协调利益关系，解决矛盾和问题。龙头企业与农户通过合同农业、技术培训和市场信息共享等方式建立紧密的合作关系，确保生产和市场需求的有效对接。第三方认证机构通过独立的质量认证和监督，为品牌提供公信力，增强消费者信任。

此外，建立跨区域的生态补偿机制和公共服务平台也是协调机制的重要组成部分。这些机制通过生态补偿和利益共享，促进区域间的合作与协调，提升品牌的整体效益和可持续发展能力。

## 三、区域公用品牌建设的作用与推广模式

### （一）区域公用品牌建设的作用

区域公用品牌建设对于产业振兴、农民家庭增收、龙头企业发展以及促进地区交流与合作都具有重要作用。

1. 产业振兴

首先，区域公用品牌建设可以突出地区的特色产业，通过建立共

同的品牌形象和价值观，地区内的企业和农户可以通过合作、共享资源和市场推广，形成产业集群效应，提升产品的知名度和美誉度，吸引更多的投资和资源流入，推动产业的发展和升级。其次，可以加强产业链上下游的协同合作，形成完整的产业生态系统，促进产业的整体竞争力提升。区域公用品牌建设还可以整合区域内的优势资源，提高产业的组织化程度，形成一定规模的特色农业产业集群，从而增强产业的规模效应。

2. 农民家庭增收

一方面，区域公用品牌建设有助于推动农产品的标准化生产、品质提升和品牌打造，进而增强农产品的市场竞争力，实现优质优价，促进农民增收。另一方面，区域公用品牌建设可以帮助农民将自身的农产品打造成具有品牌效应和附加值的产品，提高产品的销售价格，增加农民家庭的收入。

3. 龙头企业发展

区域公用品牌建设可以帮助龙头企业树立良好的企业形象和品牌声誉，提升企业的市场影响力和竞争力。龙头企业通过与农户、行业协会等伙伴的合作，龙头企业可以扩大产品供应链，降低生产成本，增加市场份额，实现企业的健康发展。

4. 促进地区交流与合作

区域公用品牌建设可以加强地区间的交流与合作，促进资源的共享和优势互补，推动地区间的产业联动和合作发展。同时，区域公用品牌推广可以吸引更多的游客、投资者和合作伙伴，从而与当地政府、社团、商会等机构建立合作伙伴关系，参与公共项目和活动，展示品牌形象；共同举办推广活动，扩大品牌影响力，促进地区的经济繁荣和社会发展。区域公用品牌建设是促进乡村产业振兴的有力抓手，有助于调整农业结构，推动农业转型升级，实现乡村经济的可持续发展。

**(二) 区域公用品牌建设的推广模式**

1. 政府引领型推广模式

政府发挥主导作用，通过政策引导、资金支持和市场监管等手段，推动区域公用品牌的建设和发展。政府通过打造全域品牌形象为引领，根据地区特色，发展多种单品类品牌。这种模式的优点是能够整合区域资源，形成统一的品牌形象和市场竞争力。但局限性在于可能存在行政干预过多，市场机制不够灵活的问题。例如，重庆市酉阳土家族苗族自治县政府部门通过深入调研地方特色资源、制定严格的品牌管理标准、提供政策和资金支持、鼓励多方参与、积极开展品牌宣传推广以及加强市场监管等措施，成功打造了具有地方特色的"酉阳800"区域公用品牌。该品牌以酉阳县的地理优势和特色农产品为基础，通过整合资源、制定标准、提升品质、加强宣传等一系列措施，构建了高标准的产业体系，不仅提升了当地农产品的市场竞争力和知名度，也为酉阳县的农业发展和农民增收带来了积极影响，有效推动了地区经济的转型升级。

2. 行业协会运营型推广模式

行业协会或农合联组织承担起品牌运营的职责，通过制定品牌授权的准入标准、资质审核和授权，组织区域内的生产者共同维护和发展品牌。这种模式的优点是能够集聚区域整合力量，实现生产、供销、信用、品牌运营等相关资源的整合赋能。但局限性在于行业协会的权威性和执行力可能不足，需要政府的支持和配合。此外，浙江省由农民合作经济组织和各类为农服务组织或企业共同组成农民合作经济组织的联合组织，即"农合联"组织，直接负责品牌运营，制定品牌授权标准，负责资质审核和授权，并根据实际需要和上级主管部门的部署，举办品牌展销和传播活动。例如，瑞安市供销合作社依托农合联组织，创建县级区域农产品公共品牌"瑞安农产"通过农合联提供政策扶持，电视台进行宣传报道，专业合作社负责实体运营，吸纳24家农业龙头企业和专业合作社加盟，整合近200种农产品，涉及农户2 000多户，旨在解决当地农产品产地分散、产区不大以及产品附加值低等问题。2016年，"瑞安农产"首家品牌旗舰店在温州市行政管理中心生活配套服务区开业，并实现了年销售额200多万元的业绩。通过这样的合作模式，不仅推动了当地农产品的品牌价值实现发展，而且还与阿坝县供销合作社签订了扶贫结对帮扶协议，支持东西部扶贫工作，将阿坝县的名特农产品引入"瑞安农产"品牌旗舰店进行销售。这一举措不仅提升了瑞安农产品的品牌影响力，同时也促进了地区间的扶贫协作和农产品的交流。

3. 第三方专业公司代运营模式

一些地方通过采购第三方专业公司服务的方式进行品牌的管理运营。这种方式适用于短时间内难以组建成熟的品牌运营管理团队的情况，通过公开招标等形式，选择专业的品牌运营机构来负责品牌的市场推广和日常管理。这种模式的优点是能够借助专业机构的运营能力和市场经验，快速提升品牌知名度和影响力。但局限性在于可能存在品牌理念和地域文化难以完全融合的问题。例如，温州市农产品区域公用品牌"瓯越鲜风"通过市政府授权市农民合作经济组织联合会持有，并由市供销社牵头设立的运营中心，采用公开招标方式，选择专业公司代运营，负责品牌推广和市场运营，被选中的专业公司根据招标要求，负责"瓯越鲜风"品牌的市场推广、品牌营销传播活动等，同时对接电商销售平台，开展品牌营销传播活动。通过建立标准化示范基地、整合70家企业（合作社）的60余类农特产品纳入品牌目录，打造品牌形象店和专营店，并在京东、天猫、拼多多等电商平台开通线上销售渠道，同时通过冠名高铁列车和在多地机场、高铁站投放广告，系统地提升了"瓯越鲜风"的品牌形象和市场知名度，有效推动了温州农产品的市场化和品牌价值实现发展。

## 第四节　品牌赋能农业生态产品价值实现的案例分析

### 一、案例背景

淅川县地处河南省西南部、豫鄂陕三省结合部，是南水北调中线工程核心水源区和渠首所在地，也是国家重点生态功能区、国家级贫困县和河南省四个深度贫困县之一。丹江口水库48%的水域面积在淅川，全县2 820km$^2$面积的92.8%处于饮用水源保护区，为建设南水北调工程而搬迁的移民近40万人，淅川县既肩负着特殊而重要的生态责任，也面临着严峻的发展挑战。

面对保护水源地水质和脱贫攻坚两大任务，淅川县近年来坚持生态优先、绿色发展，持之以恒推进库周生态建设，积极发展生态产业，围绕最优质的生态资源选项目，努力把生态优势转化为产业优势，2019年实现了全县脱贫摘帽，让淅川的"绿水青山"变成了群众脱贫致富的"金山银山"，走出了一条生态保护、经济发展、群众脱贫的"多赢"发展之路。

淅川县将"绿水青山"变为"金山银山"的过程中，品牌赋能的作用不可小觑。通过构建"淅有山川"为代表的区域公用品牌体系，淅川县实现了生态产品价值的提升、创造了新的经济增长点、完成了产业结构的优化,最终达成了生态与经济发展的良性循环。其中的成功经验,值得其他地区借鉴和学习。

## 二、品牌赋能农业生态产品价值实现路径

### (一) 完善基础设施建设,夯实生态产品生产基础

淅川县首先通过土地整治,夯实自然生态本底。例如通过移土培肥、梯田建设、土地整治等措施,提升和改造耕地52.94万亩。同时,借助种植金银花等方式,完成1.23万亩生态护坡,使库区周边土地得到生态化治理,库区自然生态系统稳定性得到保护和维持。其次,淅川县着眼全域治理,致力于维护生态环境。结合石漠化治理、国家储备林建设等工作,全方位推进环丹江口水库生态隔离带建设。自2012年起,全县累计投入资金24亿元,每年实施造林不少于6万亩,其中困难地造林更是超过30万亩。在整治环保突出问题方面,大气污染防治等专项行动成果显著,清洁湖泊建设目标得以全面达成。并且累计投入1.5亿元,用于加强废弃露天矿山等的生态修复。最后,淅川县还以监控监管来编织严密的生态屏障。以数字化监控平台作为依托,构建起水上、林间、乡村环保监控体系,始终对破坏生态、污染环境的行为保持高压态势,有力确保了丹江口水库的水安全运行。

通过不懈努力,淅川县自然生态系统的稳定性、可持续性不断提升,生态环境持续向好。全县累计治理水土流失 1 100 $km^2$,治理区植被覆盖率达58%,年减少土壤流失275万t,森林覆盖率由"十二五"时期的32.8%提高到2019年的45.3%。良好的自然生态系统也孕育了"一库清水",丹江口水库水环境质量良好,109项水库水质的监测指

标均为正常，库区各水质断面监测结果均达到或优于地表水Ⅱ类标准，其中陶岔出水口水质达到地表水Ⅰ类；在丹江口水库还发现了被列为"极度濒危物种"的桃花水母，群聚面积已达 1 500m² 并且呈持续扩大趋势，"青山抱绿水、绿水映青山"已成为淅川的真实写照。

## （二）推进"生态立县"战略，构建生态价值实现的产业体系

淅川县积极致力于构建促进生态产品价值实现的产业体系，涵盖生态农业、绿色工业以及生态旅游等领域。

在生态农业方面，立足本县特殊县情，创新发展路径。通过政策奖励扶持、延伸资源产业链、推进绿色农业认定等一系列举措，大力推动符合本地实际的生态农业发展。广泛推广软籽石榴、樱桃、杏李、油用牡丹、金银花等生态林果及中药材种植，对发展核桃种植产业免费提供苗木且每亩一次性补贴 300 元，对发展油用牡丹等水果产业分别给予每亩 400 元、200 元和 300 元不等的补贴。开展双黄连、果酒、饮料等特色农产品深加工项目，建设 5 万 t 的果蔬保鲜库，基本达成生态产业集中区域、重点乡镇均配备冷链仓库的目标。依托福森集团等本地龙头制药企业，种植金银花、连翘等传统优势中药材 5 万余亩，成功构建"种植基地+加工基地+国内外市场"的完整产业链。

在绿色工业领域，通过"一减一增"策略大力推进。严格执行水源地产业准入政策，减少并逐步退出可能污染水库及周边环境的网箱养殖、禽畜养殖、矿山开采等产业，全县累计取缔养鱼网箱 5 万多箱，拆除规模以上畜禽养殖场 520 多家，关停丹江口水库第一山脊以内的全部矿山企业。同时，积极增加食品加工、智能制造等环境友好型产业，调整并优化产业结构，有力促进了全县绿色工业的发展。

在生态旅游方面，依托当地的绿水青山，全面推进生态旅游、康

养、会议等产业。将旅游业作为促进生态产品价值实现的主导产业加以培育,将陶岔渠首、汤山国家湿地公园等自然景观与历史人文底蕴有机融合,建设丹江湖,打造环丹江口库区 5A 级生态旅游区。以"渠首"为名片、水生态产品为价值内核,构建"水旅+文旅+农旅+林旅+培训基地"的全区域、全要素、全链条旅游产业。同时,由县财政出资,重点建设 12 个乡村旅游扶贫示范村,将乡村生态旅游与脱贫攻坚、乡村振兴紧密结合,推动农旅、林旅、文旅深度融合,引导群众依靠绿水青山脱贫致富,初步培育出一批乡村旅游示范村、示范园、示范户,成功实现了生态与发展的双赢局面。

此外,淅川县还通过保底分红、资产收益、农旅结合等模式,助力贫困群众脱贫致富。中药材种植带动 4 个乡镇 23 个村 350 多户 2 000 余人长期就近务工;已建成的九重福森金银花基地,共吸收附近 1 163 户村民参与土地流转和金银花种植,产业规模近 9 000 亩,目前已发展成为全国最大的金银花基地,带动 350 余户贫困户通过土地租赁、就地务工和种植金银花实现了稳定增收脱贫,户均年增收 1 万元以上;生态产业发展初具规模,实现渠首软籽石榴亩均收益 1.5 万元,杏李亩均收益 6 000 余元,油用牡丹产业带动务工群众人均增收 7 000 元以上,乡村旅游从业者人均增收 5 000 元以上。2019 年淅川县顺利实现脱贫摘帽,贫困人口由 2015 年的 10.66% 降至 2% 以下,农民人均可支配收入达到 11 094 元,同比增长 11%,绿水青山变成群众脱贫致富的金山银山,让贫困群众真正端上了"金饭碗"。

## (三) 培育生态产品区域公用品牌,打造系列优质品牌

首先,构建起以"淅有山川"为代表的区域公用品牌体系。在此过程中,升级了农产品溯源体系,制定了生态产品质量认证管理办法,

还培育了"淅有山川"公用品牌的第三方生态产品质量认证机构，使认证标准实现多领域和国标化。同时，积极探索"互联网+"销售模式，整合网商、电商、微商，构建融合的营销体系和品牌推介平台，培育"淅有山川"产品加盟基地，并与县域品牌、企业品牌、中国地理标志产品、地理标志农产品等现有品牌相互叠加，共同打造淅川县生态产品的区域品牌"矩阵"，从而大幅度扩大"淅有山川"生态产品的知名度和影响力。

其次，充分借助"南水北调渠首水源地"的优质水生态产品和中药材、有机林果等原材料优势，积极发展矿泉水、食品饮料等水产业，形成了以福森大健康产业有限公司为核心，以生产夏凉茶、功能饮料、果汁饮料、特医食品为主的产业集群，并打造出"福森源"牌草本凉茶、金银花植物饮料、"九月故事"山楂汁和劲驾植物功能饮料等一系列省内知名饮料品牌。通过将淅川本地的金银花、水等原材料与其他产地材料进行对比分析，发现淅川本地原材料品质出众，这不仅降低了企业生产成本，还从源头保障了产品质量，有力保证了产品的市场竞争力，使淅川县生产的饮料产品在省内市场占有率超过30%。

最后，通过推动精品农业、水产业、生态旅游的发展，淅川县成功打通了生态产品价值实现的渠道，将生态优势成功转化为经济优势，实现了县域生态效益与经济效益的相互促进。自2018年以来，淅川县新建5 000亩以上软籽石榴基地2个，3 000亩以上杏李、大樱桃示范基地13个，以及三叶木通、猕猴桃、核桃、元宝枫、梨等产业示范基地8个。2019年，成功举办第三届中国石榴博览会，"淅川红石榴"声名远扬，打响了农产品产业的"生态牌"；淅川县电子商务产业园内的25家企业和个人通过互联网渠道销售特色农产品，月销售额达到165万元。以水产业为基础，形成了年产30万t的矿泉水、各类饮料和果汁产品的生产能力，2019年水相关产业实现销售收入3亿元，同时带动了植物、果物提取技术的研发和转化，促进了水生态产品的价值呈现和产业发展。以生态旅游为契机，提升了"渠首"农产品的知名度，使生态产品附加值相比普通产品增值一倍以上。截至目前，全县共建成旅游重点村36个，乡村旅游产业园40个，农家乐和特色民宿500多家，辐射带动1 600多户贫困户实现勤劳致富。

## 三、品牌赋能农业生态产品价值实现的作用机制

在淅川县农业生态产品价值实现中，品牌赋能通过优化生态环境基础、构建品牌矩阵模式、推动产业融合方式、拓展电商渠道、实现脱贫致富成效以及发挥政府和群众主体作用等机制，实现了生态价值向经济价值的转化，促进了当地农业生态产品的可持续发展。其中，品牌赋能农业生态产品价值实现的基础是保护和维持良好的生态环境，价值实现的主要模式是打造区域品牌矩阵，价值实现的主要方式是构建产业融合的全产业链，价值实现的主要渠道则是电商化，价值实现的主体是政府部门和作为生产者、消费者的当地群众，价值实现的最终目标则是在脱贫致富的基础上达到生态共富，实现生态、经济、社会效益的齐头并进。

### （一）价值实现基础：良好的生态环境

农业生态产品的品牌的基础是产业，要立足于良好的生态环境发展生态产业，生态系统的稳定对农业生态产品的生产具有重要影响。生态系统提供了生态服务，如土壤保持、水源保护、自然控制害虫等，这些服务对于农产品的生长和品质至关重要。所以生态产业的发展离不开生态环境整治与监督。生态系统的稳定为品牌发展提供优质的生

产环境。淅川县通过开展山水林田湖草系统治理和监控监管，进行土地整治、全域治理和监控监管等措施，提升了生态环境质量，为农业生态产品的生产提供了稳定的基础，如通过移土培肥、梯田建设等改造耕地，进行生态隔离带建设和生态修复等，保护和维持了库区自然生态系统的稳定性，为生态产业的发展创造了优质条件。

(二) 价值实现模式：区域品牌矩阵

在特定地理区域构建地理标志农产品等相关品牌，并将它们有机整合，形成相互支持、协同发展的品牌网络，能够产生强大的整体品牌效应。这种模式借助品牌间的协同作用，能够拓展市场覆盖范围，吸引更多消费者群体，提升品牌的综合影响力和市场竞争力。淅川县成功构建了以"淅有山川"为代表的区域公用品牌体系，将县域品牌、企业品牌、地理标志产品等有机融合，形成了品牌矩阵。通过这一模式，实现了品牌之间的互补与协同，极大地提高了淅川县生态产品的知名度和市场占有率。比如，"淅有山川"品牌与其他品牌相互叠加，共同推动了淅川县特色农产品和生态旅游的发展。

(三) 价值实现方式：全产业链条融合

将农业生态产品纳入完整的产业链，通过不同产业间的融合，实现全方位的价值创造。这种融合能够打造综合性的农业生态产业集群，提供丰富多元的产品和服务，创造更多的附加值和市场机遇，增强品牌的竞争实力和市场份额。淅川县依据自身良好的生态环境，积极发展种植农业、加工业、生态旅游等多种产业，实现了深度的产业融合。例如，推广特色林果及中药材种植，并开展深加工，同时打造生态旅游区，形成了从生产、加工到服务的全产业链条。这种产业融合模式构建了综合性的农业生态产业集群，为淅川县创造了更多的经济价值和发展机会。

### （四）价值实现渠道：电商化

电商平台为农业生态产品提供了广阔的市场空间。它打破了传统销售的地域限制，能够将产品推向全国乃至全球的消费者。通过品牌营销和宣传，借助电商渠道，农业生态产品能够接触到更多潜在消费者，从而扩大销售市场，提升产品知名度和销量。淅川县积极探索"互联网+"销售模式，整合网商、电商、微商等资源，构建了融合的营销体系和品牌推介平台。借助电商渠道，打破了地域局限，将特色农产品推向更广阔的市场。例如，淅川县电子商务产业园中的企业和个人通过互联网渠道成功销售特色农产品，取得了显著的经济效益。

### （五）价值实现主体：政府部门与当地群众

政府在农业生态产品的发展中起着关键作用，通过出资建设、政策引导等方式为其创造良好环境。当地群众既是生产者也是消费者，他们的优质生产和积极消费行为能够推动农业生态产品的发展和市场需求的增长。政府和群众的共同努力是实现农业生态产品全面价值的重要保障。淅川县政府通过出资重点建设乡村生态旅游等项目，为农业生态产品的发展营造了有利环境。同时，当地群众积极投入产业建设，作为生产者提供优质产品，作为消费者拉动市场需求。双方携手合作，共同促进了淅川县农业生态产品的价值实现和可持续发展。

### （六）价值实现目标：从脱贫致富到生态共富

农业生态产品的发展不仅能够助力脱贫致富，还能实现生态共富的目标。脱贫致富阶段,通过创造就业机会、增加农民收入,帮助贫困群体摆脱贫困。而生态共富则更进一步,强调在生态保护的基础上实现全民的共同富裕,让所有人共享生态产业带来的经济和环境效益,促进社会公平与和谐发展。在淅川县,农业生态产品的发展最初帮助众多贫困群众脱贫致富。例如中药材种植产业为大量村民提供了务工机会,增加了他们的收入。随着发展的深入,淅川县实现了从脱贫致富到生态共富的转变。生态旅游、生态农业等产业的融合发展,不仅让当地群众的钱包更鼓,还提升了整体生态环境质量,让所有人都能享受到优美的生态环境和丰富的生态资源,实现了经济发展与生态保护的良性互动,达成了生态共富的美好局面。

## 四、品牌赋能农业生态产品价值实现的成效与经验

### (一)品牌赋能成效

总结淅川品牌赋能农业生态产品的案例,可以发现:品牌赋能农业生态产品价值实现能够带来多方面的成效,包括增加品牌认知度提升、拓宽市场、增强产品竞争力、提高产品价值和推动可持续发展。

1. 品牌认知度提升

品牌的赋能能够增加产品知名度,在这种背景下,公众对农业生态产品的品牌认知度得到提升。品牌赋予农业生态产品一个独特的标识和形象,使消费者能够更容易地辨识和记忆该产品。随着品牌认知度的提高,农业生态产品在市场上的知名度和曝光度增加,进而提升其品牌竞争力和产品销售额。

2. 拓展市场机会

品牌赋能农业生态产品还可以带来市场拓展和渠道合作的机会。

有了一个具有知名度和美誉度的品牌，农业生态产品能够更容易进入新的市场和渠道。品牌的影响力和认可度使得渠道商、零售商等更愿意与品牌进行合作，共同推广和销售农业生态产品，从而扩大产品的覆盖范围和销售规模。

3. 增加产品竞争力

品牌是企业在市场上与其他竞争对手区分开来的重要标志。通过建立和提升品牌形象，农业生态产品可以在市场上脱颖而出，吸引更多消费者的关注和选择。品牌赋能可以提升产品的知名度和美誉度，增强产品的竞争力。

4. 提高产品价值

品牌赋能可以让农业生态产品在消费者心目中建立起信任和认可，从而提高产品的价值。消费者更愿意购买具有品牌背书的产品，愿意为品牌溢价。通过品牌赋能，农业生态产品可以实现品质、安全、环保等方面的差异化，进一步提升产品的价值。

5. 推动可持续发展

农业生态产品的核心理念之一就是可持续发展，包括环境友好、资源利用效率高等特点。品牌赋能可以将这些可持续发展的理念传递给消费者，引导消费者选择和支持这些产品。通过品牌的影响力和号召力，可以推动更多的农业生态产品走上可持续发展的道路，实现农业生态系统与经济社会的协同发展。

(二) 品牌赋能农业生态产品价值实现的主要经验

品牌赋能农业生态产品价值实现的经验主要包括以下几个方面。

1. 构建区域公用品牌体系

针对农业生态产品，农业生态产品的品牌可以通过构建区域公用品牌体系，整合并提升区域内农业生态产品的整体品牌形象和认知度。这种体系可以将该地区优质的农业生态产品整合在一起，形成统一的品牌形象，增强品牌的市场影响力和竞争力。同时，区域公用品牌体系也有利于推广当地的农业生态文化和特色，为当地农产品的发展打下坚实基础。

2. 构建品牌矩阵

在品牌赋能方面，农业生态产品的品牌可以通过构建品牌矩阵，将不同类型或不同特色的农业生态产品进行分类和整合，形成多元化的品牌产品组合。品牌矩阵可以满足消费者不同层次和不同需求的购买需求，扩大产品覆盖面，增加品牌影响力。同时，品牌矩阵也能够帮助企业更好地利用资源，提高运营效率，推动农业生态产品的价值实现。

3. 产品电商化

随着互联网的快速发展，农业生态产品可以借助电子商务平台进行品牌赋能，拓展销售渠道，提升产品曝光度和销售量。通过产品电商化，农业生态产品可以直接触达消费者，建立线上销售渠道，并结合线下实体店或产地直供等模式，提供更便捷、高效的购物体验。同时，电商化还能够通过数据分析和个性化营销，更好地了解消费者需求，提供更精准的产品和服务。

# 参考文献

程虹，乔怡迪，覃美华，2023. 区域公用品牌：对基本概念的理论研究 [J]. 宏观质量研究，11（2）：1-11.

程虹，徐娜，2023. 政府规制感知如何影响区域公用品牌农产品的购买意愿?——以潜江龙虾为例[J]. 宏观质量研究,11(5): 1-15.

董银果,钱薇雯,2022. 农产品区域公用品牌建设中的"搭便车"问题——基于数字化追溯、透明和保证体系的治理研究[J]. 中国农村观察(6):142-162.

高芸,赵芝俊,张鸾,等,2023. 农产品区域公用品牌创建与维护机制研究——新西兰麦卢卡蜂蜜案例的经验与启示[J]. 世界农业(12):43-54.

耿献辉,牛佳,曹钰琳,等,2023. 农产品区域公用品牌维护及可持续发展机制——基于固城湖螃蟹的案例研究[J]. 农业经济问题(4):78-91.

黄柏权,孙玉琳,2023. 乡村振兴背景下茶叶区域公用品牌建设研究[J]. 宏观质量研究,11(6):1-13.

黄锋,郭超然,曹彦能,2023. 区域公用品牌如何创新发展?——来自"潜江龙虾"农业技术创新的启示[J]. 宏观质量研究,11(1):67-86.

黄启发,钱丹晴,方静,2023. 农产品区域公用品牌建设促进乡村共同富裕的实现路径——江苏省句容市丁庄村的例证[J]. 江苏大学学报(社会科学版),25(5):60-69,85.

李政,洪卓睿,邓恩,2023. 区域公用品牌的外溢效应——基于"潜江龙虾"的案例研究[J]. 宏观质量研究,11(6):14-28.

刘诗羽,陈江华,李道和,2023. 农产品区域公用品牌价值对农民增收的影响——基于茶叶区域公用品牌视角[J]. 农业经济与管理(1):108-120.

乔怡迪,吴祎炀,卞佳玲,2023. 区域公用品牌价值提升路径研究——无形公共资产视角［J］．宏观质量研究，11（5）：16-32．

王伦，张诗含，宦锦瑶，等，2023．区域公用品牌与价值共创视角下茶企品牌高端化研究——以杭州狮峰茶叶有限公司为例［J］．管理案例研究与评论，16（5）：538-549．

王小璟，万怡，邱欢，2023．我国区域公用品牌基本状况分析［J］．宏观质量研究，11（2）：12-23．

张德海，双海军，邱晗光，2024．农产品区域公用品牌协同治理：理论构建及案例证据［J］．农村经济（4）：48-57．

周立，罗建章，2024．区域公用品牌建设助力乡村高质量发展的策略组合——基于陕西"袁家村"的案例分析［J］．宏观质量研究，12（1）：15-30．

周展，［2024-06-24］．＂嵌入式干预＂：县域特色农业发展中的政府行为研究——基于山西省 X 县西瓜产业的案例分析［J/OL］．农业经济问题，1-14．

# 第五章
# 农业生态产品价值实现的市场机制建设

农业生态产品以其独特的价值和地位，日益成为现代社会经济发展的重要推动力。农业生态产品不仅满足了人们对健康、安全、环保的需求，更在推动农业可持续发展和生态文明建设方面发挥着举足轻重的作用。然而，要实现农业生态产品的价值，仅仅依靠产品本身的优势是不够的，还需要有完善的市场机制作为支撑。市场机制是市场经济中资源配置的基础手段，通过价格、供求、竞争等要素之间的相互作用，实现资源的优化配置和高效利用。在农业生态产品领域，市场机制同样发挥着不可或缺的作用。

## 第一节　农业生态产品市场机制的概念、作用和要素

### 一、农业生态市场的概念

农业生态市场是生态文明指导下的新兴市场形态，注重保护生态环境、提高农产品质量，同时增加农民收入，促进农村地区经济发展。

它符合现代人们对健康、安全食品的追求，有利于保护环境，提高农产品的附加值和品牌效应。农业生态市场的前景广阔，随着人们对健康、环保的重视程度不断提升，其市场需求将会持续增加。

在农业生态市场中，人被视为生态系统中的一个有机组成部分，其生存发展依存于生态系统的完整性。因此，在利用生态资源造福人类的过程中，必须充分地敬畏自然、尊重自然、关爱自然，尊重一切生命形态。同时，在人与人之间的关系上，需要树立"互尊互惠"的观念，彼此之间必须相互尊重、协作与友爱。这些观念需要贯穿在农业生态市场经济活动当中，每种生态资源的价值必须反映它们在生态系统中的功能。

此外，农业生态市场的制度必须充分体现生态文明的制度要求，也就是在市场机制组织的资源配置的每个方面都由反映生态文明的制度安排来保证。这包括确保生态资源的可持续利用、促进生态农业的发展、保护生态环境等。总的来说，农业生态市场是一种将生态文明理念融入市场经济活动的新兴市场形态，旨在实现经济发展与环境保护的良性循环。

## 二、生态市场在农业生态产品中的角色与影响

生态市场在农业生态产品中扮演着多重角色，并对农业生态产品的发展产生深远影响。

### （一）生态市场所扮演的角色

1. 推动农业绿色转型发展

农业生态市场在推动农业可持续发展方面发挥着重要作用。传统农业模式往往依赖于大量的化肥、农药和水资源，这样的生产方式不

仅对土壤、水资源和生态系统造成了严重的污染和破坏，还容易导致农产品质量下降、土地退化和生态失衡。而农业生态市场则倡导采用生态友好型的农业生产方式，例如有机农业、绿色农业、生态农业等。这些生产方式强调生态系统的稳定性和农业生产的生态适应性，通过合理利用自然资源、保护生态环境、实现农业可持续发展。农业生态市场通过市场机制，激励农民采取环境友好的农业生产措施，例如采用生物肥料替代化学合成肥料、采用生物防治替代化学农药、推广轮作休耕制度等，减少农业对生态环境的负面影响，实现农业生产与自然生态系统的良性互动，推动农业向着更加可持续的方向发展。

2. 提高农产品质量安全

农业生态市场要求农产品符合一定的生产标准和认证体系，例如有机认证、绿色认证、无公害认证等。这些认证体系包括对土壤、水源、空气质量的要求，以及对农药、化肥使用的限制，对农产品的质量和安全性进行严格监管和检验。通过市场机制，促使农民和生产者加强对农产品生产过程的管理和控制，提高产品质量和安全水平，保障消费者的健康权益，增强农产品的市场竞争力和消费信心。同时，农业生态市场还鼓励农产品的地理标志保护和品牌建设，提高农产品的附加值和市场知名度。通过市场机制的有效运作，农业生态市场不仅能够提高农产品的质量和安全，还能够增强消费者的信心和满意度，促进农产品的健康消费和市场需求的稳定增长。

3. 促进农民增收致富

农业生态市场为农民提供了一个通过生态农业生产获取稳定收入的渠道。传统农业模式往往收入稳定性差、利润空间小，农民的生产积极性和盈利能力受到限制。而农业生态市场则为农民提供了一个获得高附加值产品、获取更高市场价格和利润的机会。通过生态农产品的生产和销售,农民可以获得有机农产品、绿色农产品等高附加值的产品,获取更高的市场价格和利润。此外,农业生态市场还为农民提供了农业科技支持、技术培训、市场推广等服务,提升了农民的生产技能和管理水平,增强了农民的综合素质和竞争力。通过农业生态市场的发展,农民的收入水平得到了提高,农民的生活水平和社会福祉得到了改善,实现了农民增收致富的目标。

4. 保护生态环境与生态系统

农业生态市场通过市场机制,激励农民采取生态友好的农业生产方式,减少对生态环境和生态系统的破坏。传统农业模式往往依赖大量化肥、农药和水资源,导致土壤质量下降、水资源污染、生物多样性减少等环境问题。而农业生态市场则倡导采用生态友好型的农业生产方式,例如有机农业、绿色农业、生态农业等。这些生产方式强调生态系统的稳定性和农业生产的生态适应性,通过合理利用自然资源、保护生态环境、实现农业可持续发展。通过市场机制的有效运作,农业生态市场减少了化肥、农药的使用,采用生态农业生产方式,保护了土壤、水源、空气质量,维护了生态系统的稳定性和功能完整性,实现了生态环境和经济社会的双赢。

5. 促进乡村振兴与农村经济发展

农业生态市场通过发展农业产业,促进了农村经济的发展和乡村振兴战略的实施。传统农业模式往往产业结构单一、经济效益低下,农村经济发展乏力。而农业生态市场则为农村提供了一个多元化发展、产业链延伸的机会。生态农产品的生产和销售活动,带动了农村产业链的延伸和农村经济的多元化发展。同时,农业生态市场还为农村提供了就业机会、增加了农民收入,改善了农村居民的生活水平和社会福祉。通过农业生态市场的发展,农村经济实现了由传统农业向现代农业、由传统经济向现代经济的转变,促进了农村经济的繁荣和乡村社会的和谐稳定。

### (二) 生态市场对农业生态产品的影响

1. 促进农业生态产品的生产与供应

生态市场的兴起和发展为农业生态产品的生产和供应提供了广阔的市场空间和发展机遇。农民和生产者通过转向生态友好型的生产方式,如有机农业、绿色农业、生态农业等,可以获得生态产品的认证和市场准入,获取更高的产品价格和市场溢价。生态市场的需求带动了农业生态产品的生产和供应,促进了农业产业结构的调整和优化,扩大了农业生态产品的市场规模和产业规模。

2. 提升农业生态产品的市场认可度

生态市场对农业生态产品的市场认可度起到了重要推动作用。通过生态认证、有机认证、绿色认证等认证体系的建立和推广,生态市场提高了农产品的质量和安全水平,增强了消费者对农产品的信心和信任度。生态市场强调对农产品生产过程的严格监管和检验,保障了农产品的质量和安全,提升了农产品的市场认可度和市场竞争力。消费者更愿意购买具有生态认证标识的农产品,从而促进了农业生态产品的市场销售和推广。

3. 推动农业生态产品的生产方式转变

生态市场的兴起和发展推动了农业生产方式的转变,促进了农业生态产品的生产方式向生态友好型、环境友好型方向发展。传统农业生产模式往往依赖大量化肥、农药和水资源,对土壤、水源和生态系统造成了严重的污染和破坏。而生态市场则倡导采用生态友好型的农业生产方式,例如有机农业、绿色农业、生态农业等。这些生产方式强调生态系统的稳定性和农业生产的生态适应性，通过合理利用自然资源、保护生态环境、实现农业可持续发展。生态市场的需求促使农民和生产者转变生产方式，采取更环保、可持续的农业生产方式，推动了农业生产方式的转型升级。

4. 增加农民收入与改善农村经济状况

生态市场为农民提供了一个通过生态农业生产获取稳定收入的机会。传统农业模式往往收入稳定性差、利润空间小，农民的生产积极性和盈利能力受到限制。而生态市场则为农民提供了一个获得高附加值产品、获取更高市场价格和利润的机会。通过生态农产品的生产和销售，农民可以获得有机农产品、绿色农产品等高附加值的产品，获取更高的市场价格和利润。此外，生态市场还为农民提供了农业科技支持、技术培训、市场推广等服务，提升了农民的生产技能和管理水平，增强了农民的综合素质和竞争力。通过农业生态市场的发展，农民的收入水平得到了提高，农村经济状况得到了改善，为农民增收致富和农村振兴提供了重要支持。

生态市场对农业生态产品的影响是多方面的，它促进了农业生态产品的生产与供应，提升了产品的市场认可度，推动了生产方式的转变，增加了农民收入和改善了农村经济状况，同时也保护了生态环境与促进了生态系统的稳定。生态市场的兴起和发展为农业生态产品的发展提供了良好的市场环境和发展机遇，对农业可持续发展和农村经济社会的健康发展具有重要意义。

## 三、农业生态产品市场机制的关键要素

农业生态产品市场机制的关键要素包括价格机制、竞争机制、信任机制和合作机制。价格机制通过市场供需关系调节农业生态产品的

价格，确保价格反映其生态价值；竞争机制激励市场主体提高产品质量和创新能力，推动市场良性发展。信任机制通过质量认证、信息透明和可追溯系统，增强消费者对生态产品的信任，提升市场认可度；合作机制则通过农户合作社、企业与农户的合作模式以及政府与市场主体的合作，促进资源整合和利益共享，提高农业生态产品的生产效率和市场竞争力。

## （一）价格机制

价格机制在农业生态产品的资源优化配置方面发挥着关键作用。它引导资源流向生产效率高、产品质量优的生产者和地区，使资源得到更合理的利用，提高整个市场的运作效率，并促进农业生态产品的创新和质量提升。然而，价格机制也面临诸多挑战。其一，农业生态产品的价值具有复杂性，其生态和社会价值常难以完全在价格中准确体现，容易导致价值被低估。其二，市场信息不对称现象较为普遍，生产者和消费者获取的信息不一致，可能造成价格的不合理波动。其三，市场的不确定性和风险因素，如自然灾害、政策变动等，会对价格产生不可预测的影响。其四，作为生产者的小农户在面对大市场时往往处于弱势地位，缺乏议价能力和市场影响力，在价格形成过程中处于被动，自身利益难以得到有效保障。

## （二）竞争机制

竞争机制促进农业生态产品的生产者和分销渠道注重品牌建设和营销策略，努力打造具有独特价值和形象的品牌，通过各种渠道进行宣传推广，同时推动了农业生态产品生产标准的建立和统一，包装、储存和运输等环节的标准化和现代化，以及农业生产技术、管理模式的创新和不断优化。然而，生态农产品市场的竞争机制并非一帆风顺。其一，市场上生态农产品的认证体系尚不完善，标准不一，导致一些假冒伪劣产品以次充好，扰乱了市场秩序，使正规生产者面临不公平竞争。其二，大型农业企业凭借雄厚的资金和广泛的销售网络，对小型生态农业生产者形成巨大压力，可能导致市场垄断，减少消费者的选择。其三，消费者对生态农产品的认知有限，部分消费者仅关注价格而忽视产品的生态价值，使一些优质但价格稍高的生态农产品在竞争中处于劣势。

（三）信任机制

信任机制是农业生态产品市场健康发展的基石。消费者对于产品的生态属性和质量往往难以直接判断，主要依赖于对生产者和销售者的信任。只有建立起良好的信任关系，消费者才会愿意购买价格相对较高的农业生态产品，从而促进市场的繁荣。然而，信息不对称、认知不足、监管不完善等问题，将严重影响消费者对农业生态产品的信任，这有赖于政府部门、行业协会与农业生态产品的生产者、销售者等各个方面通力协作，共同发挥作用，才能建立并维护消费者对农业生态产品的长期信任。

（四）合作机制

合作机制在整合资源、降低风险、提升竞争力、促进创新和拓展市场等方面发挥着重要作用，对于农业生态产品市场机制的健康发展具有不可替代的重要性。分散的小农户、新型经营主体、农业企业、社会化服务组织等不同的农业生产者、经营者、参与者需要通过不同的机制和平台形成协作关系，并构建起公平合理的利益分配机制，才能进一步整合资源、分担风险，并促进技术创新和知识共享。然而，农业生态产品生产周期较长、环节较多、风险较大、生态效益难以量化、外部性较高，这些特殊性与复杂性，以及合作过程中存在的交易成本、信息不对称等难题，都为合作机制的构建带来了挑战，迫切需要公共投入的支持、法律法规的完善以及产业链组织模式的建立和健全。

总的来说，价格机制和竞争机制，是农业生态产品市场机制发挥作用的前提，但由于农业生态产品市场的特殊性，信任机制和合作机制尤为重要。由于农业生态产品的生态属性和质量特征往往难以直接观察，消费者需要依赖可靠的信息和认证来建立信任。信任机制通过质量认证、信息透明和可追溯系统，能够有效降低信息不对称，增强消费者信心。另外，农业生态产品的生产往往涉及小规模农户，面临资源分散、技术水平有限等挑战。通过农户合作社、产业链协作等形式建立起各个利益相关方的合作机制，可以整合资源，提高生产效率，增强市场竞争力。此外，生态农业的发展需要长期投入和系统性支持，合作机制有助于形成利益共同体，促进可持续发展。因此，信任机制和合作机制共同构建了农业生态产品市场的基础，对其健康发展起着关键作用。接下来，本章将重点分析在农业生态产品价值实现过程中，如何建立市场信任机制与合作机制。

## 第二节 农业生态产品价值实现的市场信任机制建设

### 一、市场信任的概念与机制构建

市场信任是一个复杂而多维度的概念，它涉及市场经济活动中交易双方之间的信心、期望和依赖性。简而言之，市场信任是交易参与者对彼此行为将符合其预期和承诺的信心。这种信任不仅是对单个交易者的信任，还包括对整个市场体系、规则和法律制度的信任。

### (一) 市场信任概念的核心

1. 行为预期

市场信任建立在交易双方对彼此行为的预期之上。当交易者相信对方会按照承诺行事，不会采取损害自己利益的行为时，信任就产生了。这种预期基于过去的交易经验、对方的声誉和市场环境等因素。

2. 减少不确定性

市场信任有助于减少交易中的不确定性。在缺乏信任的情况下，交易者可能需要投入更多的资源和时间来验证对方的信息和承诺，这无疑增加了交易成本。而信任可以降低这种不确定性，提高交易的效率和成功率。

3. 促进合作

市场信任是合作的基础。当交易双方相互信任时，他们更愿意进行合作，共同解决问题，实现共赢。这种合作不仅有助于个体交易者的成功，也有助于整个市场的繁荣和发展。

4. 制度和文化基础

市场信任不仅是个体之间的心理现象，它还建立在制度和文化的基础之上。一个公平、透明、法治的市场环境有助于培养和维护市场信任。同时，市场文化中的诚信、责任和公平等价值观也是构建市场信任的重要因素。

5. 长期关系

市场信任通常与长期关系相关。在多次交易中，交易者有机会观察和验证对方的行为和承诺，从而建立起更为深厚的信任关系。这种长期关系有助于维护市场稳定和促进持续合作。

市场信任是一个涉及多个层面和维度的复杂概念。它不仅关乎个体交易者的心理和行为，还受到市场环境、制度和文化等多重因素的影响。在市场经济活动中，构建和维护市场信任对于促进合作、降低交易成本和提高市场效率具有至关重要的作用。

### (二) 市场信任机制的构建要素

1. 信息透明度

信息透明度是市场信任构建的基础。当市场中的信息能够充分、准确、及时地传递给交易双方时，有助于减少信息不对称，增强交易双方的信心。因此，加强信息披露、提高信息透明度是构建市场信任的重要手段。

2. 制度保障

完善的法律法规和制度规范是市场信任构建的重要保障。通过制定和实施一系列法律法规，如反不正当竞争法、消费者权益保护法等，规范市场主体的行为，保护交易双方的合法权益，从而增强市场信任。

3. 信誉机制

信誉机制是市场信任构建的关键。在市场经济活动中，交易双方通过评价、监督和奖惩等方式建立起信誉机制，对守信者给予奖励，对失信者进行惩罚，从而维护市场秩序和交易双方的利益。

4. 第三方认证

第三方认证是市场信任构建的重要辅助手段。通过权威的第三方机构对交易双方的资质、产品质量等进行认证和评估，为交易双方提供可靠的参考依据，降低交易风险，增强市场信任。

## 二、构建农业生态产品市场信任机制的主要路径

要确保农业生态产品的价值实现市场机制构建,建立和完善农业生态产品市场信任机制至关重要,它不仅关乎消费者的健康和权益,也对农业绿色发展有着深远影响。在构建农业生态产品市场机制的过程中,首先需要政府加强监管并出台有利政策,为农业生态产品市场创造良好环境和公平竞争条件;其次需要建立科学严格的认证体系和标准,让消费者易于辨别;同时需要公开透明的信息和可追溯系统,让消费者清晰了解产品生产和流通过程,增强信任;此外,完善的检测体系可确保产品质量安全,为消费者提供保障;对农民的培训和支持有助于提升生产水平,保证产品生态品质;向消费者普及相关知识能引导正确消费观念,促进市场需求;最后还需要鼓励社会各方监督,从而形成共同维护市场信任的良好氛围。具体来说,需要通过以下主要路径,来构建农业生态产品市场的信任机制。

### (一)政府监管与政策支持

政府的监管与政策支持将能够通过规范市场行为、保障产品质量、增加透明度、提升产品品质、营造良好市场环境,构建起农业生态产品的信任机制。

1. 法律法规的制定与修订

政府主要将通过制定并持续优化与农产品生态市场相关的法律法规,明晰生态产品在生产、加工、销售等各个环节的规范要求。例如食品安全法、有机产品认证管理办法、农产品质量安全监督管理办法等,这些法律法规为农业生态产品市场提供了清晰明确的行为准则。

2. 强化监督检查与执法力度

政府部门通过增强对农业生态产品市场的监督检查力度,构建完

备的监管体系和执法机制。借助定期的抽检、检查以及监管举措,及时察觉并处理违法违规行为,保障生态产品的质量安全。

3. 给予财政补贴与资金支持

采用财政补贴、提供贷款优惠等方式,为农业生态产品生产企业提供一定的资金扶持。此类资金能够用于技术改造、设备更新、标准认证等方面,提升生产企业的生产能力及产品的质量水平。同时,也能够鼓励科研机构、高等院校和企业强化科技创新,向农业企业和新型农业经营主体提供技术培训和咨询服务,协助农民和生产企业掌握前沿的生产技术,提高生态产品的生产效率与品质。

## (二) 认证体系与标准

1. 建立严格且全面的农业生态产品认证体系

健全有效的农业生态产品认证体系是确保市场信任和可持续发展的关键。这一认证体系应当犹如一张严密的网络,涵盖农产品从田间到餐桌的全过程。首先,它需要对农产品的生产源头进行严格把控,包括土壤质量、水源清洁度以及所使用的种子和种苗的品质。其次,在生产过程中,详细记录农药、化肥的使用情况,确保遵循生态友好的原则。对于加工环节,要监控添加剂的使用、加工环境的卫生状况等。再次,建立起全面的追溯系统,让消费者能够清晰了解每一个产品的来龙去脉。最后,引入权威的第三方认证机构至关重要,这些机构凭借专业的知识和公正的立场,对产品进行客观评估,为消费者提供可靠的参考。只有这样一个综合性、严谨性的认证体系,才能真正让消费者放心购买农业生态产品,推动整个市场的健康发展。

2. 制定明确且统一的农业生态产品评价标准

明确且科学合理的农业生态产品评价标准是构建市场信任机制的

基石。标准不仅是一组数字和规定，更是保障产品质量和安全的重要准则。从农产品的种植、养殖环境开始，就应当设定严格的标准，如土壤的酸碱度、重金属含量的限制，以及空气和水源的质量要求。在生产环节，明确规定允许使用的农药和化肥的种类与剂量，确保农产品不受化学物质的过度污染。对于加工过程，制定关于添加剂使用、工艺流程的规范，以保持产品的天然属性和营养价值。此外，包装、储存和运输环节也应有相应的标准，防止产品在这些过程中受到损害或变质。这些标准需要与时俱进，不断适应新的技术发展和市场需求，从而为农业生态产品的优质、安全提供持续且有力的保障。

### （三）信息透明度与追溯系统

构建全程追溯体系，提高信息透明度，是构建农业生态产品市场信任机制的重要路径，具体做法如下。

1. 构建全程追溯体系

借助互联网、物联网等先进技术手段，搭建农业生态产品的全程追溯体系，全方位记录和追踪。这一体系不仅能够实现对整个生产流程的严格监管，确保每个步骤都符合相关标准和规范，还能实现高效的管理，及时发现和解决可能出现的问题。例如，在蔬菜种植方面，能够精确记录种子的来源、播种的时间节点、施肥和灌溉的具体操作，以及病虫害防治的措施和时间；在牲畜养殖领域，可以详细追踪幼崽的引进来源、饲料的种类和投放量、疫病防控的措施和效果等。通过这样全面且细致的追溯体系，为市场提供了清晰透明、真实可靠的产品信息，让消费者能够放心购买。

2. 明确产品标识与公开信息

每一种农业生态产品都应当配备独一无二的身份标识，比如专属的二维码或条形码，清晰准确地标注产品的关键信息，包括生产地的具体位置、生产者的相关信息、精确的生产日期以及详细的加工流程等。农业生态产品生产企业要积极主动承担信息公开的责任，通过多种渠道，如官方网站、手机 App 等，向消费者全面公开产品生产过程中的核心信息。比如种植或养殖所采用的具体方式，是有机种植还是传统种植，是散养还是圈养；农药和化肥的使用情况，包括使用的种类、剂量和时间；农产品的采摘或收获时间等。通过坦诚和透明的信息公开，显著提升产品的透明度，增强消费者对产品的了解和信任，从而建立起稳固的市场信任关系。

3. 实现实时监控与数据管理

追溯系统应当具备强大的实时监控功能，对农业生态产品生产的各个环节进行不间断的监测和精准记录。例如，通过在农田中安装的传感器，可以实时获取土壤的水分含量、温度变化、酸碱度以及光照条件等环境参数，从而能够及时调整灌溉和施肥策略，确保农作物在最佳的环境中生长；在畜牧业方面，利用智能传感器可以实时监测牲畜的饲料摄入量、饮水量、活动量以及身体的各项生理指标，一旦发现异常，能够迅速采取措施，保障牲畜的健康。同时，追溯系统要能够对这些关键数据进行全面记录，并安全地存储在云端数据库中，方便随时进行检索和查询。这些数据不仅为当前的生产管理提供了有力支持，还为未来的生产规划和优化提供了重要的参考依据。

4. 强化合作与政府支持

农业经营者应积极与第三方认证机构、监管部门等展开紧密合作，建立起相互信任、相互支持的合作关系。第三方机构凭借其专业的知识和独立的地位，能够对产品的生产过程进行客观、公正的审核和严格监督。例如，第三方质量检测机构定期对农产品的生产环境、加工流程进行检测和评估，确保产品符合高质量的标准。与此同时，政府部门应当充分发挥其监管和推动的作用，加强对信息追溯系统的监督和管理，制定并出台一系列针对性强、切实可行的政策法规。通过奖励、补贴等方式，鼓励生产企业积极建立健全追溯制度和体系。比如，对于严格执行追溯系统并且产品质量优秀的企业，政府可以给予税收减免、专项资金扶持或者在市场推广方面提供优先支持，从而推动整个农业生态产品行业的健康发展，建立起消费者对市场的充分信任。

### （四）农产品质量安全监测体系

建立健全农产品质量安全监测体系是确保农产品符合质量与安全标准的关键保障手段之一，也是构建农业生态产品市场信任机制的重要路径。构建完备的检测体系，能够对农产品的质量、安全指标予以全面、系统的检测与监控，及时察觉并消除安全隐患，切实保障消费者的健康和权益，同时也能从根本上保障消费者对农业生态产品的信任。

1. 构建多层次、全方位的检测指标

农产品质量安全检测体系需涵盖众多指标，例如农药残留、重金属含量、微生物污染、化学添加剂、生物毒素等。不同的农产品具有各异的安全风险，故而要依据具体状况明确检测内容，达成全方位、多层次的检测。比如蔬菜类产品，要重点检测农药残留；水果则需关注保鲜剂等化学添加剂的使用；而水产品则要着重检测重金属含量和微生物污染情况。

2. 建立完善的检测方法和标准

针对各类农产品及检测指标，确立适配的检测方法和标准。这些标准应与国际接轨，契合国家和国际的食品安全标准，以保障检测结果的精准性和可信度。例如，在检测农药残留时，应采用先进的仪器分析方法，严格按照国家标准规定的限量值进行判定。

3. 强化监测体系的建设与监管

政府和相关部门要大力加强实验室建设，提升检测设备和技术水平。构建一批专业化的农产品质量安全检测实验室，配备前沿的检测设备和资深的技术人员，保证检测工作的精确性和可靠性。同时，政府部门应增强对农产品质量安全检测工作的监管与执法力度，构建健全的监管机制和执法手段。对违法违规行为迅速查处和处置，确保检测工作的公正、公平及有效施行。

**（五）农民培训与技术支持**

农民作为农业生产的主体，其素质和技能水平直接影响着农产品的质量和安全。有效的培训和技术支持，能够使农民掌握科学的生产方法，减少对环境的负面影响，提高农产品的品质和安全性，满足消费者对健康、绿色农产品的需求，增强市场对农业生态产品的信任。

1. 农业技术培训与推广

农业技术培训是提升农民生产能力的重要手段。相关培训涵盖农作物种植、畜牧养殖、农产品加工等多领域。比如种植技术方面，科学施肥灌溉，提资源效率降污染，升产品品质形象，为市场信任奠基；针对病虫害防治，培训生物和绿色防控技术，少用化学农药保安全；畜牧养殖中，掌握合理饲料配方和疫病防控；农产品加工时，学会保鲜和深加工增附加值。

2. 有机农业与食品安全培训

包括有机农业的理念原则、生产标准等，需要培训农民掌握有机肥制作使用、生物防虫病技术及认证流程。此外，有机农业虽然尽量避免了高污染农药、化肥等使用，但并不意味着完全避免了食品安全问题，尤其是传统种植方式带来的寄生虫污染、细菌、霉菌污染等问题，以及食品储藏、运输、销售等过程中形成的二次污染，即使在西方发达国家，也时有造成严重的食品安全问题相关报道，如美国曾出现多起因沙门菌污染而召回有机食品的事件，德国也曾出现过有机食品的李斯特菌污染事件。因此，需要对农民开展食品安全培训，了解哪些食物生产环节容易引入污染物，做好关键点控制，预防发生食品安全事故。

3. 科学管理与新型经营模式培训

科学的管理和经营对于农业生产的可持续发展和市场竞争力提升具有关键作用。需要培训农民如何了解市场动态、消费者需求和竞争态势，掌握品牌建设、产品包装和推广策略，提升农产品的市场知名度和美誉度，并指导农民如何优化人力、物力和财力资源，提高生产效率。此外，新型农业经营模式如农业产业化、农村电商和农户合作社等为农业发展带来了新机遇。针对这些模式的培训，让农民了解其运作机制和优势，学会运用现代信息技术和管理理念拓展市场渠道，实现农产品的增值和农民收入的增加。通过这些培训，农民能够提升农业生产的综合效益，增强市场信任，推动农业生态产品市场的繁荣发展。

4. 数字化农业与示范推广培训

数字化农业技术为农业生产带来了革命性的变化。通过数字化农业技术培训，向农民介绍智能农业、农业物联网和精准农业等前沿概念和应用，能够大大降低劳动强度、提高农业生产的科学性和稳定性。同时，通过农业示范基地展示现代化、高效率的农业生产模式，一方面让农民亲眼目睹先进技术和管理经验的实际效果，激发农民学习和应用新技术的积极性，加速农业科技成果的转化和推广，另一方面也能够助力农业生态产品市场信任机制的进一步完善。

### （六）消费者教育与宣传

在构建农业生态产品市场信任机制的过程中，消费者教育与宣传具有举足轻重的地位。消费者是市场的主导力量，他们的认知和选择直接影响着市场的走向。通过有效的消费者教育与宣传，能够让消费者深入了解农业生态产品的特点、价值以及对环境和健康的积极影响，从而增强他们对这类产品的认可和信任，促进农业生态产品市场的健康发展。

1. 提升消费者对农业生态产品的认知

首先要让大众清晰地认识农业生态产品的定义、特点和优势。例如，通过宣传普及，让消费者明白生态农产品是在遵循自然规律、减少化学物质投入的情况下生产出来的，具有无污染、营养丰富、口感好等优点。同时，对比传统农产品，突出生态产品在环保和健康方面的独特价值，使消费者能够准确区分和识别。

2. 传播农业生态产品的生产过程与标准

向消费者详细展示农业生态产品的生产过程，包括土地的养护、种植养殖的方法、加工环节的规范等。让消费者了解到生态产品是如何在严格的标准和监控下生产出来的，增强他们对产品质量和安全的信心。

3. 培养消费者的绿色消费观念

通过教育和宣传，引导消费者树立绿色、环保、可持续的消费观念。选择农业生态产品不仅是对自身健康的投资，也是对环境保护和农业可持续发展的支持。例如，鼓励消费者减少对过度包装、高能耗农产品的消费，选择本地生产的生态产品，降低碳足迹。

4. 建立消费者与生产者的沟通渠道

搭建消费者与农业生产者之间的交流平台，例如举办农产品展销会、农场体验活动等。让消费者有机会直接与生产者对话，了解农产品背后的故事和努力，增强消费者对生产者的信任和对农产品的认同感。同时，及时收集消费者的反馈意见，促进生产者不断改进和提升产品质量，形成良性循环。

（七）社会监督与参与

在构建农业生态产品市场信任机制的进程中，社会监督参与发挥着不可或缺的作用。社会监督参与能够增强市场透明度，约束不良行为，促进公平竞争，从而有力地推动农业生态产品市场的可持续发展，建立起消费者与生产者之间稳固的信任桥梁。

1. 强化消费者的监督意识

消费者作为市场的终端参与者，越是积极参与到监督过程中，越是能够对市场产生更多的信任。应该鼓励消费者了解农业生态产品的相关知识，学会辨别产品的真伪和质量优劣。消费者在购买过程中，若发现某生态农产品的包装标识不清晰、虚假宣传等，向相关部门反映和投诉后，如果能够得到及时响应、整改和补偿，一方面能够加强消费者对市场的信心，另一方面也能借助消费者的积极监督有效维护市场秩序。

2. 发挥媒体的舆论监督作用

媒体应充分发挥其信息传播和舆论引导的优势。通过新闻报道、专题节目等形式，曝光农业生态产品市场中的违规行为和不良现象，引起社会的广泛关注。同时，积极宣传优质的农业生态产品和诚信经营的企业，树立行业典范。

3. 鼓励社会组织的参与监督

各类社会组织，如环保组织、消费者协会等，应积极投身于农业生态产品的监督工作。开展市场调研，发布监督报告，为政府决策和消费者选择提供参考。组织相关的公益活动，提高公众对农业生态产品的关注度和监督热情。例如，环保组织定期对农产品生产基地的环境状况进行监测和评估，并向社会公布结果。

4. 推动行业自律与社会共治

引导农业生态产品行业建立自律机制，制定行业规范和标准，加强企业之间的相互监督。同时，鼓励社会各界共同参与监督，形成政府监管、行业自律、社会监督相结合的全方位监督体系。比如，成立由专家、消费者代表、企业代表组成的监督委员会，共同制定和执行监督规则，保障市场的公平公正。

## 第三节　农业生态产品价值实现的市场合作机制建设

农业生态产品价值实现的市场合作机制建设至关重要。由于我国农业生产经营以小农户为主，而个体生产者往往在资源获取、技术应用和市场开拓等方面能力有限，难以独自应对复杂多变的市场环境和高标准的产品要求，此外，从田头到餐桌往往需要经过众多环节，建设市场合作机制成为必然选择。通过合作，不同的生产者和各个经销环节可以整合各自的土地、资金、技术等资源，实现优势互补，避免重复投入和资源闲置，从而提高资源的利用效率。同时，合作机制能够汇聚各方的智慧和力量，共同攻克技术难题，推动农业生态技术的创新和应用，提升产品的附加值和竞争力。而且，多个主体联合起来，能够形成强大的市场推广力量，拓宽销售渠道，更好地满足不同地区、不同层次消费者的需求，从而扩大市场份额。此外，合作还能增强生产者在市场中的话语权，共同应对市场风险，保障农业生态产品的稳定供应和价格稳定，促进整个产业的可持续发展，实现农业生态产品的价值最大化。

## 一、合作机制的分类与选择

农业生态产品的市场合作机制多种多样，针对不同的产品类型、市场需求以及合作方的特点，可以选择不同的合作模式。下面将农业生态产品的市场合作机制分为几类，并对每种合作模式进行分类和选择。

### （一）产销合作模式

1. 农户合作社和农业专业合作社

农户组成专业合作社，共同种植、生产、加工、销售农业生态产品。这种模式可以提高农户的议价能力，降低生产成本，增加产品附加值。

2. 产销一体化企业

产业化龙头企业整合生产、加工、销售环节，直接与农户合作，或自主生产农业生态产品。这种模式可以提高产品质量控制和市场竞争力，实现产销一体化管理。

### （二）农业生态旅游合作模式

1. 农家乐

农户将自家农庄开发成农家乐，提供农业观光、农事体验、农产品采摘等服务。合作方式包括加盟连锁、联合推广等，可以扩大产品影响力，提高农产品附加值。

2. 农村民宿合作

农户将闲置房屋改造成农村民宿，提供住宿服务，并结合农业观光、农事体验等活动，吸引游客。合作模式可以是加盟连锁、共享平台等，提高农业生态产品的市场曝光度和竞争力。

(三) 农产品品牌价值实现合作模式

1. 品牌联盟

多个农业生态产品生产企业或合作社联合建立品牌联盟，共同开发市场、宣传推广、提高产品知名度和市场份额。

2. 品牌代理

农业生态产品生产企业委托专业代理机构或经销商代理产品销售，通过代理机构的渠道和资源优势，拓展产品市场，提高销售效率。

(四) 产业链合作模式

1. 上下游企业合作

农业生态产品生产企业与加工企业、销售企业等上下游企业进行合作，形成产业链合作关系，优化资源配置，提高产业附加值。

2. 产业园区合作

政府、企业、科研院所等共同打造农业生态产业园区，提供生产、加工、研发、销售等全方位服务，促进产业集聚发展。

选择合适的市场合作机制需要考虑多方面因素，包括企业自身实力、产品特点、市场需求、合作伙伴资源等。企业应根据自身发展阶段和市场定位，综合考虑各种合作模式的优劣势，选择最适合自己的合作方式，实现农业生态产品的价值最大化。同时，需要注重合作协议的制定与落实，明确双方权责，建立长期稳定的合作关系，共同推动农业生态产品市场的发展和壮大。

## 二、农业生态产品市场合作机制的设计与实施

农业生态产品市场合作机制的设计与实施是一个复杂而又关键的任务，它需要考虑多方面的因素，包括生态环境、农业生产、市场需求以及合作伙伴关系等。

### （一）农业生态市场合作机制的设计

1. 目标的设定

合作机制的目标应当是全面的、具体的，能够明确指导合作各方的行动，推动整个合作机制的发展和实施。目标的设定应当综合考虑农产品市场需求、生态环境保护和农民收入增加等方面的因素。例如，可以明确指定提高农产品品质、促进生态环境保护、增加农民收入等具体目标，并设定相应的实现时间和考核指标。

2. 确定合作主体

合作主体的确定是合作机制的基础，直接关系到合作机制的有效性和可持续性。合作主体应包括农民、合作社、农产品加工企业、科研机构等。各方在合作机制中扮演不同的角色，相互之间协作配合，共同推动农业生态产品的生产和营销。例如，农民负责种植和养殖，合作社负责组织管理和市场销售，科研机构负责提供技术支持和指导。

3. 界定合作范围

合作机制的范围应当根据实际情况进行界定，既要满足市场需求，又要保护生态环境，同时考虑农民的种植技术和经验。可以根据当地

的农业资源和市场需求确定合作范围，选择适合当地气候和土壤条件的农产品种类进行生产，建立起从种植到销售的完整产业链。例如，可以选择适合当地生态环境和市场需求的有机蔬菜、绿色水果等农产品进行合作生产。

4. 建立明确的组织架构

合作机制的组织架构应当清晰明了，各方的职责和权限要有明确的界定，确保合作机制的顺利运行。可以建立一个由主管部门、合作社、农民代表等组成的协调机构，负责统筹协调各方合作事务，制定和实施合作方案。例如，可以设立专门的合作机构或工作组，由主管部门牵头，合作社、农民代表和科研机构等共同参与，共同商议决策相关事宜。

5. 信息共享与营销推广

建立信息共享平台有助于及时了解市场需求和政策信息，推动农产品的营销推广工作。可以建立农产品信息交流平台，及时发布市场动态和政策法规，同时开展农产品品牌推广和营销活动，提高农产品的知名度和美誉度。例如，可以建立农产品信息网站或 App，发布农产品信息和市场动态，提供市场咨询和指导服务，同时开展农产品品牌推广活动，提升产品的竞争力和附加值。

6. 监督与评估

设计监督和评估机制是合作机制的重要保障，能够及时发现问题并采取措施解决，保障合作机制的顺利运行和持续发展。可以定期组织评估和验收，对合作机制的实施情况进行监督和评估，根据评估结果及时调整合作方案和措施。例如，设立专门的监督检查组织，定期对合作机制的实施情况进行检查和评估。

7. 政府政策支持与激励措施

政府部门可以提供政策支持和激励措施，鼓励各方参与合作机制。

例如，可以给予税收优惠、提供补贴资金、设立奖励机制等，以激励农民和合作社积极参与合作，推动农业生态产品市场的发展。

### （二）农业生态产品市场合作机制的实施

1. 选择合作伙伴

选择合适的合作伙伴是建立农业生态产品市场合作机制的首要步骤。合作伙伴可以包括农民、合作社、政府部门、科研机构、生产加工企业等。合作伙伴的选择应该考虑到其在生产、加工、销售等环节的专业能力和资源优势。例如，合作社可以提供组织协调能力和市场渠道，政府部门可以提供政策支持和监管指导，科研机构可以提供技术支持和创新能力，生产加工企业可以提供加工设施和品牌推广。建立合作关系需要建立良好的沟通与信任，确立共同的合作目标和利益分配机制。可以通过签订合作协议或合作框架协议明确各方的权利和义务，建立长期稳定的合作关系。此外，还可以开展联合培训和交流活动，增进合作伙伴之间的了解和信任，促进合作机制的顺利运行。

2. 制定生产标准与认证体系

制定生产标准和认证体系是保障农业生态产品质量和安全的重要手段。生产标准可以包括有机认证、绿色认证、无公害产品认证等，具体内容涉及生产过程中的土地利用、化肥施用、农药使用、生物多样性保护等方面。认证体系应该建立完善的审核和监督机制，确保生产标准的执行和产品质量的稳定。在制定生产标准和认证体系时，应该充分考虑到生态环境保护和可持续发展的要求。例如，可以要求农民采用生物有机肥料替代化学合成肥料，采用生物防治替代化学农药，实行轮作休耕制度，提高土壤质量和生态系统稳定性。通过制定严格的生产标准和认证体系，可以保证农业生态产品的质量和安全，提升产品竞争力和市场信誉度。

3. 建立供应链管理系统

建立供应链管理系统是保证农业生态产品从生产到销售全程可追溯的重要手段。供应链管理涉及生产、加工、物流、销售等多个环节，需要建立信息化管理系统和有效的协作机制。生产环节可以通过建立农业生产基地和技术示范站，加强对农民的技术培训和指导，提高生产效率和产品质量。加工环节可以通过建立生产加工企业和加工基地，实施规范化生产和质量控制，确保产品加工安全和标准化。物流环节可以通过建立配送中心和冷链物流网络，实现农产品的快速运输和保鲜配送，提高产品供应的及时性和可靠性。销售环节可以通过建立线上线下销售渠道，开展直销和网络推广，拓展产品销售市场，增加产品销售额和利润空间。

4. 设计价格机制与利益分配体系

设计合理的价格机制和利益分配体系是促进合作伙伴之间合作的关键。价格机制应该根据产品的生产成本、市场需求和竞争状况确定，既要保证农民的合理收益，又要保证产品的市场竞争力和价格稳定性。可以通过政府补贴、价格保障、价格补贴等方式，调节产品价格和供需关系，保障农民的基本生活和生产积极性。利益分配体系应该建立在合作伙伴共同利益的基础上，根据各方的投入和贡献确定利润分配比例。可以采取按比例分成、固定分成、奖励分成等方式，激励各方积极参与合作，共同推动合作机制的稳定发展。同时，还要建立完善的监督机制和纠纷解决机制，及时处理各种利益分配纠纷，保持合作伙伴之间的和谐关系和合作氛围。

5. 市场推广与品牌建设

市场推广和品牌建设是提升农业生态产品知名度和美誉度的重要

途径。市场推广可以通过多种方式进行,包括宣传推广、广告营销、展会展示、产品陈列等。可以利用传统媒体、新媒体、社交平台等多种渠道,扩大产品的曝光度和影响力,吸引更多消费者的关注和认可。同时,还可以通过举办农业生态文化节、农民专场展销会等活动,增加产品的宣传曝光和品牌形象。品牌建设是提升农业生态产品市场竞争力和附加值的重要手段。可以通过注册商标、申请地理标志、建立品牌形象、打造产品特色等方式,塑造产品的独特性和个性化。同时,还可以加强产品包装设计、产品标识标志、产品认证认可等方面的建设,提高产品的辨识度和美观度,增强消费者的购买欲望和信任度。品牌建设需要长期持续地投入和努力,要不断创新和改进,与市场需求和消费者口味保持一致,确保品牌的持续发展和壮大。

6. 政策支持与风险管理

政策支持和风险管理是保障农业生态产品市场合作机制顺利运行的重要保障。政府可以通过出台相关政策和法规,鼓励和支持农业生态产品市场合作机制的发展,提供财政补贴、税收优惠、信贷支持等政策措施,降低合作成本,减轻合作风险。政府还可以建立相关的市场准入机制和产品质量监管体系,规范市场秩序,保护消费者权益,提高市场信心和产品认可度。风险管理是保障合作伙伴利益和合作机制稳定的重要手段。风险管理涉及市场风险、自然灾害、政策风险等多方面内容,需要建立完善的风险评估和防范机制,及时应对各种突发事件和不确定性因素。可以通过购买保险、建立风险准备金、签订风险分担协议等方式进行风险管理,确保合作机制的安全稳定运行。

7. 监管与评估

监管和评估是保障农业生态产品市场合作机制顺利运行的重要保障。监管部门可以加强对合作伙伴的监督和管理,确保其遵守相关法律法规和标准，保障产品质量和市场秩序。可以建立相关的监管机构和监督体系，加强对生产、加工、销售等环节的监管和检查，及时发现和处理违法违规行为，维护市场公平竞争和消费者权益。评估工作可以定期对合作机制的运行效果进行评估和审查，包括生产效率、产品质量、市场竞争力、社会影响等方面的评价。可以采取问卷调查、专家评估、实地考察等方式进行评估，发现问题和不足，提出改进意见和建议，推动合作机制的持续改进和优化。评估结果可以作为政府决策的参考依据，促进政策措施的精准落实和合作机制的健康发展。

## 第四节　农业生态产品价值实现的市场机制建设案例分析

### 一、案例背景

青山村是浙江省杭州市余杭区黄湖镇下辖的一个行政村，人口2 600余人，距离杭州市中心42km。村内三面环山、气候宜人，森林覆盖率接近80%，拥有丰富的毛竹资源。青山村附近的龙坞水库建于1981年，常年为青山村及周边村庄提供饮用水，水库上游2 600亩的汇水区内种植了1 600亩毛竹林。20世纪80年代起，周边出现很多毛竹加工厂，为增加毛竹和竹笋产量并获取更高的经济效益，村民在水库周边的竹林中大量使用化肥和除草剂，造成了水库氮磷超标等面源污染，影响了饮用水安全。由于水源地周边的山林属于村民承包山或自留山，仅通过宣传教育或单纯管控的方式，生态改善的效果不明显。

2014年开始，生态保护公益组织"大自然保护协会"（The Nature Conservancy，TNC）等与青山村合作，采用水基金模式开展了小水源地保护项目,通过建立"善水基金"信托、吸引和发展绿色产业、建设自然教育基地等措施,引导多方参与水源地保护并分享收益,逐步解决了龙坞水库及周边水源地的面源污染问题,构建了市场化、多元化、可持续的生态保护补偿机制,实现了青山村生态环境改善、村民生态意识提高、乡村绿色发展等多重目标。

## 二、具体做法

### (一)以"善水基金"信托为平台建立生态补偿机制

2015 年,TNC 联合万向信托等合作伙伴,组建了"善水基金"信托并获得 33 万元的资金捐赠,用于支持青山村水源地保护、绿色产业发展等,第一个信托期为 2016—2021 年。借鉴国际上成熟的水基金(Water Fund)运行模式,"善水基金"信托建立了由各利益相关方参与的运行结构和可持续的生态补偿机制(图 5-1)。

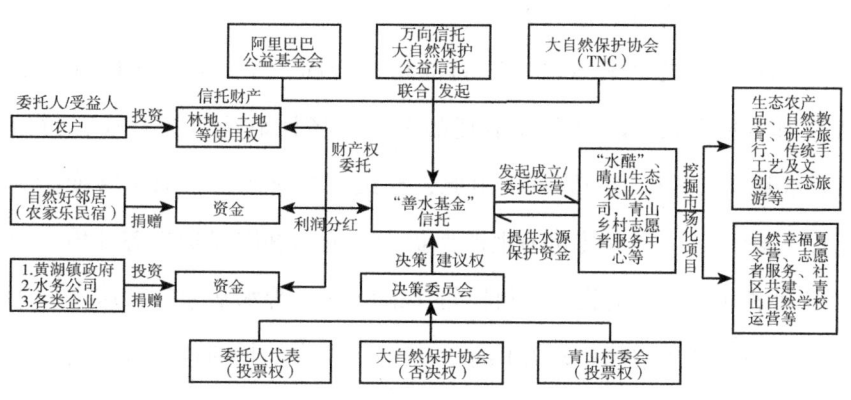

**图 5-1 "善水基金"信托运行结构**

1. 建立健全决策机制

由委托人代表(村民、企业、个人投资者等)、TNC 和受托人代表（万向信托）组成决策委员会，各方对资金使用、林地管理等重大决策拥有平等的投票权。为保证信托的公益性和所有决策符合生态保护目标，TNC拥有"一票否决权"，并作为信托的顾问，负责提供水源地保护模式设计、林地管理的专业化方案，以及评估保护效果、协调和整合公益资源等。项目运行之初，TNC就选派项目人员在青山村组建团队长期驻点，深入了解当地的自然禀赋、风土人情和生态保护的症结点，实时掌握第一手信息和资料，因地制宜开展项目设计、执行和管理。

2. 市场经营与收益分配

2015年，"善水基金"出资10万元成立"水酷"公司（后由青山乡村志愿者服务中心等青山自然学校团队作为"善水基金"运营方），作为产业开发和市场运营的主体，收益主要用于支付信托的日常运营费用、村民林地承包经营权的生态补偿金、信托到期后的分红和水源地的日常保护管理费用等，推动形成可持续的生态补偿机制。

3. 村民参与和身份转变

当地村民与"善水基金"订立信托合同，经由评估明确其份额后，作为投资人，以财产权信托的形式，将林地承包经营权托付给"善水基金"进行集中管理。由此，村民的身份产生了双重转变：其一，从纯粹的生产者转化为生态保护者，为弥补因保护生态环境、舍弃土地种植而导致的损失，村民每年能够自"善水基金"获取不低于往昔毛竹经营收益的生态补偿金；其二，作为信托的投资者，签订信托合同的村民能够在信托终结后依照份额参与分红。

4. 多元主体参与方式

其他机构、企业或者公众个人同样能够通过投资或者捐赠的方式参与信托。倘若选择捐赠，其资产以及所获取的分红将永久存续（相当于公益投资）；要是选择投资，不管是投入资产还是资金，均会依据资产评估价或出资额确定其信托份额，最终在信托结束后按照份额参与分红。

## （二）基于自然理念转变生产生活方式

在当地政府和青山村的支持下，"善水基金"信托按规定流转了水源地汇水区内化肥和农药施用最为集中、对水质影响最大的500亩毛竹林地（涉及43户村民），基本实现了对水库周边全部施肥林地的集中管理，有效控制了农药、化肥使用和农业面源污染。同时，TNC作为信托的科学顾问，充分发挥专业优势，积极推动水源地生态保护，促进村民基于自然理念转变生产生活方式，如每年定期组织志愿者和聘用村民对毛竹林进行人工除草和林下植被恢复，在杜绝使用除草剂的同时，发挥竹林的水源涵养功能；联合杭州等地企业开展环境宣传教育，引入外部合作机构开展垃圾分类、厨余堆肥等活动，提高村民尊重自然、保护自然的意识。

## （三）构建水源地保护与乡村绿色发展的长效机制

在开展水源地保护、生态保护补偿的同时，青山村和"善水基金"信托努力探索一种比毛竹林粗放经营获益更高、又对环境友好的绿色产业发展模式，积极培育市场主体，引入各方资源开展多元化项目开发。销售生态农产品方面，水基金运营方积极为青山村春笋等各类农产品扩展销售渠道，青山村的竹笋在不喷洒农药后，产量较以往下降了20%~30%，但其市场价格大幅提高，产品销往沪杭等城市的企业食堂、餐厅，并建立了长期合作关系。开发文创和传统手工艺品方面，引进传统手工艺保护组织"融设计图书馆"，来自德国的专业设计师将当地传统的手工竹编技艺提升为金属编织技艺，并免费教授给村民；村民编织的"水源保护"等主题的手工艺品在"中国文化展""米兰设计周"等国内外展览展出，并进行市场销售，获得了2倍于同类工艺品的利润。发展生态旅游方面，将水源地保护、当地传统文化、低碳生活理念与城市居民对自然的向往链接起来，开发了砍枯竹、监测水质、植物染色等各类生态体验项目；将青山村民培训成为讲解员、生态活动组织者、民宿服务者等，增加村民就业机会，带动村民增收。

### （四）创新共建共治共享方式

TNC等联合当地政府，在青山村推广"自然好邻居"计划，鼓励村民采用"近自然"的生产生活和经营方式，为来访者提供绿色农家饭和民宿服务等，降低对自然的扰动；对加入"自然好邻居"的农户，在旅游客源导流、物质奖励、优先开展业务合作等方面进行倾斜；吸引"融设计图书馆"将主要展馆和手工艺创意工坊永久搬迁到青山村，将村内已经废弃的小学改造为公众自然教育基地，并开发了数十种特色志愿者服务和自然体验产品，与周边50余所学校和100家企业进行合作，吸引了大量企业员工、杭州市民、国内外学生等社会公众参与生态体验与自然教育，构建了尊重自然、保护自然的共建共治共享长效机制。

## 三、主要成效

### （一）生态环境显著改善

通过水源地保护和系统治理，青山村及龙坞水库的水质逐步提升，总磷与溶解氧指标由 2014 年的Ⅲ类或Ⅳ类提升并稳定在Ⅰ类水质标准，总氮指标呈下降趋势，水源地内农业面源污染得到有效控制，水质得到明显改善，目前青山村周边山林里已记录到包括白鹇、猪獾、小麂在内的 9 种哺乳动物和 13 种鸟类。当地村民生态环境保护意识明显提高，原有的生产生活方式逐渐改变，成为了生态环境改善的坚定支持者、忠实践行者和最终受益者，并主动向社会公众宣传倡导水源地保护理念，青山村也成为远近闻名的"未来乡村"和"自然生态打卡地"。

(二) 生态产业初具规模

"善水基金"信托每年平均支付给村民的补偿金约为 172 元/亩，相比村民自营时提高了 20%，充分保障了村民的财产权利和生态补偿机制的可持续性。同时，水基金运营的直接收入超过 100 万元，为水源地保护项目提供了可持续的资金支持。随着环境的改善，青山村吸引越来越多游客，给村民带来了经营民宿、销售农产品等致富渠道，目前已有超过 70 户农户加入了"自然好邻居"计划，每年每户增收 1 万元以上，带动 200 余人直接就业。此外，水源地管护、生态活动和文创产品等也为合作农户带来了额外收入，不仅激发了村民的生态保护主体意识，也为自然保护和乡村发展提供了可持续的内生动力。

(三) 社会影响不断扩大

青山村从"一滴水"的保护开始，通过调动多方资源并促进利益共享，社会效益和传播影响力不断扩大。2017 年，龙坞水库约 2 600 亩的汇水区被杭州市余杭区划定为饮用水水源保护区。青山村作为自然生态保护基地的社会吸引力不断提升，每年组织 200 余次自然体验和志愿者活动，超过 2 000 名志愿者参与青山村公益活动和志愿服务，带动年均访客增加 1 万人以上，吸引了 40 多名来自全国各地的设计师、环保教育工作者等来到青山村工作和生活，为青山村乡村振兴注入了新的活力。

### （四）市场化多元化生态保护补偿机制逐步完善

借助水基金和各种形式的保护协议，青山村搭建了一个多方参与、共同磋商的开放性协作平台，形成了"保护者受益、利益相关方参与、全社会共建共享"的多赢局面：农户、企业和个人可以通过投资或捐赠成为信托的委托人，实现自身的经济利益诉求或社会公益诉求；其他村民在获得收益的同时，也逐步改变了传统生产生活方式；公益组织的参与，保障了实践的公共性和生态保护措施的专业性，实现了"建立水源地长效保护机制"的初衷；在满足生态保护目标的前提下，引入社会资本发展绿色产业，为生态产品的价值实现奠定了基础；社会公众可以参与各类活动，从中得到丰富的自然体验，提升了生态保护意识，最终构建了一个公益组织、政府、村民、企业、社会公众等共同参与的可持续生态保护补偿机制。

# 参考文献

曹先磊，任云鹤，2024. 森林资源丰富度、生态产品价值实现与农村居民增收［J］. 中国农业大学学报，29（8）：34-49.

方印，周宇洲，［2024-06-24］. 保障生态产品价值实现的生态积分体系研究［J/OL］. 价格月刊：1-9.

林梦笑，于洋，2024. 产权·体系·模式：海洋生态产品价值实现

市场逻辑分析 [J]. 海南金融（6）：3-12.

刘建华，崔国行，[2024-06-24]. 生态产品价值的逻辑起点、理论内涵与实现策略 [J/OL]. 价格理论与实践：1-8.

罗贤宇，程佳楠，2024. 我国国家公园生态产品价值实现的创新路径——以武夷山国家公园为例 [J]. 发展研究，41（5）：71-76.

陶德凯，张子建，周文莉，等，2024. 基于外部效益内部化的生态产品价值实现理论框架 [J/OL]. 生态学报（16）：1-14 [2024-06-24].

汪劲松，肖燚，石薇，2024. 不同目的下生态产品的定价思路、方法选择及应用研究 [J/OL]. 生态学报（16）：1-17 [2024-06-24].

王月红，宣宇，2024."千年秀林"生态产品价值实现机制研究 [J]. 安徽农业科学，52（10）：216-218.

张二进，[2024-06-24]. 生态修复何以促进生态产品价值实现——基于多案例的模糊集定性比较分析 [J/OL]. 价格月刊：1-11.

张平，[2024-06-24]."两山论"对发展理论创新的实践性分析——以生态系统服务价值实现的条件组态为视角 [J/OL]. 西北民族大学学报（哲学社会科学版）：1-16.

# 第六章
# 农业生态产品价值实现的市场运行模式

梳理总结农业生态产品价值实现的市场运行模式，对于农业生态产品价值实现具有重要作用。农业生态产品通常分为物质供给类农业生态产品、文化服务类农业生态产品和调节服务类农业生态产品等三类产品，不同类型农业生态产品的价值实现市场运行模式也有所不同。

## 第一节 物质供给类农业生态产品价值实现的市场运行模式

物质供给类生态产品主要涵盖生态种植产品、生态畜牧产品、生态林产品、生态渔产品以及各类原材料等，物质供给类农业生态产品价值实现的市场运行模式，通常有以下运行模式。

### 一、物质供给类农业生态产品价值实现的思路与原则

（一）物质供给类农业生态产品价值实现的逻辑思路

物质供给类农业生态产品价值实现应坚守"源头创新与市场导向

并重、标准化生产与严格监管并行"的核心原则。在源头创新方面，农业生产应确保良种的优先地位，充分发挥种业作为农业"芯片"的关键作用，积极培育并推广优质新品种，同时复兴并发展具有地域特色的传统品种，以丰富农产品种类和提高质量。在市场导向方面，应转变农产品销售模式，避免过度同质化竞争，打造具有地域特色的区域公用品牌，并培育具有市场影响力的农产品品牌，以增强农产品的市场竞争力。在标准化生产方面，应注重现代农业的集成创新，推广节本增效、农机农艺融合、废弃物循环利用等绿色生产技术模式，确保生产出的农产品安全合格，满足市场需求。同时，应严格监管农业投入品的使用，实施农产品质量全程可追溯管理，确保消费者的饮食安全。

### (二) 物质供给类农业生态产品价值实现的基本原则

第一，发挥优势、质量先行。基于区域的资源特色，应坚持"产出优质"与"管理精细"并重的原则，推动标准化的农业生产方式，以调整农业产业结构，深化供给侧结构性改革。通过发展特色鲜明的优势产业，不仅可以延伸产业链、提升价值链，还能有效拓宽农民的增收渠道。同时，坚持以质量为核心，实施全链条的质量监管，建立健全农产品追溯体系，以此来提升农业生态产品的品质和效益。

第二，生态为本、绿色发展。秉承"绿水青山就是金山银山"的核心理念，推动农业生产全链条的绿色化转型。通过降低化肥、农药等农业投入品的使用量并提高其使用效率，旨在净化农业生态环境，丰富绿色优质农产品的供应。同时，将绿色生产理念深度融入农业发展的每一个环节，确保从田间至餐桌的全程受到严密监控，从而从根本上确保农产品的质量安全。这一战略的实施，不仅有助于提升农业的综合效益,更能够推动农业可持续发展的进程。

第三,科技创新与政策引导的双轮驱动。科技创新在农业生态产品价值实现过程中占据核心地位,物质供给类农业生态产品价值实现应将科技创新作为首要驱动力。通过加强育种创新,提升我国种业的国际竞争力,打造中国种业的品牌形象;同时,推动农业生产技术的创新,以实现绿色、安全、优质农产品的生产为目标。此外,制定并加强全产业链标准,涵盖投入品使用、产品生产、加工储运等各环节,确保农业标准化生产,从而稳固农业发展的良好势头。

在物质供给类农业生态产品价值实现过程中,政府的引导和市场的决定性作用需有机结合。一方面,市场应充分发挥资源配置的决定性作用,激发各类生产要素、市场和经营主体的活力,提升资源利用效率;另一方面,政府应积极引导资源向品种优化、品质提升、品牌塑造等方向汇聚,培育新型农业经营主体,促进小农户与大市场的有效对接,形成农民为主体、企业带动、全社会参与的农业生态产品价值实现新格局。

## 二、物质供给类农业生态产品价值实现的市场运行模式分析

根据物质供给类农业生态产品的作用主体,可以从市场供给端和市场销售端展开分析物质供给类农业生态产品价值实现的市场运行模式。

### (一) 市场供给端的物质供给类农业生态产品价值实现

2020年12月,中央农村工作会议明确指出,应深入推进农业供给侧结构性改革,并重点实施品种优化、品质提升、品牌塑造和标准化

生产等战略举措。为了进一步落实这一战略方向,农业农村部于 2021 年 3 月发布了《农业生产"三品一标"提升行动实施方案》,该方案旨在通过实施农业生产新品种、新技术、新模式和标准化生产的提升行动,全面提升农业发展的整体质量。特别是,通过推进农业生产的"三品一标",可以有效解决耕地和种子等关键资源问题,推动农业生产方式的深刻变革。这不仅对保障我国重要农产品的数量和质量安全具有重大意义,而且为乡村振兴战略的顺利实施提供了坚实支撑。

物质供给类农业生态产品价值实现的市场运行,需要把控物质供给类农业生态产品的质量标准,将品种培优、品质提升、品牌打造和标准化生产进行有机整合,并在农业生产的产前、产中、产后各环节全面推进农业全产业链的标准化管理,从而确保农产品从田间到餐桌的无缝对接。在这一框架中,品种培优是基石,它通过优质良种的培育,为农业发展奠定坚实基础;品质提升是目标,通过实施农业绿色发展行动,促进绿色农产品的生产与有效供给,满足社会对优质农产品的日益增长需求;品牌打造在农业产业链拓展与价值链提升中占据举足轻重的地位。而标准化生产作为实现这一目标的关键手段,它依赖于丰富的农业实践经验,紧密结合科研成果与前沿技术,为农业产业量身定制规范的工艺流程与衡量标准。这不仅确保了农业生产全过程的标准化管理,还促进了农业生产的持续优化与升级。

从产业维度审视,物质供给类农业生态产品价值实现的市场运行挑战主要包括生产单元规模偏小、产业链条短促以及农产品在国际市场上的竞争力不足。针对这些问题,提升农产品品质、打造农业品牌以及拓展价值链成为物质供给类农业生态产品价值实现市场运行的必要举措。其不仅要求在生产端推动种子品质的优化、土壤健康的提升、化学投入品的减少以及产业模式的生态化转型,同时也要在需求端加强优质、绿色和特色农产品的供给能力，从而全面提升物质供给类农业生态产品的综合效益。

### (二) 市场销售端的物质供给类农业生态产品价值实现

物质供给类农业生态产品价值实现的市场运行，需要政府和市场共同发挥作用，激发政府、企业、公众等各方积极性。围绕产业园区建设、龙头企业培育、知名品牌打造的发展思路，聚焦各地主导产业，系统推进农产品品牌培育工作，提升优质特色农产品知名度，打造区域农产品公用品牌，加快构建现代农业品牌体系，以释放农产品品牌核心竞争力。同时，加强品牌管理，完善中国农业品牌目录制度，建立农业品牌评价体系，并严格执行品牌进入及退出标准和程序。通过挖掘农产品内在文化因素，塑造农产品品牌核心价值；创新品牌影响模式，利用电商平台、展销会等多渠道进行品牌宣传。此外，还应通过线上线下互动、农产品体验式营销、农场会员宅配、农产品众筹、社区支持农业等模式，以进一步提升品牌影响力。

值得注意的是，在物质供给类农业生态产品价值实现的市场运行过程中，尤其是在促进物质供给类农业生态产品的品牌溢价时，政府的角色和作用显得尤为重要。以"丽水山耕"品牌为例，其初步的成功并非偶然。该品牌在生态农产品领域取得了显著成就，而这背后离不开政府的有效作为。首先，政府在品牌建设方面发挥了关键作用，通过明确品牌定位、制定品牌发展战略，提升了品牌的知名度和影响力。其次，生态农业协会作为连接政府与市场的桥梁，有效地整合了市场主体资源，促进了产业链的协同发展。此外，溯源管理机制的引入，不仅提高了农产品的质量和安全性，还推动了农业产业标准化进程的加速。品牌背书策略则进一步提升了生态产品的整体竞争优势，使其在市场中占据有利地位。最后,"壹生态"系统的构建,为高效流通和品牌营销提供了有力支持,实现了品牌价值的最大化。可见,"丽水山耕"品牌的成功,不仅得益于丽水生态农产品的真品质,更在于后发地区政府的有力推动和正确引导。

## 三、物质供给类农业生态产品价值实现的市场运行模式案例

吉林省抚松县发展人参产业案例可视作物质供给类农业生态产品价值实现的市场运行模式典型案例。

### (一)抚松县人参产业发展案例背景

抚松县坐落于吉林省东南部,长白山西北麓的怀抱之中,地处松花江之源,是我国东北重要的生态屏障与林业资源宝库。该县坐拥10万 hm² 的长白山国家级自然保护区,森林覆盖率高达 87.6%,展现了其得天独厚的自然资源禀赋与卓越的生态环境质量。其"21度的夏天""森林城市"及"冰雪运动天堂"等美誉,不仅是对其独特气候与景观的赞誉,更是对其农业生态产品价值的高度认可。

作为国家划定的重点生态功能区,抚松县高达 94.1% 的区域被划定为禁止或限制开发区域,这既体现了国家对区域生态安全的高度重视,也对地方经济发展模式提出了严峻挑战。如何在保障国家生态安全的前提下,实现区域经济的可持续发展,成为抚松县必须面对的重大课题。

抚松县积极践行"绿水青山就是金山银山"的发展理念,采取了两手抓的策略:一方面,强化生态环境保护,通过科学管理与有效保护,持续提升优质生态产品的供给能力,巩固并扩大其生态优势;另

一方面，依托丰富的自然资源与良好的生态环境，因地制宜地发展人参绿色产业，探索出一条生态优先、绿色发展的创新路径。

### （二）抚松县人参产业发展的具体做法

抚松县拥有 1 500 多年的野山参采挖历史和 450 多年的人工栽培历史，在发挥人参品牌效应的同时，抚松县着重在"创新、标准、延伸、平台"四个方面进行突破，推动生态产品价值实现。

第一，创新人参种植方式，锁住绿色生态。为解决传统的伐林栽参方式破坏生态平衡的问题，按照"控制伐林栽参、推广非林地栽参和引导向林下参种植"的思路，形成了《抚松林下山参标准》等系列科技成果，破解了非林地栽参等技术难题，实行人参产业绿色转型。目前，全县非林地栽参面积占人参种植总面积的 93.88%，林下参留存面积达到了 1.87 万 hm$^2$。

第二，推动标准化生产，提升产品质量。制定了《"抚松人参"加工技术规程》等 12 项"抚松人参"标准，实现人参生产、加工、仓储、流通等各环节标准化管理；开展抚松"数字人参"可追溯体系和人参准化示范区建设，全面推广物联网监控和化学农药、化肥减施技术，全县人参标准化种植面积达到了 85% 以上，人参优质安全用药 100%。

第三，延伸产业链条，打造精品品牌。市场产品方面，开发了人参饮品、保健品、化妆品、药品及食品 5 大系列 500 余种精深加工产品，形成了完整的产业链条；市场品牌方面，全县拥有"抚松人参""抚松林下山参" 2 个国家地理标识证明商标、"和善堂"等 18 个吉林省著名商标、人参米等 3 个吉林省名牌产品，初步形成了产业集约化、品牌化发展格局。

第四，创建交易平台，形成规模效益。建设并培育了全国最大、功能最全的万良长白山人参交易市场，覆盖鲜参、干参、人参生产资料、参籽、人参拍卖、仓储物流等交易，形成了全国人参及相关产品的交易、结算、物流、仓储集散中心，不仅降低了参农投资成本，还带动了相关产业的发展。

需要指出的是，抚松县同时还加强自然生态系统保护修复，增强物质供给类农业生态产品供给能力。一是强化生态红线保护和管控，科学编制国土空间规划，将生态敏感区域、饮用水源地等纳入生态保护红线，加大生态保护、监测和管控力度，确保生态功能不降低、面积不减少、性质不改变。二是全面实施产业准入负面清单，编制了《抚松县国家主体功能区产业准入负面清单》，淘汰关闭影响生态环境的产业，大力发展与主体功能相容相生的产业，形成"面上保护、有序开发"的空间结构。三是实施"林长制"和天然林保护工程，建立县、乡、村三级林长制责任体系，严厉打击毁林开垦、侵占林地等行为，建立对生态公益林、饮用水源地涵养林等立体管护网络，形成"山有人看、林有人管、责有人担"的工作机制；积极推动植树造林，"十三五"期间完成植树造林3.23万亩，森林抚育1.97万亩。

### （三）抚松县人参产业发展的主要成效

第一，生态效应显著。抚松县自然生态系统的质量和稳定性不断提高，优质生态产品供给能力不断增强。水质持续保持优良，全县2个省级考核断面和2处县级以上集中式饮用水源地水质达标率为100%，境内地表水环境质量常年保持在Ⅱ类以上。森林生态功能不断增强，全县生态公益林占林地面积的56%，木材总蓄积量8 500万 $m^3$，成为吉林省天然红松母树林基地。空气质量持续改善，空气中负氧离子含量高，空气环境质量优良率常年超过90%，生态环境质量指数位居全省前列。生物种群日益丰富，"十三五"期间全县建成4个自然保护区和3个国家级森林公园，野生动植物栖息地得到有效保护，全县现有野生植物2 639种，中华秋沙鸭等国家一级保护野生动物的数量不断增加。

第二，生态产品价值有效转化。通过生态产业化和产业生态化，构建了以人参为主的医药健康业和绿色食品业，畅通了生态产品价值实现渠道。在人参产业方面，全县"十三五"期间累计交易鲜参24.9万t，交易额260.2亿元，销量占全国的80%以上；全县人参种植业产值达到了53.65亿元，加工业产值达到了248亿元。

第三，民生福祉不断增强。人参产业的绿色升级，带动林下参种植从业人员1万余人，建设了以万良镇为代表的人参产品加工基地，带动全镇18个行政村292户517人脱贫致富；依托良好生态环境建设的休闲旅游度假基地，带动漫江、仙人桥、露水河等5个乡镇209人脱贫致富和村集体经济发展，让农民挑起了"金扁担"、鼓起了"钱袋子"，走出了一条经济、社会和生态协调发展之路。

## 第二节　文化服务类农业生态产品价值实现的市场运行模式

文化服务类生态产品主要是那些能够满足人们追求乡村旅游、观光、休闲娱乐等需求的产品，文化服务类农业生态产品价值实现的市场运行模式，通常表现为以拓展农业多功能性为手段的"公私合作"模式。

## 一、文化服务类农业生态产品价值实现的逻辑思路

发挥农业的多功能性是文化服务类农业生态产品价值实现的关键所在。通过巩固提升食品保障功能、扩大增收和就业功能、强化生态环境保护功能、发挥文化传承功能以及开发生物质能源功能等多方面的努力，我们能够更好地实现农业的多重价值，推动农业与经济社会的协调发展。

### (一) 农业多功能性与文化服务类农业生态产品价值实现

农业作为国民经济的基础部门，兼具经济与社会双重功能。在全球背景下，各国日益关注农业多功能性的发展，旨在提升农业的经济效益和社会效益。我国文化服务类农业生态产品价值实现应立足国情，因地制宜，全面考量农业的经济和社会功能，制定合理的农业政策。

农业多功能性，作为农业及其发展的固有属性，源于人类社会活动的社会性与农业生产的自然性、社会性的有机结合。人类作为一切社会活动的核心，其经济活动与农业生产紧密相连，使农业不仅具备生产功能，还衍生出社会、生态和文化等多重功能。这种多功能性，实质上反映了农业及其发展的内在本质。农业多功能性，是农业在经济社会中占据重要战略地位的基石。随着《罗马宣言》的提出，全球范围内对确保粮食充足供应的政策和实践给予了高度关注，这进一步凸显了农业多功能性的战略价值。深入开发和拓展农业的多元功能，不仅有助于农业自身的可持续发展，更是对巩固和强化农业在经济社会中的战略地位具有深远意义。农业多功能性，对于经济社会的稳健发展起着至关重要的作用。随着经济社会对农业需求的日益增长和多元化趋势，强化和拓展农业的多功能性显得尤为关键。这不仅有助于

农业适应和满足经济社会发展的多元需求，而且农业多功能性与经济发展、社会进步之间呈现出相互促进、相辅相成的紧密关系。

同时，农业还可以拓展文化、休闲和娱乐功能，为人们提供更多的休闲娱乐资源，推动观光农业等新型农业业态的发展，促进农业与旅游业的融合。在农业发展中，应坚持科技创新，提升农业技术装备水平，加强农业基础应用研究，为农业多功能性的发挥提供有力支撑。需注重拓展其文化、休闲和娱乐功能，以丰富人们的休闲资源。农产品和乡村景观的观赏性，结合农村独特的生活方式，为农业赋予了休闲娱乐价值。凭借深厚的农耕文化和园艺传统，以及低廉的劳动力成本，在观赏性强、经济附加值高的农产品生产上具备显著优势。同时，观光农业和城郊农业的发展，为城市居民提供了独特的休闲体验。据北京市统计局数据，多数城市居民偏好郊区旅游作为休闲方式，这促使郊区观光农业迅速发展，成为农村经济新的增长点。因此，在农业发展中，应充分挖掘和利用这些资源和优势，以促进农业多功能的实现和农村经济的多元化发展。

### （二）文化服务类农业生态产品价值实现的基本原则

#### 1. 积极拓展农业多功能性

在文化服务类农业生态产品价值实现的进程中，农业的多功能性显得尤为关键。文化服务类农业生态产品，主要指的是那些能够满足人们追求乡村旅游、观光、休闲娱乐等需求的产品，它们不仅为人们提供了回归自然、享受田园风光的机会，同时也承载着农业文化的教育传承功能。这类生态产品所体现出的休闲文化价值，主要来源于农业在旅游、文化、教育和休闲娱乐等多个方面的功能发挥。通过提高农业资源利用效率，实现农业资源的循环利用，可以有效保护生态环境，促进农业与生态环境的和谐发展。为实现农业的多功能性，必须重视生态环境保护，提高农业资源利用效率，并促进农业资源的循环利用，这对于文化服务类农业生态产品价值实现具有重要意义。随着能源需求的不断增长，开发农业的生物质能源功能也显得尤为重要。这不仅可以缓解能源供求矛盾，还能够为文化服务类农业生态产品价值实现提供新的增长点和发展方向。运用农业多功能性理论，休闲文化价值得以实现，在促进文化、教育和休闲娱乐等方面发挥重要作用。这一价值通常被视为直接利用价值，通过农村旅游市场得以实现。

2. 高度重视农业的文化传承功能

要充分发挥农业在保护和弘扬民族传统文化方面的作用，通过农业活动传承和弘扬民族优秀传统文化，增强民族认同感和文化自信心。农业承载着文化传承的重要使命，应保护和弘扬民族传统文化，继承和发展农耕文明，维护农村文化的多样性。强调其文化传承功能的重要性，致力于保护和弘扬民族传统文化。这一点在全球范围内得到了广泛认可，农业被视为历史文化不可或缺的一部分。各国均认识到保护农业与发展本国文化传统之间的紧密联系。中国拥有悠久的农耕文明，其农业的文化功能尤为显著。事实上，众多风俗习惯、诗歌乐章和神话传说都源于农村生活和农业生产实践，它们共同构成了中华文明的核心部分。因此，在推动现代农业发展的同时，我们必须重视并传承中国的农耕文化传统。然而，当前一些地区面临农村青年和文化骨干流失的问题，导致农村文化娱乐活动缺乏关注，部分重要的农村文化如音乐、民俗、饮食、编织等传统文化和手工艺逐渐被人遗忘。为了应对这一挑战，我们必须加强农业的文化传承功能，这对于保护农村文化多样性和弘扬中华民族传统文化至关重要。

3. 推进一二三产业融合发展

休闲文化价值的发挥不仅依赖于农业多功能性理论的实践，还需要政府的规范和市场创新机制的配合，以推动农业与相关产业的融合发展。随着市场经济的不断成熟与完善，尤其是虚拟市场的崛起与规范化，生态环境资源的产权界定与价值化成为关键。企业作为经济主体，追求私人利益是其核心动机，与此同时，消费者对生态产品的迫切需求推动了其市场化供给的可能性。这些交易的经济投入主要由企业承担。考虑到生态产品的生态与经济效益具有潜在性和长期滞后性，政府需制定相关政策进行引导，以激发企业投资生态产品的积极性。此外，尽管生态产品通过市场机制进行供给，但其公共性属性不容忽视。因此，在市场化供给过程中，企业必须承担公共责任，接受政府的监管和公众的审视，确保生态产品市场的健康与可持续发展。在文化服务类农业生态产品价值实现的过程中，政府的规范和市场创新机制显得尤为重要。通过政府的引导和规范，可以确保市场的有序运行，而创新机制则能进一步推动休闲文化价值的最大化。通过促进一二三产业的融合发展，这些价值得以实现，且主要依赖于旅游产业的推进以及政府和市场的支持。在此过程中，政府的引导作用和市场的主导作用均表现得尤为突出。

## 二、文化服务类农业生态产品价值实现的市场运行模式分析

乡村振兴，关乎国家与民生，其核心在于实现产业生态化和生态产业化的融合，这是生态文明建设的关键举措，也是乡村振兴的必由之路。为了实现这一目标，须以"生态"+"产业"为导向，提升农业资源利用效率，挖掘农村生态资源的潜在价值，优化产业链，推动农村一二三产业的融合发展，实现全产业链的增值。这需要政府、企业和农民的共同努力，在整个产业流程中贯彻生态化理念。同时，结

合地方特色生态资源，发掘产业发展新增长点，在政策完善、产业融合、技术创新和人才培养的支持下，实现基于"两化"理念的乡村振兴，通过文化、品牌和生态资源的利用，实现乡村价值增值。

### （一）"生态佳"变"生态+"，打好生态与产业组合拳

依托乡村生态的独特优势，结合市场机制，推动生态与文化、旅游、工业、农业的深度融合，已成为当下农业发展的核心策略。这种"生态+"的融合发展模式，不仅促进了乡村一二三产业的紧密结合，更构建了完整的乡村产业链条，代表了乡村产业转型与创新的发展方向。对于农村地区，应以农业为基础，通过产业延伸、融合、技术创新以及体制机制的革新，确保生态资源的有效利用。围绕乡村的功能定位与生态资源，实现产业链、价值链、主体链的全面融合，确保生态产业链各环节的高效衔接。这要求充分发挥各主体在产业链不同环节的比较优势，推动乡村生态产业的前后端拓展与上下游连接。政府在这一进程中发挥着至关重要的作用。制定相关政策、提供资金和技术支持、激发农户的参与热情，都是推动乡村产业融合的关键。同时，加强农村基础设施与公共服务体系建设，吸引社会投资，改善农村环境，为产业融合创造有利条件。此外，建立产业链配套服务机制，促进农业、工业与服务业的协同，打造全产业链融合新模式，是提升乡村产业竞争力的关键。推动创新发展、产业结构升级，鼓励多产业交叉融合，结合生态产品生产与文旅、科创、会展、物流、数字经济等领域，培育乡村产业新业态，进一步提升乡村生态产品的市场竞争力和附加值。

## （二）文化服务类农业生态产品的"生态+产业"的公私合作模式

文化服务类农业生态产品产业化经营是农业生态产品价值实现的关键策略。文化服务类农业生态产品，作为一种具有显著经济与社会效益的生态资源，其产业化经营是实现其内在价值的核心途径。通过融入市场机制于生态保护之中，特别是通过发展生态旅游，可以实现生态保护、野生动植物保护、休闲旅游与经济发展的和谐统一。鉴于生态资本的产权明晰性，其运营主体通常为资本所有者。在我国公有制经济框架下，公众对自然资源的权益主要局限于使用与经营。因此，生态资本的产业化过程往往采用特许经营模式，即政府将国家生态资源以租赁形式赋予私人企业进行商业化生产与供给。在这一过程中，消费者支付的费用不仅补偿了生产者的投资成本，还促进了生态资源的可持续利用与生态保护的长远发展。通过政府与市场共同推动文化服务类农业生态产品产业化，不仅有助于实现农业生态资源的经济价值，还能促进农业生态保护与经济发展的良性循环（图6-1）。

生态资本产业化经营作为外部性内部化的手段之一，其核心在于政府通过合约形式将提供生态产品的职责部分或全部转让给市场。这一过程中，合同外包和特许经营是常用的市场化合约方式。二者的主要区别在于对生产者的付费方式：合同外包由政府向生产者支付费用，而特许经营则主要由消费者向生产者支付费用。特许经营是"PPP"模式的一种实现方式。特许经营是指政府给予企业在一定期限内的独家权利，对项目的用户进行收费，而"PPP"模式是由政府负责收费，并根据公共服务绩效评价结果向社会资本支付相应对价。尽管特许经营被认为是"PPP"模式的一种，但在我国的财政部给出的"PPP"

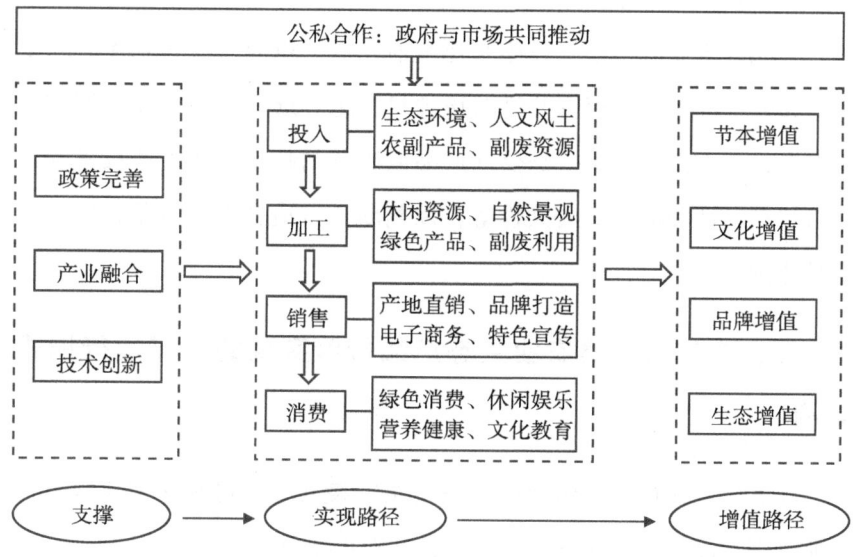

图 6-1 "生态+产业"的公私合作模式

定义中，二者是有本质区别的。在"PPP"项目中，政府与企业签订的是合作合同，而特许经营采用的是政府与企业签订的特许合同。此外，特许经营强调政府对境内外法人或其他组织的行政授权，双方处于管理与被管理的行政法律关系，而"PPP"模式则强调政府和社会资本双方处于平等的法律地位，基于契约建立的民事法律关系。虽然特许经营是"PPP"模式的一种形式，但在实际操作中，"PPP"项目往往以特许经营的形式实施，以享受招标、审批、融资等多方面的好处。因此，尽管特许经营被视为"PPP"的一种实现方式，但二者在合同类型、法律关系等方面存在明显的区别。

特许经营模式可进一步细分为排他性、非排他性和混合式。排他性特许赋予某一私营企业在特定领域提供特定服务的垄断性特权，并接受政府监管。常见的特许经营模式包括"BOT"（建设—经营—转让)和"BOO"(建设—拥有—经营)。在"BOT"模式下,特许期结束后,私营企业需将项目设施交还政府;而"BOO"模式则无时间限制,私人投资者最终拥有并经营该项目设施。选择适当的经营模式需综合考虑两方面因素:一是公共产品或服务的特性,如生产技术导致的自然垄断性和消费的公共性等,以判断是否适合引入竞争机制;二是具体国情。

## 三、文化服务类农业生态产品价值实现的市场运行模式案例

江苏省苏州市金庭镇"生态农文旅"模式案例可视作文化服务类农业生态产品价值实现的市场运行模式典型案例。

### (一)金庭镇"生态农文旅"模式案例背景

苏州市吴中区金庭镇地处太湖中心区域,距离苏州主城区约40km,拥有中国淡水湖泊中最大的岛屿西山岛,以及 $84.22km^2$ 的太湖风景名胜区、$148km^2$ 的太湖水域和100多处历史文化古迹,是全国唯一的整岛风景名胜保护区,拥有长三角经济圈中极为稀缺的生态环境和自然人文资源。

近年来,金庭镇坚持生态优先、绿色发展的理念,按照"环太湖生态文旅带"的全域定位,依托丰富的自然资源资产和深厚的历史文化底蕴,积极实施生态环境综合整治,推动传统农业产业转型升级为绿色发展的生态产业,打造"生态农文旅"模式,实现了经济价值、社会价值、生态价值、历史价值、文化价值的全面提升。

### (二)金庭镇"生态农文旅"模式的具体做法

第一,在优化空间布局方面,通过融合多元规划并遵循"提升生产

能力、扩展生活空间、孕育生态效应"的理念,规划到2024年全镇生产空间规模为128hm$^2$,占总面积的1.52%;生活空间规模为1 190hm$^2$,占比14.14%;生态空间规模为7 104hm$^2$,占比84.34%,系统优化全镇的生产、生活、生态空间布局。科学设定了生产、生活、生态空间的占比与规模。同时,依托"三优三保"行动,按照因地制宜的原则,通过土地整治手段,有效提升了土地资源的利用效率和生态价值。整治的低效用地不仅增加了生态空间和农业生产空间,还为全镇公共基础设施建设和重点开发区域提供了必要的指标,实现了土地资源的优化配置与可持续发展。此外,金庭镇还前瞻性地预留了生态产业发展所需的建设用地指标,为生态产品供给和价值实现奠定了坚实基础。

第二,在山水林田湖草系统治理方面,金庭镇采取了一系列综合措施。在"水"的治理上,通过实行"河长制"、改造养殖池塘、建立监控体系等措施,强化了水环境的保护与修复。在"陆"的治理上,以土地综合整治为切入点,推进了山水林田湖草的系统修复,通过鱼塘整治、农田复垦和废弃工矿用地修复等项目,实现了土地资源的生态化利用。在"空"的治理上,通过关停"散乱污"企业、控制畜禽养殖、开展国土绿化行动等方式,有效改善了大气环境质量。这些举措共同构成了金庭镇山水林田湖草系统治理的完整框架,为区域生态环境的整体提升和可持续发展提供了有力保障。

第三,建立"生态农文旅"模式,实现生态产业化经营和市场化价值实现。金庭镇依托其独特的地理区位、丰富的自然资源和深厚的历史文化底蕴,成功建立了"生态农文旅"模式,实现了生态产业化经营与市场化价值的融合。通过打造农业发展新模式,金庭镇聚焦于洞庭山碧螺春、青种枇杷、水晶石榴等特色农产品,将这些传统农品转化为具有市场竞争力的优质商品。利用"互联网+农产品"的销售模式，结合与顺丰快递的战略合作，有效提升了特色农产品的宣传效果和流通效率。此外，金庭镇深入挖掘"农文旅"产业链，将农业劳动转化为丰富的体验活动。通过利用明月湾、东村等中国历史文化名村及传统村落的资源，鼓励村民发展特色民宿和家庭采摘园等，不仅丰富了游客的体验，也实现了从传统餐饮住宿向农业文化体验活动的转型升级，构建了全产业链的发展格局。同时，金庭镇注重提升生态文化内涵，通过积极宣传非物质文化遗产，推进全域生态文化旅游，形成了一批具有地方特色的精品民宿品牌。这些举措不仅增强了游客对金庭镇文化的认知与认同，也通过游客的"进入式消费"实现了生态产品的增值溢价，进一步推动了金庭镇生态品牌的打造与推广。金庭镇通过建立"生态农文旅"模式，实现了生态产业化经营和市场化价值的双重提升，为农业经济的可持续发展与乡村振兴提供了有益的探索与实践。

### （三）金庭镇"生态农文旅"模式的主要成效

一是绿色发展意识和生态产品供给水平"双提升"。近年来，金庭镇干部群众的绿色发展意识逐渐增强，保护绿水青山、依靠绿水青山、走高质量发展之路，已经成为金庭人的行动自觉，金庭镇的生态空间显著增加，自然生态系统得到全面保护和修复，江南水乡特色、传统历史文化得以传承，生态产品的供给能力显著提升。2019年，金庭镇建设开发强度降低至16.65%，同比降低了13.28%；森林覆盖率增加至71%，全镇地表水水质均达到Ⅱ类以上，空气质量达到了国内优质标准；生物多样性逐渐增加，区域内植物种类超过500种，动物种类超过200种，拥有银杏、水杉等多个国家一级、二级保护植物，以及虎纹蛙、鹈鹕、鸳鸯等多种国家、省级保护动物。

二是经营性生态产品价值"显化"。金庭镇通过"生态农文旅"模式的发展，打通了经营性生态产品价值实现的渠道，显化了物质供给类和文化服务类生态产品的价值。"特色农品变文化商品"方面，2019年全镇农产品销售收入达到了4.85亿元，创历史新高，其中果品收入2.71亿元，水产收入0.21亿元，茶叶收入1.93亿元；"太湖绿"大米及"西山青种"枇杷等已成为网红品牌。"农业劳动变体验活动"方面，2019年全镇吸引旅游人数421.06万人次，农家乐、民宿营业收入达到2亿元，近三年营业收入年平均增长35%，新增民宿104家，改造民宿103家，精品民宿增加至37家，直接带动了1 600余人就业。"绿色平台变生态品牌"，随着"生态农文旅"模式的建立，港中旅、亚视、南峰等投资集团纷至沓来，2017年"阿里巴巴太极禅苑文化驿栈"正式落户金庭镇，2020年美国汉舍集团投资的"汉舍"项目全面启动，"自然、绿色、生态"成为金庭镇最响亮的名片。

三是经济社会发展和民生福祉"双推进"。2019年，金庭镇经济收入达到24.93亿元，同比增长6.10%。其中，服务业占比近80%，服务业增加值达到19.75亿元，同比增长7%。全镇2019年新增就业岗位647个，同比增长39.7%；农民人均年纯收入达到26 573元，同比增长6.2%。依托"生态农文旅"模式，生态产品价值融入了一二三产业发展中，让农民、政府、投资商三方共赢，实现了经济社会发展和民生福祉的"双推进"。

## 第三节　调节服务类农业生态产品价值实现的市场运行模式

调节服务类生态产品是指水源涵养、土壤保持、防风固沙、生物多样性维持、局部气候调节等，调节服务类农业生态产品价值实现的市场运行模式，通常表现为以生态购买为手段的"政府补偿"模式。

## 一、调节服务类农业生态产品价值实现的基本思路

调节服务类农业生态产品价值实现，其核心目标在于重建受损生态系统的结构、功能和过程，使之达到健康状态。调节服务类农业生态产品价值实现的实施路径因区域、激励机制、国家目标和建设成本的不同而有所区别，包括生态购买、生态补偿等多种形式。

### （一）生态购买

生态购买是指政府部门与市场主体签订合同或协议后，由后者生产某方面的生态产品，政府来负责监督合同的履行，并向后者支付费用，它是通过政府购买的形式购买市场主体生产的生态产品。为了保障生态产品市场化供给的有效运行，政府应完善与其相对应的法律体系和制度安排，具体包括：明确生态产权并降低交易费用，合理构建各相关主体的利益关系，建立各个层次的生态产品市场交易体系，对生态产品的市场供给进行有效监督等。

生态购买作为一种市场机制为基础的方法，对于生态建设成果的市场化供给具有重要意义。它鼓励生产者通过市场竞争机制参与生态建设，政府则发挥监督作用，确保生态产品的形成和转化效率。生态购买不仅促进了生态产品的商品化和市场化，更培育了市场意识，加速了生态市场的建设。退耕还林作为一种特定的生态建设方式，可以通过"公司+农户"模式实施。这种模式通过建立私人经济契约关系，实现了资本、技术和劳动力的有机结合，使生态产品的生产更加专业

化和规模化。这种模式不仅繁荣了生态购买市场，也提高了生态产品市场供给的有效性。

生态环境建设与恢复是我国政府长期致力于解决的重要问题。为阻止环境恶化并促进生态系统向良性发展，我国政府已实施一系列措施，包括环境立法、行政管制、投资补贴及环境税收等。然而，尽管有这些努力，实际效果与预期目标之间仍存在较大差距。这主要源于环境问题的复杂性、经济利益冲突和管理机制不完善。为有效推进生态环境建设，政府需要选择合适的手段进入环境领域，并明确其目的。一种可行的方法是通过激励产业资本进入环境市场，改善市场环境，并纳入环境产业于整个市场体系。这不仅能体现环境价值，实现现金流循环，还能将区域、产业、就业和贫困问题有机联系起来，通过产业途径综合解决环境问题。综上所述，生态建设与生态购买在实践中需要紧密结合市场需求和资源条件，创新激励机制和合作模式，以推动生态建设的可持续发展和生态产品的有效供给。

在此过程中，政策生态采购作为一种政策工具，具有显著优势。政府作为购买者，购买厂商的环境产品，可弥补其投资环境建设的外溢收益，为厂商提供市场进入激励，并促进市场主体培养或产业组织改善。厂商则依据政府提供的预期现金流进行生态项目建设或融资，从而优化环境产品结构和资源配置效果。随着环境产业链条和市场体系的不断完善，供给将自动启动需求，政府可在适当时机退出环境市场。政府采购在减少公共资源支出方面可发挥重要作用，包括打破区域行政垄断、降低监管成本、减少代理风险以及促进私人资本进入带来的公共资金节约。此外，将贫困问题纳入环境解决途径中至关重要。贫困与环境治理密切相关，通过结合环境治理与产业扶贫及职业扶贫，可实现更终极的关怀。政府购买方式引入的企业能从长远角度考虑环境决策，从而更有效地解决贫困地区的可持续发展问题。

综上所述，政府在推进生态环境建设与恢复过程中，应选择合适的手段进入环境领域，明确目标，并通过激励产业资本进入、优化市场环境、纳入环境产业于市场体系等方式，实现环境价值的体现和现金流循环。同时，应注重政策生态采购的作用，减少公共资源支出，并将贫困问题纳入解决途径中，以实现更全面的可持续发展。

## （二）生态补偿

当前，农业生态补偿主要采取政府补贴的模式，其中政府向土地所有者提供经济激励，以减轻农业生产对生态环境的负面效应，从而保护生态系统功能并提升生态服务的供给。针对定价机制的不同，政府补贴的农业生态补偿项目可细分为固定标准补偿协议、直接协商的补偿协议以及投标补偿协议等多种类型。在实际操作中，农业生态补偿政策通常结合运用多种定价机制，以实现政策目标的最大化。生态补偿可分为纵向生态保护补偿和横向生态保护补偿两种模式。

纵向生态保护补偿模式一般是由上级政府通过财政资金补助或转移支付等方式，对生态功能重要地区保护生态环境的行为给予补偿，以激励其开展生态保护，保障生态产品供给。如我国对重点生态功能区的纵向转移支付、森林生态效益补偿等。

横向生态保护补偿模式一般是由流域上下游或区域间通过协商等方式建立的补偿机制，例如在上下游政府、企业与周边社区之间，生态产品供给方（保护主体）承担保护生态环境的责任，受益方对供给方改善生态、提供生态产品所付出的努力进行补偿，额度通常由双方协商确定。如新安江流域上下游横向补偿机制等。

## 二、调节服务类农业生态产品价值实现的市场运行模式分析

### （一）调节服务类农业生态产品市场模式的构建

在构建调节服务类农业生态产品市场时，必须遵循三大核心原则：可持续发展原则、准入标准化原则及交易信息透明原则。首先，可持续发展原则强调在推动调节服务类农业生态产品价值实现的同时，必须最大限度地保护当地农业生态环境系统，确保资源、环境与经济之间的和谐共生。其次，准入标准化原则要求交易市场具备明确的准入准则，以维护交易秩序，防止调节服务类农业生态产品市场混乱。最后，交易信息透明原则强调必须及时、准确地掌握市场的供需情况，并公开披露交易市场的各类信息，以减少信息不对称带来的交易问题，避免调节服务类农业生态产品市场垄断，确保交易参与者在公平的环境中进行竞争，从而实现调节服务类农业生态产品交易资源的优化配置。以森林碳汇交易为例，市场交易活动可以概括为：碳汇供给者将森林碳汇及相关衍生品提供给碳交易平台，碳汇需求者则在平台上通过公平竞争的方式以合适的价格购买所需产品。在此过程中，政府作为监管者，确保交易的有序进行。从组织架构的角度来看，调节服务类农业生态产品市场主要包括三大要素：交易市场载体（即森林碳汇项目）、交易市场要素（包括交易主体、客体与交易平台）以及交易市场环境。市场环境涵盖了价格、供给与风险在内的市场运行机制，以及政策保障机制等。

## (二) 调节服务类农业生态产品市场驱动力及发展路径

调节服务类农业生态产品市场的繁荣发展，依赖于内外双向的驱动力。外在驱动力主要源于政策与法制的支持与保障，它们为市场的供需平衡提供了稳定的环境。而内在驱动力则依赖于多种激励措施，这些措施能够激发市场的活力，促进资本的有效流动，从而创造出更多的交易机会。在内外驱动力的共同作用下，调节服务类农业生态产品市场的发展路径呈现出多元化、多阶段的特点。这一发展路径可以分为以下阶段：由起初的单一市场、单一项目逐步演进为多个市场、多个项目的多元化市场结构。通过以上阶段的发展路径设计，调节服务类农业生态产品市场有望在内外驱动力的共同推动下，实现健康、稳定和可持续的发展。

## (三) 调节服务类农业生态产品市场要素设计

一个健全的调节服务类农业生态产品交易市场离不开三大核心要素：交易主体、交易客体以及交易平台。调节服务类农业生态产品市场的交易实质在于合同交易，涉及多方参与者，包括调节服务类农业生态产品的供给者与需求者。双方的所有交易活动均通过交易平台进行，确保了交易的透明与高效。此外，调节服务类农业生态产品市场交易过程还需依赖其他参与者的支持，政府在此过程中的角色尤为关键。

# 三、调节服务类农业生态产品价值实现的市场运行模式案例

广东省广州市花都区"益林碳普惠项目"案例可视作调节服务类

农业生态产品价值实现的市场运行模式典型案例。

### (一) 花都区"益林碳普惠项目"案例背景

花都区地处广东省广州市北部,拥有丰富的林业资源,被称为广州市的"北大门"和"后花园"。为打通"绿水青山"向"金山银山"的转化通道,促进生态产品价值实现,花都区依托广东省碳排放权交易市场和"碳普惠制"试点,选取梯面林场开发公益林碳普惠项目,通过林业资源保护,提高了森林生态系统储碳固碳的能力;通过引入第三方机构核算减排量、网上公开竞价等措施,将无形的森林生态系统服务价值转化为有形的经济效益,构建了政府市场双向发力、多方参与共赢的生态产品价值实现机制,促进了经济效益与生态效益的同步提升,为其他地区建立碳减排激励机制,推动社会经济绿色发展提供了有益借鉴。

### (二) 花都区"益林碳普惠项目"的具体做法

第一,政府主导,提供基础数据和制度保障。首先是制定林业碳普惠方法学和基础数据。2017年,广东省公布了公益林、商品林项目碳普惠方法学,以反映广东省林业经营普遍现状的平均水平监测数据为基准值,采用林业部门森林资源二类调查数据或森林资源档案数据进行核算,将优于全省森林平均固碳水平的碳汇量作为碳普惠核证减排量的计算依据。其次是制定林业碳普惠交易规则。2017年7月,广州碳排放权交易所出台了《广东省碳普惠制核证减排量交易规则》,对交易的标的和规格、交易方式和时间、交易价格涨跌幅度和资金监管、交易纠纷处理等进行了明确规定,同步建成了广州碳排放权交易所碳普惠制核证减排量竞价交易系统,为林业碳普惠项目实践奠定了基础。

第二，保护优先，提升生态产品供给能力。为保护和恢复梯面林场及周边区域的自然生态系统，林场实行了最严格的林地和林木资源管理制度，停止了商业性林木砍伐，做好生态公益林和其他林地养护，积极开展防火带建设、防火设施添置、防火员技能培训等林地保护项目，着力提升森林抚育水平和生态产品质量。同时，积极推动广州市首个林业碳普惠项目，探索生态产品的价值实现路径。通过正反案例教育，激发群众和林场干部职工保护生态环境的意识及行动自觉。

第三，第三方核算，明确碳减排量。2018年2月，梯面林场委托中国质量认证中心广州分中心，依据《广东省林业碳汇碳普惠方法学》，对其权属范围内1 800多$hm^2$生态公益林2011—2014年产生的林业碳普惠核证减排量进行了第三方核算，并重点核实了林场内森林生态系统碳汇量优于省平均值的情况。核算结果显示，梯面林场项目区年平均碳汇增长速率超过5.0t二氧化碳当量/$hm^2$，高于全省公益林3.324 7t二氧化碳当量/$hm^2$的平均水平；扣除全省平均值后，项目区2011—2014年共产生林业碳普惠核证减排量13 319t二氧化碳当量。经省主管部门审核后，上述碳减排量被发放至梯面林场的碳排放权登记账户，可在广东碳市场自由交易。

第四，市场化交易，显化生态产品价值。广东省是首批开展碳排放权交易试点的地区之一，广东省每年设定碳排放配额总量，再分配给纳入控制碳排放范围的企业，企业的实际碳排放量一旦超过配额，将面临处罚。控排企业可以通过购买碳排放权配额或自愿减排核证减排量等方式抵消碳排放量，前者一般由企业通过技术改造、节能减排等方式获得，后者一般通过购买林业碳汇、可再生能源项目减排量等方式获得，但企业购买的自愿减排核证减排量不能超过全年碳排放配额的 10%，由此形成了一个以碳排放权交易市场为基础的碳汇交易机制。按照广东省碳普惠制核证减排量交易规则，梯面林场委托广州碳排放权交易所，于 2018 年 8 月举行了林业碳普惠项目的竞价。根据竞价公告日的前三个自然月广东碳市场配额挂牌价加权平均成交价的 80%，确定该项目竞价底价为 12.06 元/t，广州碳排放权交易所内具有自营或公益资质的个人和机构会员都可以自由参与竞价。经统计，共有 10 家机构和个人会员参加竞价，最终成交价格为 17.06 元/t，溢价率超过 40%，总成交金额 22.72 万元，成为广州市首个成功交易的林业碳普惠项目。2019 年 6 月，该林业碳普惠核证减排量由广州市一家企业购得，并用于抵消其碳排放配额。

### （三）花都区"益林碳普惠项目"的主要成效

第一，通过市场化手段盘活了自然资源资产。由于公益林的"公共"属性和砍伐受限的特殊性，公益林管护主体每年只能获得固定的补偿款，不能将林业资产用于流转和抵押融资，一定程度上限制了保护主体的积极性和森林资源资产的有效使用。花都区梯面林场公益林碳普惠项目在不影响公益林正常管护的前提下，利用其资源基础开发碳普惠交易，充分显化了森林资源所提供的固碳释氧、减缓气候变化等公共性生态产品的价值，依托碳排放权交易市场体系和碳普惠机制，采取市场化方式将其转换为经济效益，有效盘活了"沉睡"的自然资源资产，实现了森林生态系统的生态价值。

第二，实现了"政府+市场"模式下的多方共赢。碳普惠项目是政府与市场双向发力、共同促进生态产品价值实现的典型模式，在实施过程中，参与各方都实现了预期目标，实现了多方共赢。控排企业作为购买方，降低了企业的减排成本，实现了预期的碳排放目标（通常碳汇价格低于碳排放配额价格），同时通过参与节能减排等活动，彰显了企业社会责任和品牌价值；森林经营部门作为销售方，借助碳交易市场获得了一定收益，有助于促进其从关注数量转向关注质量，进而激发森林经营主体抚育公益林、保护自然、修复生态等方面的积极性；政府作为监管方和制度供给方，促进了林业资源的有效保护和质量提升，增强了生态产品的供给能力，同时也为生态良好地区如何推动公共性生态产品的价值实现提供了可推广借鉴的模式。

第三，形成了良好示范效应。花都区梯面林场公益林碳普惠制项目的成功实施，开启了广东碳普惠项目交易的序幕，促进了碳汇交易市场健康发展，起到了良好的示范作用。此后，广东省河源市国有桂山林场、广东省新丰江林场、韶关市始兴县、清远市英德市等地都依托自身丰富的森林资源，成功开展了碳普惠核证减排量交易。截至2020年8月，广州碳排放权交易所林业碳普惠项目成交总量超过300万t，总成交额超过2 000万元，实现了碳普惠制度与碳排放权交易体系的有机结合，形成了生态保护和价值实现的良性循环。

# 参考文献

何龙斌，2024. 生态产品价值实现助推乡村产业振兴：基本逻辑、内在机理与实现路径［J］. 农村经济（1）：64-73.

蒋天文，2002. 政府生态购买：一个解决生态环境的经济方案. 财政研究（9）：41-44.

金书秦，沈贵银，2013. 中国农业面源污染的困境摆脱与绿色转型［J］. 改革（5）：81-89.

李慧，2010. 公共产品供给过程中的市场机制［D］. 天津：南开大学.

李瑾, 贾娜, 郭美荣, 等, 2018. "互联网+" 种业下的产业融合与产业链分析. 浙江农业学报, 30 (3): 479-488

李卫华, 2021. 绿色食品网络营销路径探讨——评《品牌农业: 从田间到餐桌的食品品牌革命》. 中国油脂, 46 (2): 155-156.

李宇亮, 陈克亮, 2021. 生态产品价值形成过程和分类实现途径探析 [J]. 生态经济, 37 (8): 157-162.

刘立涛, 刘晓洁, 伦飞, 等, 2018. 全球气候变化下的中国粮食安全问题研究. 自然资源学报, 33 (6): 927-939

娄旭海, 王芳, 陈松, 等, 2007. 河南省小农户农业标准化生产意愿的影响因素分析. 农业经济问题 (S1): 51-54.

欧阳志云, 朱春全, 杨广斌, 等, 2013. 生态系统生产总值核算: 概念、核算方法与案例研究 [J]. 生态学报, 33 (21): 6747-6761.

石勇, 2013. 发展生态农业要充分考虑农产品的地域特性. 中国稻米, 20 (5): 26-28

世界银行, 2008. 2008 年世界发展报告: 以农业促进发展 [M]. 北京: 清华大学出版社.

王岱, 杨琛, 2018. 乡村振兴背景下农产品品牌战略研究. 价格理论与实践 (4): 134-137.

王华, 唐敏, 王石, 等, 2019. 森林碳汇交易模式的构建——以陕西省为例 [J]. 西北农林科技大学学报 (社会科学版), 19 (1): 118-127.

王化雨, 赵亚骎, 2011. 浅析林业碳汇项目与碳汇交易市场的法律保障 [J]. 法制与社会 (16): 100-101.

许寅硕，薛涛，2023. 基于绿色金融的生态产品价值实现机制［J］. 济南大学学报（社会科学版），33（1）：101-112.

杨晓梅，尹昌斌，2022. 农业生态产品的概念内涵和价值实现路径［J］. 中国农业资源与区划，43（12）：39-45.

尹成杰，2007. 农业多功能性与推进现代农业建设. 中国农村经济（7）：4-9.

于贵瑞，杨萌，2022. 自然生态价值、生态资产管理及价值实现的生态经济学基础研究——科学概念、基础理论及实现途径［J］. 应用生态学报，33（5）：1153-1165.

曾贤刚，虞慧怡，谢芳，2014. 生态产品的概念、分类及其市场化供给机制［J］. 中国人口·资源与环境，24（7）：12-17.

张二进，2023. 回顾与展望：我国生态产品价值实现研究综述［J］. 中国国土资源经济，36（4）：51-58.

张林波，虞慧怡，郝超志，等，2021. 生态产品概念再定义及其内涵辨析. 环境科学研究，34（3）：655-660.

第七章
# 农业生态产品价值实现的安全政策

农业生态产品价值实现的安全政策旨在确保产品全程安全，核心在于保障生产安全、促进生态价值及完善市场机制。政策设定严格环境标准与生产规范，保障产品生态友好与质量安全，提升产品的市场竞争力，维护消费者权益。同时，鼓励生态化农业模式，减少化肥农药使用，保护生物多样性，提升产品内在价值与生态服务。政策结合市场调节，降低交易成本，提高市场效率，通过价格补贴、税收优惠等激励措施，促进农业生态产品生产与销售。这些举措为农业生态产品价值实现提供了制度保障与支持，推动了农业绿色发展，实现了经济效益与生态效益的双赢。

## 第一节 农业生态产品价值实现的安全管理手段

### 一、农业生态产品安全管理的流程

农业生态产品安全管理的流程是一个复杂的过程。前期准备阶段需明确产品定义、制定生产标准、加强生态意识与安全教育。生产过程中要加强对产地环境的监测、农业投入品的管控及生产全过程的记录与监控，确保产品质量安全。进入加工与流通环节，需制定加工规范，优化流通渠道，保障产品在运输、储存中的安全。检验检测与追溯环节则需要建立完善的检测体系和追溯机制，确保产品从生产到消费的全程可追溯。市场准入与监管阶段，要严格制定市场准入条件，加强市场监管与执法力度，维护市场秩序。持续改进与创新是推动管理流程优化升级的关键，通过收集反馈、评估调整及技术创新，不断提升农业生态产品安全管理的水平和效率。总体来讲，整个安全管理流程要形成一个闭环系统，来确保农业生态产品的安全、优质与可持续发展。

### （一）前期准备与规划

农业生态产品安全管理的首要环节是前期准备工作。这一阶段，政府及相关部门需深入调研，明确农业生态产品的定义、分类及市场需求，为制定科学合理的政策与法规做好充分的前期工作。要建立完善的农业生态产品生产标准、认证体系及市场准入机制，确保产品从生产到市场的全过程有章可循。同时，还要加强宣传教育，提升生产者、经营者和消费者的生态意识与安全意识，形成全社会共同参与的良好氛围。另外，在规划阶段，还需结合当地自然资源条件与农业产业发展现状，科学布局农业生态产品生产基地，优化资源配置，促进农业生态产业的可持续发展。

### （二）生产过程管理

生产过程管理是农业生态产品安全管理的核心环节。在这一阶段，需对产地环境进行严格的监测与评估，确保土壤、水源、气候条件等环境因素符合生态产品生产要求。要加强对农业投入品的管理,推广使用有机肥、生物农药等环保投入品,减少化肥农药的使用量,降低对环境的污染。同时,要实施全程监控,确保生产过程符合标准和规范要求,包括生产场所的清洁整洁、用水卫生、设备维护完好以及安全防护设施完备等。通过加强生产过程管理,可以有效提升农业生态产品的质量,保障其生态价值。

### (三) 加工与流通环节管理

加工与流通环节管理是农业生态产品安全管理的重要环节。在加工环节,需制定严格的加工标准,确保加工过程中不添加有害物质,保持产品的生态特性。加工企业应建立健全的质量管理体系,对加工过程进行严格控制,确保产品质量安全。在流通环节,建立农产品流通监控体系,对产品的运输、储存等环节进行全程监控,防止产品污染和变质。同时,优化流通渠道,缩短农业生态产品从产地到市场的时间,降低损耗,保持产品的新鲜度以提高市场竞争力。通过加强加工与流通环节管理,来确保农业生态产品在全链条中的安全性。

### (四) 检验检测与追溯

检验检测与追溯是保障农业生态产品安全的重要手段。在这一环节,需建立健全农产品质量安全检验检测体系,对农业生态产品进行定期或不定期的检测,确保产品质量安全。检测内容应涵盖农药残留、重金属超标、微生物污染等多个方面,进而全面评估产品的安全性。同时,建立产品追溯体系,实现产品从生产源头到消费终端的全链条追溯。通过电子追溯码等技术手段记录产品的关键信息,如生产日期、生产地点、生产批次等,确保产品的全过程追溯,在发生质量安全问题时，能够迅速定位问题源头，采取有效措施进行处置，保障消费者权益。

### (五) 市场准入与监管

市场准入与监管是维护农业生态产品市场秩序的关键环节。在这一环节，需建立严格的市场准入制度，对符合质量安全标准的农业生态产品准予进入市场销售。同时，加强对市场准入条件的审核和监管，确保进入市场的产品符合标准和规范要求。此外，加强市场监管和执法力度，对违法违规行为进行严厉查处，维护市场秩序和消费者权益。建立健全投诉举报机制，鼓励消费者和社会各界参与监管工作，形成全社会共同监督的良好氛围。通过加强市场准入与监管，可以保障农业生态产品的市场公平竞争和消费者的合法权益。

### (六) 持续改进与创新

持续改进与创新是推动农业生态产品安全管理水平不断提升的动力源泉。在这一环节，需建立信息反馈机制，及时收集和分析消费者、生产者等各方面的意见和建议，为安全管理流程的优化提供依据。同时，对农业生态产品安全管理流程进行定期评估和优化，不断提高管理效率和效果。加强技术创新和研发力度，推动农业生态产品生产技术的不断进步和管理模式的创新。通过引进新技术、新设备和新方法，提高农业生态产品的生产效率和质量水平。同时，加强与国际先进水平的交流与合作，借鉴国际先进经验和技术成果，推动农业生态产品安全管理水平的不断提升。

农业生态产品安全管理的流程是一个系统而全面的过程，需要从前期准备与规划、生产过程管理、加工与流通环节管理、检验检测与追溯、市场准入与监管以及持续改进与创新等多个方面入手，确保农业生态产品的安全性、质量和生态价值得到充分保障，从而推动农业生态产业的可持续发展。

## 二、农业生态产品安全管理的手段

安全管理手段涉及政府管理手段、市场手段和社会监督手段等方面。其中政府管理手段包括建立健全法律法规体系、强化检验检测体系等，市场手段包括实施标准化生产、完善利益联结机制等，监督手段包括推行追溯制度、完善公众参与和媒体监督制度等。农业生态产品价值实现的安全管理手段是保障其市场信誉、提升产品附加值、促进农业可持续发展的重要基石。通过一系列的安全管理手段，可以有效防范和控制生产过程中的安全风险，确保农业生态产品的质量安全及其生态价值的充分实现。这些措施不仅有助于提升消费者的信任度和满意度，还能激发生产者的积极性，推动农业生态产品市场的健康发展，实现经济效益、社会效益与生态效益的和谐统一。

### （一）建立健全法律法规体系

在农业生态产品价值实现的过程中，建立健全法律法规体系是首要且基础的安全管理手段。这要求国家及地方政府出台一系列针对农业生态产品的法律法规，明确其定义、分类、生产标准、市场准入条件及监管要求等。这些法律法规不仅为农业生态产品的生产、加工、流通提供了明确的法律依据，还确保了产品在全链条中的安全性与可追溯性。具体而言，法律法规应涵盖生态产品的认证制度、质量安全标准、生态环境保护措施以及违法行为的惩处机制等，以法律手段强制规范市场行为，保障农业生态产品价值实现的健康有序发展。同时，加强法律法规的宣传教育，提高生产者、经营者和消费者的法律意识，形成全社会共同遵守的良好氛围。

### （二）强化检验检测体系

强化检验检测体系是确保农业生态产品价值实现安全性的重要保障。通过建立健全农产品质量安全检验检测体系，可以实现对生态产品从田间到餐桌的全过程监控，确保产品的质量安全。具体而言，应加大对检验检测机构的投入力度，提升其检测能力和水平，确保检测结果的准确性和可靠性。同时，扩大检测范围，将更多种类的农业生态产品纳入检测范畴，特别是针对高风险产品和关键控制点进行重点检测。此外，还应加强检验检测结果的公示和共享，通过信息平台及时发布检测信息和质量安全预警，为消费者提供准确可靠的农产品质量安全信息。

### （三）实施标准化生产

标准化生产是保障农业生态产品价值实现安全性的关键环节。通过制定和实施科学合理的生产标准和技术规程，可以确保生态产品在生产过程中遵循统一的质量安全要求，减少因生产不规范而导致的安全风险。具体而言，标准化生产应涵盖种植、养殖、加工等各个环节，包括选用适宜的品种、采用环保的农业生产技术、严格控制农药化肥使用量、优化加工工艺等。此外，还应加强标准化生产的示范推广和监督检查，通过建立标准化生产基地、培育标准化生产示范户等方式，引导农民和农业企业按照标准化要求组织生产，提高产品的整体质量和市场竞争力。

### (四) 完善利益联结机制

完善利益联结机制是保障农业生态产品价值实现可持续性的重要途径。通过建立政府引导、企业主体、农户参与的利益联结机制，可以确保各方在生态产品价值实现过程中获得合理的利益分配，从而激发其积极性和创造力。具体而言，应明确各利益主体的权责利关系，通过政策扶持、资金补助、技术培训等方式支持企业投资生态产业项目并带动农户增收致富。同时，鼓励农户积极参与生态产品生产和价值实现过程，通过土地流转、入股分红等方式分享收益。此外，还应建立健全利益纠纷调解机制，及时化解各方矛盾和问题，确保生态产品价值实现机制的平稳运行。通过完善利益联结机制，可以实现政府、企业和农户之间的互利共赢，推动农业生态产品价值实现的可持续发展。

### (五) 推行追溯制度

推行追溯制度是提升农业生态产品价值实现安全性的有效手段。通过建立完善的产品追溯体系，可以实现对生态产品从生产源头到消费终端的全链条追溯，确保产品的真实性和安全性。具体而言，应建立统一的产品追溯标准和信息平台，采用电子追溯码等技术手段记录产品的生产、加工、流通等关键信息。同时，鼓励和支持农产品生产经营主体参与追溯体系建设，通过自我声明、第三方认证等方式证明产品的合规性和安全性。此外，还应加强对追溯体系运行情况的监督检查和评估考核，确保追溯制度得到有效执行。消费者可以通过扫描追溯码查询产品的详细信息，增强对产品的信任度和满意度。

### (六)公众参与

公众参与是农业生态产品安全管理的一种重要方式,是推动农业生态产品安全水平提升的重要力量。公众参与一方面是指公众积极购买农业生态产品,另一方面是指对农业生态产品安全问题的关注和监督。通过参与农产品安全知识的普及活动、关注农产品安全事件、参与农产品质量安全的调查与评估等,公众能够形成对农业生态产品安全管理的有效监督,促使生产者和监管者更加重视产品质量安全。

### (七)媒体监督

媒体监督是农业生态产品安全管理另一种有力手段,媒体通过报道农产品安全事件、揭露违法违规行为、传播农产品安全知识等方式,引导社会舆论,提高公众对农产品安全问题的关注度。同时,媒体监督还能够对监管机构和生产企业形成外部压力,促使其更加严格地履行监管职责和生产标准,从而推动农业生态产品安全管理水平的不断提升。因此,加强公众参与和媒体监督,对于保障农业生态产品安全、维护消费者权益具有重要意义。

## 三、农业生态产品安全管理的方法

随着人们对健康农业生态产品的需求量不断增加,农业生态产品的安全管理成为了保障农业生态产品安全、促进农业可持续发展的重要议题。农业生态产品不仅承载着自然的馈赠,更是绿色、健康、安全的代名词,要很好地实现其市场价值,就必须在安全管理上下足功夫。首先,要关注农业生态产品的生产过程,确保每一个环节都符合生态环保的要求;其次,要加强农业生态产品品牌建设,提升产品的知名度和美誉度；再次，加强供应链科学管理也是非常关键的，它能让消费者清晰地看到产品的来源和流向，增强对产品的信任感。最后，绿色生产和技术创新是推动农业生态产品高质量发展的核心动力。为了构建一个安全、高效、可持续的农业生态产品管理体系，需要政府、企业、消费者以及社会各界的共同努力，具体来讲，农业生态产品安全管理的方法包括以下几个方面。

## （一）强化品牌建设与认证体系

在农业生态产品领域，品牌不仅是产品质量的象征，更是消费者信任的基石。为了强化品牌建设，企业需注重品牌故事的塑造和传播，通过讲述产品背后的生态理念、生产过程和社会责任，增强品牌的知名度。同时，利用社交媒体、线上线下活动等多元化渠道进行品牌推广，提升品牌知名度和美誉度。在认证体系方面，除了国家层面的绿色、有机等官方认证外，还可以探索引入第三方认证机构，提供更加专业和全面的认证服务。这些认证机构应对申请企业的生产过程、产品质量、环境保护等方面进行全面评估，确保认证的真实性和权威性。另外，建立认证标识的监管机制，防止假冒伪劣产品冒充认证产品，维护认证体系的公信力和市场秩序。

## （二）促进供应链透明化

供应链透明化是农业生态产品安全管理的重要环节。通过数字化手段实现供应链的全程可追溯，不仅有助于消费者了解产品的来源和生产过程，还能帮助企业及时发现和解决问题，提高管理效率。为了实现供应链的透明化，企业可以引入区块链、物联网等先进技术，对产品的生产、加工、运输等环节进行实时监控和数据记录。同时，建立信息共享平台，将供应链各环节的信息整合在一起，形成完整的数据链条，供消费者和监管部门查询和验证。此外，企业还应加强与供应链上下游企业的合作与沟通，共同推动供应链的透明化进程。通过签订合作协议、建立信任机制等方式，确保供应链各环节的信息畅通无阻，共同维护产品的质量和安全。

**（三）推动绿色生产与技术创新**

绿色生产和技术创新是农业生态产品安全管理的核心驱动力。为了推动绿色生产，企业应积极采用节水灌溉、病虫害生物防治、精准施肥等环保技术，减少化学投入品的使用，降低对环境的污染。同时，加强农业废弃物的资源化利用，实现资源的循环利用和减量化排放。在技术创新方面，企业应注重研发新技术、新产品和新工艺，提高农产品的产量和品质。通过引进国内外先进技术、加强产学研合作等方式，推动农业科技的进步和创新。此外，还应关注消费者的需求和反馈，不断优化产品结构和品质，满足市场对高品质生态产品的需求。

**（四）加强市场开发与消费者引导**

市场开发和消费者引导是提升农业生态产品市场价值的关键。为了增强消费者的环保意识，企业应积极举办展览、讲座、媒体宣传等活动，普及农业生态产品的相关知识。同时，加强与消费者的互动和沟通，了解消费者的需求和顾虑，不断优化产品和服务。在消费者引导方面，企业通过提供质量有保障的标准农业生态产品，引导消费者选择更加安全、健康的农业生态产品。具体来讲，可以结合农业生态产品的真实信息在包装上标注有机产品、生态产品等信息，在销售渠道上选择信誉良好的电商平台或实体店进行合作，这些措施可以很好地提升消费者的购买体验和满意度,推动农业生态产品的平稳健康发展。

**(五) 建立多方共治机制**

农业生态产品的安全管理需要政府、企业、消费者和社会各界的共同参与和协作。为了建立多方共治机制,政府应制定相关政策和法规,明确各方责任和义务,加强监管和执法力度。同时,建立跨部门协作机制,加强信息共享和联合执法,形成监管合力。企业应自觉遵守法律法规和行业标准,提高产品质量和安全性。通过建立健全的质量管理体系和内部控制机制,确保产品的生产过程符合要求。同时,加强与政府、消费者和社会各界的沟通和合作,共同推动农业生态产品的安全管理和价值实现。消费者应增强自我保护意识,理性选择产品,通过了解产品的产地信息、认证标识等关键信息,判断产品的质量和安全性,积极参与市场监督和反馈工作,及时向企业和监管部门反映问题和建议。社会各界应积极参与监督和支持工作。媒体应发挥舆论监督作用,曝光违法违规行为。行业协会应加强行业自律和协调服务。科研机构应提供技术支持和咨询服务等。总之,通过多方共治机制的形成和运作,共同推动农业生态产品的安全管理和价值实现。

## 第二节 农业生态产品价值实现的安全预警政策

### 一、安全预警政策的重要性

在探讨农业生态产品价值实现的过程中,安全预警政策无疑是确保这一价值成功实现的核心支柱。安全预警政策覆盖农业生产的每一个环节,从源头上预防农业生态产品安全事故的发生,尽可能减少潜在的风险。安全预警政策不仅关乎农产品的质量与安全,更直接影响农业资源的合理配置、市场竞争力的提升,以及农业绿色发展的未来。安全预警政策的实施主要是利用现代科技手段,对农业生产环境进行实时监测与评估,为决策者和参与者提供科学依据,确保农业生产活动的安全、高效、环保。因此,深入探讨安全预警政策在农业生态产品价值实现过程中的重要作用是很有必要的,这不仅是传统农业生产方式的深刻反思,更是对可持续发展农业的积极探索。现从保障产品安全性与稳定性、促进资源合理配置与高效利用、增强市场竞争力与品牌价值、推动农业可持续发展与生态文明建设四个方面,对安全预警政策进行阐释。

### (一) 保障农业生态产品的安全性与稳定性

安全预警政策在保障农业生态产品安全性与稳定性方面扮演着至关重要的角色。随着全球气候变化和环境污染问题的日益严峻,农业生产面临的不确定性因素显著增加,极端天气事件、病虫害暴发、土壤污染等问题都可能对农产品的产量和质量造成严重影响。安全预警政策通过构建全面的风险监测网络,利用现代科技手段如卫星遥感、物联网、大数据分析等,实现对农业生产环境的实时监测和预警。这种前瞻性的风险管理策略,能够在风险发生之前或初期就及时发现并采取措施,有效遏制风险的扩散和蔓延,从而保障农业生态产品的安全性和稳定性。这不仅关乎消费者的健康权益,也直接影响到农业产业的可持续发展和社会的和谐稳定。

### (二) 促进农业资源的合理配置与高效利用

安全预警政策在促进农业资源合理配置与高效利用方面同样具有

不可替代的作用。农业生产依赖于土地、水、种子、化肥等多种资源，而这些资源的有限性和稀缺性要求我们必须进行科学合理的配置和利用。安全预警政策通过深入分析农业生产过程中的资源需求和供给状况，结合市场趋势和生态环境变化，为农业生产者提供精准的决策支持。这有助于农业生产者根据资源禀赋和市场需求调整种植结构，优化生产要素投入，提高资源利用效率。同时，安全预警政策还鼓励农业生产者采用先进的农业技术和管理模式，如精准农业、生态农业等，以更少的资源消耗实现更高的产出效益，推动农业向绿色、低碳、可持续方向发展。

### （三）增强农业生态产品的市场竞争力与品牌价值

在激烈的市场竞争环境下，安全预警政策为提升农业生态产品的市场竞争力与品牌价值提供了有力支撑。消费者对农产品的需求已从过去的数量满足转向品质追求和品牌信赖。安全预警政策通过严格把控农产品生产过程中的质量安全关，确保产品符合国家和行业的安全标准，满足消费者对健康、安全、环保等方面的需求。这种高品质的农产品更容易获得消费者的认可和青睐，从而提升产品的市场占有率和品牌知名度。同时，安全预警政策还注重农产品品牌的培育和推广，通过加强品牌宣传、提升品牌形象、拓展销售渠道等方式，增强农产品的品牌影响力和市场竞争力。这不仅有助于农业生产者实现更好的经济效益，也为推动农业产业升级和转型提供了有力保障。

### （四）推动农业可持续发展与生态文明建设

安全预警政策在推动农业可持续发展与生态文明建设方面具有深远的意义。农业作为国民经济的基础产业和生态文明建设的重要领域，其可持续发展对于实现经济、社会、环境的协调发展具有重要意义。安全预警政策通过预防和减少农业生产过程中的风险因素，保护农业生态环境和生物多样性，维护农业生态系统的平衡与稳定。这有助于缓解农业生产对自然资源的过度依赖和破坏，促进农业与生态环境的和谐共生。同时，安全预警政策还鼓励农业生产者采用绿色、低碳、循环的农业生产方式，减少化肥、农药等化学物质的使用量，降低农业生产对环境的污染和破坏。这种可持续发展的农业生产模式有助于推动农业向更加绿色、环保、可持续的方向发展，为生态文明建设贡献力量。

## 二、安全预警政策的原则

安全预警政策旨在构建一个全方位、多层次的农业生态产品安全防护网，通过预防为主、综合治理的方针，提前感知并有效应对与农业生态产品相关的各类安全风险。其基本原则体现了对安全风险的全面认知、科学决策、高效执行及持续改进的要求，旨在最大限度地减少农业生态产品安全事件的发生。

### （一）科学性与准确性原则

农业生态产品安全预警政策的首要原则是科学性与准确性。这一原则强调预警系统必须建立在坚实的科学理论基础之上，运用最前沿的科技手段对农业生态产品进行风险评估与预测。通过大数据分析、人工智能算法等高科技工具，政策制定者能够深入挖掘数据背后的规律，构建精准的农业生态产品安全预警模型。同时，准确性是预警信息的生命线，确保每一条预警信息都经过科学严谨的评估，减少误报与漏报，为相关决策提供坚实可靠的数据支撑。

## (二) 及时性与有效性原则

及时性与有效性原则是农业生态产品安全预警政策不可或缺的组成部分。农产品安全事故频频发生，处理不当会引起很大的社会矛盾，而预警信息的时效性直接关系到应对措施的成效，一旦风险被识别出来，预警信息要能够迅速传达给相关部门和公众，为决策者提供宝贵的时间窗口。同时，预警措施必须切实有效，要能够直接针对农业生态产品的风险源采取针对性措施，遏制风险的扩散与升级。

## (三) 全面性与系统性原则

全面性与系统性原则体现了农业生态产品安全预警政策的广度与深度。全面性要求预警系统覆盖农业生态产品生产、流通的各个阶段，通过构建全方位、多层次的农业生态产品预警网络，实现农业生态产品预警信息的互联互通与多方共享，确保了各类风险都能得到及时预警与应对。而系统性则强调对农业生态产品预警政策的全链条管理，从风险识别、评估到预警发布与应对，各环节紧密衔接、有序运行。这种全面而系统的农业生态产品预警机制，为社会的稳定与发展提供了坚实的保障。

## (四) 公众参与与透明度原则

公众参与与透明度原则是农业生态产品安全预警政策民主化与公开化的体现。公众是社会的主体，也是农业生态产品安全预警的重要参与者。引导鼓励公众参与农业生态产品安全预警是非常有必要的，通过加强宣传教育、提高公众安全意识等方式，提高公众参与农业生态产品安全预警的积极性。透明度原则要求农业生态产品预警信息的公开透明，确保公众能够及时获取准确的农业生态产品预警信息，了解风险评估结果。建立一套开放、透明的信息共享制度，不仅有助于提高公众对农业生态产品预警政策的信任度与满意度，也可以促进农业生态产品产业健康发展。

## 三、安全预警的建设步骤

农业生态产品安全预警系统的建设，作为现代农业发展体系中的关键一环，不仅是确保农产品质量安全、守护公众健康的重要屏障，更是维护生态环境平衡、促进农业可持续发展的重要战略举措。在全球化与气候变化背景下，农产品面临着日益复杂的安全挑战，如环境污染、病虫害侵袭、假冒伪劣产品流通等，这些问题严重威胁着农业生态产品产业的健康发展。因此，构建一个高效、精准、全面的农业生态产品安全预警系统，对于提前识别风险、迅速响应问题、保障农产品从田间到餐桌的全链条安全，具有重要的意义。本章从五个维度深入阐述了农业生态产品安全预警系统的建设步骤，这些步骤相辅相成，共同构建起农产品安全的坚固防线。

### （一）前期准备与规划

在农业生态产品安全预警系统建设的初期，一个完善的前期准备与规划是必不可少的。这一阶段的首要任务是明确系统建设的总体目标，确保所有参与者对安全预警系统的重要性和必要性有清晰的认识。其次是进行详尽的需求分析，通过调研、访谈、问卷调查等方式，收集来自政府、企业、消费者等各方对农产品安全预警系统的需求。在需求分析的基础上，制定详细的规划，规划内容应包括系统安全预警建设的具体目标、任务分解、时间节点、预算分配、团队建设以及风险评估等方面。为了确保规划的科学可行性，还需要组织专家进行多轮论证和评审，对规划进行修订和完善。同时，还需要建立项目管理机制，明确项目负责人、团队成员的职责分工，制定项目管理流程，确保项目按计划顺利推进。

### （二）监测网络与信息平台构建

构建完善的监测网络是农业生态产品安全预警系统建设的重要基础。监测网络应覆盖农产品生产、加工、流通等各个环节，确保数据的全面性和准确性。为了实现这一目标，需要在关键区域和节点设置监测站点，配备先进的监测设备和传感器，实时采集农产品质量安全数据。同时，还需要建立统一的信息处理平台，对收集到的数据进行集中存储、处理和分析。信息平台的建设应充分考虑数据的多样性和复杂性，采用先进的数据处理技术和算法，确保数据分析的准确性。信息平台还应具备智能分析功能，能够自动识别异常数据，预测潜在风险，并生成预警报告。另外，信息平台还应实现信息共享机制，确保各级政府、企业和消费者能够及时获取农产品安全信息，共同参与农产品安全监管工作。

### （三）预警模型的开发

预警模型的开发是农业生态产品安全预警系统建设的核心环节。为了开发出科学、合理的预警模型，需要充分研究农产品质量安全的影响因素，包括环境因素、生产过程、市场流通情况等。基于这些因素，可以运用统计学、数据挖掘、机器学习等知识与技术，构建预测模型，对潜在的安全风险进行精准预测和评估。在开发预警模型的过程中，需要注重模型的准确性和稳定性，这需要对模型进行大量的实验和验证，不断调整和优化模型参数，以提高模型的预测精度。同时，还需要考虑模型的实时性和可扩展性，确保模型能够及时响应新的数据变化，并适应不同规模和类型的农产品安全预警需求。

## （四）预警响应机制与流程建立

为了有效应对农业生态产品安全事件，必须建立高效的预警响应机制与流程。这包括明确预警级别，制定详细的应急响应预案，规定各级责任部门、人员分工、处置措施和时间节点等。当农业生态产品预警模型识别出潜在的安全风险时，应立即启动预警响应机制，按照预案进行快速处置。预警响应机制应强调快速响应和协同作战。各级政府和相关部门应建立紧密的合作关系，共同应对农产品安全事件。同时，还需要加强与其他国家和地区的合作与交流，共同应对跨国界的农产品安全挑战。在处置过程中，应注重信息的及时传递和共享，确保各方能够迅速掌握事件动态，共同制定有效的应对措施。

## （五）加强培训与宣传力度

为了确保农业生态产品安全预警系统的有效运行和不断的改进，必须加强培训与宣传工作。对系统相关人员进行专业培训，提高其业务能力，确保能够熟练掌握预警系统的各项功能。培训内容应包括系统操作、数据分析、预警响应等，确保使用人员能够全面了解和掌握系统的工作原理和操作方法。同时，还需要加强对公众的宣传教育，提高消费者对农产品安全的认识和自我保护能力。通过举办宣传活动、发布科普资料等方式，增强公众的农业生态产品安全意识，引导消费者选择安全、优质的农产品。此外，还需要建立持续优化机制，定期对系统进行评估和优化，引入新技术和新方法，提高系统的智能化水平和预警能力。通过持续优化和改进,确保农业生态产品安全预警系统能够适应新的安全挑战和监管需求。

## 四、安全政策运行过程中可能面临的挑战

### (一)技术挑战

农业生态产品安全政策在技术层面所面临的挑战尤为严峻。首先,生态农业技术的推广与应用面临重重困难。由于生态农业技术通常具有较高的技术含量和复杂性,而农村地区的教育资源和科技水平相对有限,农民往往难以迅速掌握和应用这些新技术。这不仅限制了生态农业技术的普及速度,也影响了其实际效果的发挥。其次,病虫害绿色防控技术的瓶颈也是一大难题。生态农业强调减少化学农药的使用,以保护生态环境和食品安全,然而,如何在不依赖化学农药的情况下,有效控制病虫害的暴发和蔓延,是当前生态农业技术亟待解决的问题。

### (二)经济挑战

经济层面的挑战对农业生态产品安全政策的顺利实施构成了巨大障碍。首先,资金投入不足是制约生态农业发展的关键因素。生态农业的建设和运营需要大量的资金投入,包括技术研发、设备购置、人员培训等。然而,由于生态农业的长期性和不确定性,很多投资者对其持观望态度,导致资金投入不足,难以支撑生态农业的持续发展。其次,市场接受度的不确定性也增加了生态农业的经济风险。生态农业产品往往价格较高,且消费者对其认知度和接受度有限。如果市场反应不佳,将导致生态农业产品的销量下降,进而影响农民的经济收益和参与积极性。

### (三) 社会挑战

社会层面的挑战主要体现在农民观念的转变难和政策支持力度的差异上。首先,农民对生态农业的认知度和接受度较低是制约其发展的主要因素之一。长期以来,农民习惯于传统的农业生产方式,对生态农业的认知和了解有限。要转变农民的观念,需要政府和社会各界进行长期的宣传和教育,提高农民对生态农业的认识和接受度。然而,这一过程往往漫长而艰巨,需要付出大量的时间和精力。其次,政策支持力度的差异也可能导致生态农业发展的不均衡。不同地区对生态农业的支持力度和政策措施存在差异,可能导致一些地区生态农业发展迅速,而另一些地区则进展缓慢。

### (四) 环境挑战

环境层面的挑战对农业生态产品安全政策的实施提出了更高要求。首先,农业生态系统的脆弱性使得其容易受到外界因素的干扰和破坏。在推广生态农业的过程中,需要特别关注生态环境的保护和修复工作,避免对生态环境造成不可逆的损害。然而,由于农业生产活动的复杂性和多样性,以及气候变化等外部因素的影响,农业生态系统的保护任务十分艰巨。其次,气候变化对农业生产的影响日益显著,对农业生态产品安全构成了潜在威胁。气候变化可能导致极端天气事件的增多和农业生产环境的恶化,进而影响农作物的生长和产量。因此,在推广生态农业的过程中,需要充分考虑气候变化的因素,制定相应的应对策略和措施。

### (五) 监管挑战

行政监管对农业生态产品安全政策的落实具有重要影响。首先,监管体系的不完善是制约生态农业产品安全监管的关键因素。当前，我国农业生态产品质量安全监管体系正在逐步完善中，存在一定的监管空白，为了加强监管力度和提高监管效率，需要进一步完善监管体系建设和法律法规制定工作。其次，监管手段技术的不足也限制了生态农业产品安全监管的发展。随着科技的不断进步和生态农业的快速发展，对监管手段和技术也提出了更高的要求。然而，目前我国在农产品质量安全监管方面的技术手段相对滞后，难以满足生态农业产品安全监管的需求。因此，需要加强监管手段技术的研发和创新应用工作，提高监管的准确性和有效性。

## 第三节 农业生态产品价值实现的安全维护政策

### 一、安全维护政策的概念和内容

农业生态产品价值实现的安全维护政策是指一系列旨在确保农业生态产品价值得到充分实现，并保障其生产、加工、流通和消费过程中生态安全性的政策措施。这些政策旨在促进农业生态系统的健康稳定，提高农业生态产品的质量和市场竞争力，同时保障消费者的健康权益。具体来说，农业生态产品价值实现的安全维护政策包括以下几个方面。

生态环境保护。通过实施严格的生态环境保护措施，如划定生态保护红线、加强自然保护区建设、推进生态修复工程等，维护农业生态系统的完整性和稳定性，为农业生态产品的生产提供良好的生态环境基础。

农业投入品管理。加强对农业投入品（如化肥、农药、饲料等）的监管，推广使用高效、低毒、低残留的农业投入品，减少化学物质对农业生态系统的污染，保障农业生态产品的生态安全性。

生产标准与质量控制。制定和完善农业生态产品的生产标准和质量控制体系，规范农业生态产品的生产过程和产品质量，确保农业生态产品符合生态安全标准和市场需求。

市场监管与品牌建设。加强市场监管，打击假冒伪劣农业生态产品，保护消费者的合法权益。同时，鼓励和支持农业生态产品品牌建设，提升农业生态产品的市场知名度和美誉度，促进农业生态产品价值的实现。

政策支持与激励。政府可以通过财政补贴、税收优惠、金融支持等政策措施，激励农民和企业积极参与农业生态产品的生产和经营，推动农业生态产品价值的实现。

科技支撑与创新。加强农业科技研发和创新，推广先进的生态农业技术和生产模式，提高农业生态产品的生产效率和品质，为农业生态产品价值实现提供有力支撑。

## 二、安全维护机制的建设

农业生态产品安全维护机制的建设是一个综合性的系统工程，旨在确保农业生态产品的生产、加工、流通等各个环节都符合安全标准，从而保障消费者的健康和环境的可持续发展。

### （一）建立健全法律法规体系

建立健全农业生态产品安全法律法规体系是保障其安全性的基石。通过制定和完善相关法律法规，明确生产者、加工者及销售者的责任与义务，为农业生态产品的生产、加工、流通等各个环节提供法律支撑。这不仅有助于规范市场秩序，防止不正当竞争，还能有效打击假冒伪劣产品，保护消费者权益。同时，加强执法力度，确保法律法规的落地实施，形成有法可依、执法必严、违法必究的良好氛围。

（二）建立生产标准与质量控制体系

生产标准与质量控制体系是确保农业生态产品安全的关键环节。通过制定科学合理的生产标准和操作规程，为生产者提供明确的指导，确保生产过程符合安全要求。同时，建立农产品质量安全追溯体系，实现产品从生产到销售的全链条可追溯，让消费者能够清晰了解产品的来源和质量状况。此外，加强产品质量检测，确保产品符合安全标准，为消费者提供放心、安全的农产品。

（三）强化生态环境保护

生态环境保护是农业生态产品安全维护的重要保障。通过划定并严守生态保护红线，限制或禁止在敏感区域内进行可能对生态环境造成破坏的活动，保护生态系统的完整性和稳定性。同时，实施生态修复与保护工程，修复受损的生态环境，提高生态系统的服务功能。这些措施有助于为农业生态产品的生产提供优质的生态环境基础，确保其安全性和可持续性。

（四）推广绿色生产方式

推广绿色生产方式是提升农业生态产品安全性的重要途径。通过科学施肥用药、推广绿色防控技术等措施，减少化学物质的使用量和频次，降低对环境的污染和生态系统的破坏。这不仅有助于保护生态环境和生物多样性，还能提高农产品的品质和安全性。同时，绿色生产方式还能促进农业资源的节约和循环利用，推动农业可持续发展。

## （五）加强科技支撑与创新

科技支撑与创新是提升农业生态产品安全性的重要驱动力。通过加强农业科技创新体系建设，鼓励科研机构和企业开展农业生态产品相关的技术研发和创新，提高生产效率和产品质量。同时，推广先进的生态农业技术和生产模式，提高农民的生产技能和管理水平。这些措施有助于推动农业生态产业的转型升级和高质量发展，为消费者提供更加安全、优质的农产品。

## （六）完善市场监管与品牌建设

完善市场监管与品牌建设是保障农业生态产品安全性的重要手段。通过加强市场监管力度，打击假冒伪劣产品，维护市场秩序和消费者权益。同时，支持农业生态产品品牌建设，通过品牌化运作提升产品附加值和市场竞争力。加强品牌宣传和推广，提高消费者对农业生态产品的认知度和接受度。这些措施有助于提升农业生态产品的市场信誉度和美誉度，促进其价值的实现。

## （七）建立应急处理机制

建立应急处理机制是应对农业生态产品安全突发事件的必要保障。通过制定应急预案并定期组织应急演练活动，提高应急响应能力和处理效率。在发生突发事件时能够迅速、有效地采取措施进行应对和处置，减少损失和影响。同时加强与相关部门的协调配合形成工作合力共同应对农业生态产品安全挑战。这将有助于保障农业生态产品的安全性和可靠性维护消费者的健康和环境的可持续发展。

## 三、安全维护机制运行中可能存在的问题及对策

在农业生态产品价值实现的过程中,安全维护机制的运行虽至关重要,却也面临诸多挑战,这些挑战直接关联到安全政策的有效性。首先,安全维护机制在运行中可能遭遇资源配置不均的难题。随着农业生态产品市场的不断扩大,对安全监测、风险预警等方面的资源需求日益增长,由于资源有限且分配不均,可能导致关键环节的监测力度不足,无法及时发现并应对潜在的安全隐患。这不仅削弱了安全政策的有效性,还可能对农业生态产品的整体安全水平造成负面影响。其次,技术应用不足是安全维护机制面临的又一大挑战。现代农业生态产品的生产与管理离不开先进技术的支持,包括智能监测、大数据分析、远程预警等。然而,由于技术更新迅速、应用门槛较高以及资金投入不足等原因,许多企业和农户难以有效应用这些技术来提升安全维护水平。这不仅限制了安全政策的实施效果,还可能使农业生态产品面临更大的安全风险。最后,法规遵守的复杂性也是安全维护机制运行中需要克服的问题。随着农业生态产品市场的规范化发展,相关法律法规日益完善,对生产、加工、销售等各个环节都提出了严格要求。然而,由于法规体系庞大、条款繁多且更新频繁,企业和农户在遵守过程中可能面临诸多困惑和难题。这不仅增加了合规成本,还可能影响安全维护机制的正常运行和安全预警政策的有效实施。

针对以上挑战,企业、政府和社会各界需要共同努力,采取有效措施来加强安全维护机制的建设和运行。第一,要优化资源配置,加大对关键环节的投入力度,确保安全监测和风险预警工作的有效开展;第二,要加强技术研发和应用推广,提高农业生态产品的安全维护水

平；第三，还要加强法规宣传和培训力度，提高企业和农户的法规意识和遵守能力。通过这些措施的实施，可以不断提升农业生态产品的安全水平，为农业生态产品的价值实现提供有力保障。

# 参考文献

丁宪浩，2010. 论生态生产的效益和组织及其生态产品的价值和交换［J］. 农业现代化研究，31（6）：692-696.

窦亚权，李娅，赵晓迪，2022. 生态产品价值实现：概念辨析［J］. 世界林业研究，35（3）：112-117.

金志丰，张晓蕾，陈诚，2024. 自然资源管理创新助力生态产品价值实现：关键环节与实施路径［J］. 中国土地科学，38（4）：1-10.

李淑娟，梁晓丽，隋玉正，等，2023. 生态旅游视角下海洋保护地生态产品价值实现机理与路径［J］. 生态学报，43（12）：5224-5233.

李星毅，王宇飞，刘昌新，2023. 我国生态产品价值实现机制——基本逻辑、影响因素和实现路径［J］. 环境保护，51（17）：36-40.

刘小英，梁玉莲，雷丕锋，等，2023. 市级国土空间规划中生态产品价值实现路径与策略——以桂林市为例［J］. 规划师，39（8）：24-31.

丘水林，靳乐山，2019. 生态产品价值实现的政策缺陷及国际经验启示［J］. 经济体制改革（3）：157-162.

丘水林，靳乐山，2021. 生态产品价值实现：理论基础、基本逻辑与主要模式［J］. 农业经济（4）：106-108.

宋蕾，2022. 生态产品价值实现的共生系统与协同治理［J］. 理论视野（7）：61-67.

王喜峰，2024. 生态产品价值实现的困境与突破路径［J］. 东南学术（3）：84-93.

于法稳，林珊，孙韩小雪，2024. 共同富裕背景下生态产品价值实现的理论逻辑与推进策略［J］. 中国农村经济（3）：126-141.

於方，杨威杉，马国霞，等，2020. 生态价值核算的国内外最新进展与展望［J］. 环境保护，48（14）：18-24.

赵敏娟，姚柳杨，李超琼，等，2022. 农业生态富民的作用机理、实施困境与政策选择［J］. 环境保护，50（16）：18-21.

赵毅，周秦，周文，等，2023. 生态产品开发利用适宜性评价方法及引导策略——以江苏省盐城市为例［J］. 规划师，39（8）：32-39.

朱竑，陈晓亮，尹铎，2023. 从"绿水青山"到"金山银山"：欠发达地区乡村生态产品价值实现的阶段、路径与制度研究［J］. 管理世界，39（8）：74-91.

第八章

# 农业生态产品价值实现的补偿政策

农业生态产品价值实现的过程,就是将农业生态产品所蕴含的内在价值转化为经济效益、社会效益和生态效益的过程。补偿政策是农业生态产品价值实现的重要支撑,农业生态产品价值实现的补偿政策以农业生态产品质量和价值为基础,通过纵向转移支付、横向转移支付、异地开发等方式,有助于实现农业生态产品的可持续和多样化供给。本章在阐述农业生态产品价值实现的补偿政策框架的基础上,着重就农业生态产品价值实现的补偿主体、补偿标准、补偿方式等展开论述。

## 第一节 农业生态产品价值实现的补偿政策框架

### 一、农业生态产品价值实现的补偿基本思路

(一)政府主导与市场机制相结合

农业生态产品价值实现的补偿可以通过政府主导和市场机制相结

合的方式进行补偿。政府可以通过制定政策和法规,建立生态补偿机制,设立生态奖励基金等方式来推动农业生态产品的价值实现。同时,市场机制也可以发挥作用,通过市场化的手段来激励农民和农业企业保护和利用生态资源,提高生态产品的供给和质量。政府可以通过对农业生态产品进行定价,给予价格补贴或奖励,鼓励农民采取生态友好的种植和养殖方式,保护生态环境。在市场机制方面,可以加强对农产品的认证和标识工作,推动生态产品品牌化,提高产品的知名度和溢价能力,使农民和农业企业通过市场竞争获得更好的回报。此外,政府可以建立生态保护和修复的税收、财政和金融政策,支持农业生态产品的生产和开发,促进产业规模化、集约化和标准化发展。通过政府主导和市场机制相结合的补偿方式,可以实现农业生态产品的价值最大化,推动农业绿色可持续发展。

（二）专项补偿和综合统筹相结合

农业生态产品价值实现的补偿可以通过专项补偿和综合统筹相结合的方式进行补偿。单一的生态产品价值实现补偿缺乏整体性和协调性,使补偿没有统一的计划和规划,在项目和资金争取方面注重眼前和局部利益,阻碍了生态产品价值实现补偿资源的整合,降低了生态产品价值实现补偿资金的使用效率。专项补偿是针对特定的农业生态产品,可以设立专项补偿机制。例如,制定专门的政策或项目,对生态产品的生产者给予一定的补偿。这样可以激励生产者更加关注生态环境,提高农业生态产品的生产质量和数量。除了专项补偿外,还可以通过综合统筹的方式来实现农业生态产品的价值补偿。例如,可以在农业发展规划中考虑生态效益,为生产者提供多种形式的支持和激励,如税收优惠、技术指导等。综合考虑专项补偿和综合统筹,可以更加全面地促进农业生态产品的可持续发展，实现生产者与生态环境的双赢。同时，政府和社会也应该积极支持和参与，共同推动农业生态产品的价值实现和保护。一方面，应继续强化专项补偿的作用，持续扩大各类生态产品价值实现补偿资金的规模，并延长期限，确保生态产品价值实现的补偿资金投入的稳定性；另一方面，应强化资金投入与使用的统筹协调，改变长期以来各部门分头管理生态产品价值实现的补偿资金的状况，设立相关专门管理协调机构，加强生态产品价值实现补偿专项资金的统筹使用和管理，避免政府监管失灵。

### （三）纵向补偿与横向补偿相结合

农业生态产品价值实现的补偿可以通过纵向补偿和横向补偿相结合的方式进行补偿。完善纵向生态保护补偿制度。中央和省级财政参照生态产品价值核算结果、生态保护红线面积等因素，完善重点生态功能区转移支付资金分配机制。鼓励地方政府在依法依规前提下统筹生态领域转移支付资金，通过设立市场化产业发展基金等方式，支持基于生态环境系统性保护修复的生态产品价值实现工程建设。探索通过发行企业生态债券和社会捐助等方式，拓宽生态保护补偿资金渠道。通过设立符合实际需要的生态公益岗位等方式，对主要提供生态产品地区的居民实施生态补偿。建立横向生态保护补偿机制。鼓励生态产品供给地和受益地按照自愿协商原则，综合考虑生态产品价值核算结果、生态产品实物量及质量等因素，开展横向生态保护补偿。支持在符合条件的重点流域依据出入境断面水量和水质监测结果等开展横向生态保护补偿。探索异地开发补偿模式，在生态产品供给地和受益地之间相互建立合作园区，健全利益分配和风险分担机制。

## (四)经济补偿与其他补偿相结合

在实现农业生态产品价值的过程中,经济补偿和其他补偿可以相互结合,以更全面地体现农业生态产品的价值和促进可持续发展。经济补偿可以通过提高农产品的价格或者给予农民直接的奖励来激励他们采取更环保、更可持续的农业生产方式,以保护和改善生态环境。这种经济激励可以帮助农民更加积极地参与生态农业,提高农产品的质量和环保水平。此外,除了经济补偿之外,还可以通过其他形式的补偿来体现农业生态产品的价值。比如,政府可以提供技术支持、培训和咨询服务,帮助农民更好地实施生态农业生产方式。同时,可以通过建立生态农业示范基地、推广绿色食品认证等方式,增加消费者对生态农产品的认可度和需求量,从而进一步提高农业生态产品的市场价值。

总的来说,经济补偿和其他补偿可以相互结合,共同促进农业生态产品的价值实现,推动农业的可持续发展。通过综合利用不同的激励和支持手段,可以更好地保护生态环境、改善农产品质量,实现农业生态产品的可持续发展和经济效益。

## (五)省级统筹与市县实施相结合

农业生态产品的价值实现的补偿需要综合利用省级统筹和市县实施的双重优势。一方面,省级统筹可以统一规划和管理农业生态产品的生产、销售和流通,确保各地资源得到合理利用和保护,推动整个行业的发展。另一方面,市县级的实施可以更加灵活地根据当地资源和市场需求进行具体的操作,确保农产品的质量和品质。省级统筹,省级政府可以制定相关政策和规划,统筹协调全省范围内的农业生态产品价值实现补偿工作。这包括对农业生态产品进行评估和定价、制定补偿标准和机制，协调各市县间的资源分配和协作等工作。市县实施，市县政府作为具体的实施主体，负责具体的农业生态产品价值实现补偿工作。其可以根据省级政策和规划，制定具体的实施方案，组织实施相关补偿项目，监督和评估补偿效果，并向省级政府反馈情况。在实际操作中，省级部门可以通过制定政策和法规、提供资金支持和技术指导等方式，引导和促进农业生态产品的生产和加工。同时，市县级的实施可以通过建立合作社、推广科技成果、加强市场宣传等手段，帮助农民提高生产技术和产品质量，打开销路，实现更好的产品价值。通过省级统筹与市县实施相结合的方式，可以充分发挥各级政府的作用，促进农业生态产品的生产和销售，并最终实现对农民的合理补偿，推动农业生态产业的健康发展。同时，也能更好地保护环境，促进可持续发展。

## 二、农业生态产品价值实现的补偿原则

农业生态产品的价值实现需要遵循一定的补偿原则，以确保生态产品的价值得到恰当补偿。以下是实现农业生态产品价值的补偿原则。

### （一）公正性原则

农业生态产品价值实现的补偿公正性原则是指在对农业生态产品进行价值补偿时，应当遵循的公平、合理的原则，以确保各方利益的平衡。确保补偿机制公平地分配给所有贡献者，无论是大规模农场主还是小规模农户。补偿应根据各方对生态服务的贡献大小进行公正分配。这一原则通常包含以下几个方面：一是全面评估农业生态产品的价值，这意味着在补偿过程中，不仅要考虑农业产品的直接经济价值，

还应该评估其生态服务价值,如碳固定、水源涵养、生物多样性保护等。二是需要多方参与和利益相关者的公正参与,确保农民、农业企业、政府及其他利益相关者能够平等参与到补偿机制的设计和实施过程中。这有助于平衡不同方的利益和期望,从而实现更广泛的社会接受度和公正性。三是保证透明度和可追溯性,补偿机制的设计和实施过程应当是透明的,相关信息和数据应当公开,以便利益相关者了解补偿的依据、方法和结果,确保补偿的公正性。四是要有灵活性和适应性,补偿机制应当考虑到不同地区、不同类型农业生态产品的特殊性,具有一定的灵活性和适应性,以适应多变的环境和社会经济条件。五是要有持续性和长期性,补偿机制应当能够保证长期有效,支持可持续农业发展和生态环境保护,避免短期行为对环境和社会的负面影响。这些原则的实施有助于提高农业生态产品价值补偿的效率和公平性,促进农业可持续发展和生态环境保护。

(二)效益性原则

农业生态产品价值实现的补偿效益性原则是指补偿机制应确保生态服务的保护和提供能够带来明显的环境和社会效益,包括提高生态系统的健康和稳定性,以及提升当地的生活质量。农业生态产品价值实现的补偿效益性原则不仅促进环境保护,而且提升经济效益,进而支持可持续发展的目标。这一原则旨在通过为提供生态服务的农业活动提供补偿,激励农业生产者采用可持续的农业实践。效益性原则遵循环境效益的最大化,补偿措施直接促进了生态服务的保护和改善,如增加了生物多样性、提高了土壤质量、改善水源保护等。同时带来了经济效益的提升,支持了农业的可持续发展,为农业生产者提供经济上的激励,鼓励他们采取生态友好的生产方式。这包括提高农业生产效率、增加农民的收入来源、促进农产品的市场接入等,从而在提升环境价值的同时,也增强农业的经济可持续性。

### (三) 可持续性原则

农业生态产品价值实现的补偿可持续性原则是指确保补偿机制长期有效,促进环境保护、社会公正和经济发展之间的平衡。这个原则强调补偿措施应当能够适应环境变化、市场波动和社会发展的需要,确保生态服务的提供者(通常是农民和农业生产者)能够从长期的生态保护活动中获益。补偿机制的应设计为长期项目,能够提供持续的经济激励或支持,以鼓励农业生产者持续采用生态友好的生产方式。稳定的补偿可以帮助农民规划长期投资,如恢复生态系统或转向可持续的农业实践。同时可持续性原则的补偿机制涉及多个部门和利益相关者的合作,如环境保护、农业、财政和社会福利部门。综合管理有助于确保政策协调一致,共同推进生态保护和社会经济发展目标。

### (四) 多元化融资原则

农业生态产品价值实现的补偿多元化融资原则强调利用多种资金来源和融资机制来支持和维持农业生态服务的补偿体系。这一原则的核心在于通过扩大融资渠道,增加资源的可用性和稳定性,从而确保长期有效地补偿农业生态产品的生产者,支持可持续农业实践。多元化的融资可以通过以下几个方面:一是政府资金,政府预算和公共投资是支持农业生态补偿机制的基础,可以用于直接补偿、激励措施或基础设施建设等,以促进生态友好型农业实践。二是市场机制和私人投资,通过开发生态标签、绿色认证、生态产品市场等,吸引私人投资和消费者支出。市场机制可以鼓励消费者购买生态友好产品,从而为生态服务提供直接的经济激励。三是支付生态系统服务（PES）机制，PES 是一种直接支付给提供生态服务者（如农户保护森林以维持水源）的机制，这种支付可以来自政府、私人企业或通过环境税收和绿色基金等渠道。四是国际资金和援助，利用国际援助、全球环境基金、国际发展基金等国际资源支持农业生态服务的保护和可持续利用。国际合作项目和气候变化资金也是重要的资金来源。五是公私合作伙伴关系（PPP）模式，通过公私合作伙伴关系模式，促进政府和私营部门在资金、技术和管理上的合作，共同投资于农业生态系统服务的保护和恢复项目。六是社区资金和众筹，鼓励社区基金、地方性投资和通过互联网平台的众筹等草根级别的融资方式，支持小规模和社区层面的生态农业项目。七是绿色金融和生态补偿基金，发展绿色银行、绿色债券、生态补偿基金等金融工具，为生态保护项目提供专门的金融服务和资金支持。通过实现多元化融资原则，可以增强农业生态产品价值实现补偿机制的可持续性和稳定性，减轻政府财政压力，同时激发市场和社会各方面对生态保护的积极参与。这种多方参与和资金来源的多样化是推动农业生态服务保护和可持续农业发展的关键。

## 三、农业生态产品价值实现补偿机制的核心要素

### （一）补偿主体

农业生态产品价值实现的补偿主体是指那些认识到农业生态产品及服务价值，并愿意为其提供经济补偿的个体或组织。农业生态产品价值实现的补偿主体关注的是农业生态系统提供的产品和服务的价值及其补偿机制。在这个背景下，补偿主体主要指的是那些对农业生态产品的价值实现提供补偿的各方面参与者。这些参与者可以是政府、

私人企业、非政府组织、消费者以及农民自身。农业生态产品价值实现的补偿主体涉及多方面参与者，它们各自通过不同的方式为农业生态系统内的产品和服务提供补偿。这样的补偿机制不仅有助于生态服务的提供者获得应得的经济回报，也促进了整个社会对这些无形资产价值的认识和尊重。

### （二）补偿对象

农业生态产品价值实现的补偿对象主要指的是那些直接或间接提供生态产品和服务的农业生态系统参与者。明确农业生态产品价值实现的补偿对象，即明确"补给谁"。按照"谁保护、谁受益"原则，明确补偿对象，对于提高生态产品的供给意愿和供给能力具有重要意义。补偿对象通过他们的实践和管理，维护或增强了生态系统的功能，从而生产出对社会有益的生态产品和服务。补偿对象主要包括农民、土地所有者、生态服务项目实施者、研究机构和教育机构等。

### （三）补偿标准

农业生态产品的价值实现的补偿标准是一种用于衡量和补偿农业生态产品提供的生态服务的方法。以下是一些可能用于制定补偿标准的考虑因素：第一，生态服务评估，对农业生态产品所提供的生态服务进行评估，包括土壤保护、水资源管理、生物多样性维护等。这可以通过生态学研究和经济评估方法来进行，以确定这些服务的实际价值。第二，生产成本与利润分析，补偿标准应该考虑到农业生产者为生产农业生态产品所需的成本，以及他们从这些产品中获得的利润。合理的补偿标准应该确保农业生产者获得合理的回报，从而鼓励他们继续提供这些生态服务。第三，市场价值和支付意愿，可以考虑基于市场价值或者通过调查支付意愿来确定补偿标准。这可以帮助确保补偿标准与市场实际情况和消费者的价值观相一致。第四，环境外部性成本，补偿标准应该考虑到农业活动可能产生的环境外部性成本，比如水污染、土地退化等。这些成本通常未被内部化到农业生产者的成本中，因此需要通过补偿机制来弥补这些损失。第五，社会公平和可持续性，补偿标准应该确保对农业生态产品的补偿是公平和可持续的。这意味着需要平衡农业生产者的经济利益与生态系统的健康，以及社会对于生态产品的需求和价值观。第六，监管和政策目标，政府制定的监管和政策目标也会影响补偿标准的确定。政府可能会通过法律法规或者政策来规定补偿标准，并确保农业生态产品的合理补偿。

补偿标准应该是综合考虑了上述因素，并通过政府、农业生产者、科研机构和社会各方的协商达成的。这需要进行深入地研究和讨论，以确保补偿标准能够实现其预期的目标，同时也能够得到各方的支持和执行。

### （四）补偿方式

农业生态产品价值实现的补偿方式多样，旨在为生态服务的提供者提供经济激励，以保护和促进农业生态系统的可持续管理。这些补偿方式不仅包括直接的金融补偿，还涉及技术支持、市场准入、政策倾斜等多种形式，以满足不同地区和不同生态服务提供者的需要。以下是一些主要的补偿方式。

1. 直接经济补偿

支付生态服务（PES）是直接支付给生态服务提供者，以奖励他们保护或恢复生态系统所做出的努力。例如，对于碳吸存、水源涵养或生物多样性保护等服务，提供者可以根据服务量获得相应的支付。

补贴和赠款：政府或国际组织提供的财政补贴和赠款，支持农民采取生态友好的农业实践。

2. 市场准入和产品溢价

有机和生态标签认证是通过有机或生态认证的产品通常能在市场上获得更高的价格，为生态服务的提供者带来额外收入。公平贸易：支持小规模农户通过公平贸易获取更公正的报酬和更好的市场准入条件。

3. 技术和知识支持

技术转移和培训是提供先进的农业技术和管理知识，帮助农民提高生产效率，同时实现生态保护。研究和开发（R&D）：投资于生态农业相关的研究和开发项目，创新可持续农业技术和实践。

4. 政策和法律支持

土地使用权和环境服务权益是通过改革土地政策，确保农民对土地的使用权，激励他们投资于长期的生态服务提供。生态补偿立法：制定专门的法律和政策，为生态服务提供明确的补偿机制和标准。

5. 公共和私人伙伴关系（PPP）

合作项目是通过政府和私人部门合作，共同投资于生态农业项目，分享资源和风险。

6. 社区参与和利益共享

社区管理项目是通过社区参与的方式管理自然资源，确保利益共享，同时增强社区对生态服务保护的责任感和动力。农业生态产品价值实现的补偿方式应根据具体情况和目标灵活选择和设计。通过多元化的补偿机制，可以更有效地激励和支持农民和其他土地管理者参与到生态保护和可持续管理活动中，共同促进农业生态系统的健康和可持续发展。

（五）监督管理

农业生态产品价值实现补偿机制的建立涉及部门和相关利益主体较多，需要监督考核管理的内容也比较多，在实践中应针对综合生态补偿的关键环节，形成统筹协调、有所侧重的农业生态产品价值实现补偿机制的监督管理体系，有效促进综合生态补偿规范化、制度化发展。

有效的监督管理机制可以确保补偿措施按照既定目标和标准执行，防止资源浪费，促进可持续发展目标的实现。构建有效监督管理体系有以下几个关键的方面：一是要明确政策和标准，制定清晰、具体的政策和操作标准是监督管理的前提。这包括补偿的条件、标准、流程和评估方法，确保所有参与方对补偿机制的规则和要求有共同的理解。二是建立多层次监督体系，监督管理体系应涵盖国家、地区和地方多个层级，形成上下联动的监管框架。国家层面负责制定政策、指导原则和监督标准，地方层面则负责具体实施、监督和反馈。三是建立参与式监督，鼓励农民、社区、非政府组织等各方参与监督过程，采用"自下而上"的监督管理模式。参与式监督可以提高监督的透明度和公众对补偿机制的信任度，确保补偿措施更贴近实际需要，更有效地解决问题。四是要定期评估和反馈，定期对补偿机制的效果进行评估，收集和分析数据，对补偿效果和影响进行全面评价。通过建立反馈机制，将评估结果反馈给政策制定者和实施者，及时调整和改进补偿策略和措施。五是要透明和公开，保证补偿机制的操作过程和结果的透明度，通过公开发布补偿政策、标准、实施进度和评估结果等信息，接受公众监督，增加补偿机制的公信力和接受度。六是要强化法律支撑，通过法律法规等形式确立补偿机制的法律地位，明确各方的权利、责任和义务。建立法律纠纷解决机制，为补偿实施提供法律保障。七是建立激励和惩罚机制，对于积极参与生态保护和补偿机制实施的个人和组织给予奖励，对违反补偿协议和标准的行为实施处罚，通过激励和约束机制保证补偿机制的有效执行。通过建立和完善这些监督管理措施，可以确保农业生态产品价值实现的补偿机制公正、高效、透明，促进农业生态系统的可持续管理和生态文明建设。

## 第二节　农业生态产品价值实现的补偿主体

### 一、农业生态产品价值实现补偿主体的概念

农业生态产品价值实现的补偿政策运行中，应明确三个关系主体。即补偿主体、补偿对象和监督主体。补偿主体，即那些认识到农业生态产品及服务价值，并愿意为其提供经济补偿的个体或组织，补偿主体可以是政府、私人企业、非政府组织、消费者以及农民自身。补偿对象，也可称为受偿方、受损方，即指直接参加农业生态保护活动而利益受损的一方。监督主体，即补偿中无利害关系的监督方，监督主体是指在生态产品价值实现补偿机制中具有一定评估和监督权力且与补偿主体没有利害关系的组织或部门。

农业生态产品价值实现的补偿主体概念是指在农业生态产品价值实现过程中，对农业生态服务提供补偿、支持或回报的个人、组织或机构。这些主体通过直接或间接的方式，支付给那些维护和提供生态服务的农业生产者或社区，以促进和激励生态服务的持续提供。

农业生态产品价值实现的补偿主要目的是认识到和奖励那些为维

护生态系统健康而进行的农业实践。

## 二、农业生态产品价值实现补偿主体的分类

农业生态产品价值实现的补偿主体可以根据其性质、角色和参与方式被分类为多种类型。这些主体从不同的角度出发，支持和促进农业生态系统的可持续管理和保护。农业生态产品价值实现的补偿机制是一个涉及多方主体的复杂系统，旨在通过经济手段激励和补偿那些采取可持续农业实践、保护环境、维持生态平衡的个人或组织。通常涉及以下几类主体。

### （一）生产者

1. 农民和农场主

是直接从事生态友好型农业生产的个人或集体，他们采用可持续的农业实践，如有机耕作、节水灌溉和保育农业等。

2. 合作社和农业企业

是组织农民实行可持续农业实践、提高生态产品市场接入能力的团体或公司。

### （二）消费者

1. 个人消费者

个人消费者是购买和消费生态农产品的普通民众，他们的购买选择可以直接影响生态产品的市场需求。

2. 商业买家

商业买家大量采购生态农产品，对生态产品的市场有重要影响，如餐馆、超市和食品加工企业。

## （三）政府及政府机构

1. 中央和地方政府

通过制定政策、提供财政补贴、税收优惠和技术支持等方式支持生态农业。

2. 生态环境和农业农村部门

负责制定和执行与生态农业相关的政策，以及监督和评估生态农业实践的效果。

## （四）第三方组织

1. 非政府组织（NGOs）

通过宣传、教育和项目支持等方式促进生态农业的发展和生态产品价值的认知。

2. 国际组织和发展机构

如联合国粮食与农业组织（FAO）、世界银行，它们通过提供资金、技术和咨询服务支持生态农业项目。

## （五）金融机构

1. 银行和微信贷机构

为生态农业项目提供贷款、信贷和其他金融服务。

2. 投资者和基金

对生态农业领域进行直接投资，支持具有高生态和社会价值的项目。

## （六）研究和教育机构

（1）大学和研究所。通过研究生态农业的最佳实践和技术，以及开展相关教育和培训项目，促进生态农业知识和技术的传播。

（2）这些补偿主体各自扮演着不同的角色，共同推动生态产品价值的实现和生态补偿机制的建立。有效的沟通和合作机制是确保这一体系有效运作的关键。

（3）这些补偿主体各自扮演着不同的角色，在生态产品价值实现的补偿机制中相互补充，共同推动农业生态系统的可持续发展和环境保护。通过这种多元化的参与和合作，可以更有效地实现生态补偿的目标，保护和恢复生态系统，同时提升农业生产的可持续性和农民的福祉。

## 第三节　农业生态产品价值实现的补偿标准

农业生态产品价值实现的补偿标准是一个关键环节，它涉及补偿主体对补偿客体（通常是提供生态服务的农民或土地管理者）所应支付的补偿额度。这一标准的设定旨在解决"补偿多少"的问题，确保生态服务的提供者得到公正和合理的经济补偿，同时激励更多的生态服务提供。补偿标准的制定涉及多个方面的考量，包括生态服务的类型、价值评估、地区差异、经济可行性及持续性等因素。

### 一、农业生态产品价值实现的补偿范围

农业生态产品价值实现的补偿范围广泛，涵盖了农业生态系统提供的各种生态服务和生态产品的价值。这些服务和产品不仅包括直接的农产品（如粮食、果蔬、畜产品等），还包括一系列对环境和社会具有重要意义的间接服务。补偿范围的确定旨在确保生态服务的提供者（通常是农民和土地管理者）得到公平的经济补偿，以激励他们继

续或扩大这些对社会和环境有益的活动。

补偿的主要范围包括：第一，碳固定和减排服务，农业活动，尤其是林业和其他土地利用方式，可以通过固碳和减少温室气体排放来缓解气候变化。为这些服务提供补偿可以鼓励农民采取更多的碳固定措施。第二，水源涵养和水质维护，通过保持和改善土地覆盖、实施合理的灌溉和排水系统等措施，农业可以帮助保护水资源。这种类型的服务对于维护水循环和确保水资源质量至关重要。第三，土壤保护和肥力维持，采用保护性耕作、有机农业和其他可持续的土地管理实践，可以防止土壤侵蚀、提高土壤肥力，为此类服务提供补偿有助于保护土壤资源。第四，生物多样性保护，通过维护和恢复自然栖息地，农业活动可以支持野生动植物的多样性。支持生物多样性的农业实践对于维持生态平衡和促进生态系统健康具有重要价值。第五，景观美化和文化遗产保护，在某些地区，传统的农业实践和农业景观是文化遗产的一部分，对于保持地区的文化身份和促进旅游有重要意义。第六，生态旅游和休闲服务，农业地区通过提供生态旅游和休闲活动的机会，如农家乐、观鸟和徒步旅行等，为城市居民提供亲近自然的途径。补偿范围的确定需要考虑多个因素，包括生态服务的类型、地区特性、生态服务提供的社会经济影响等。此外，补偿机制的设计还应考虑到可操作性、补偿的公平性和效率，以及如何通过补偿激励更多的生态服务提供。通过明确农业生态产品价值实现的补偿范围，可以为生态服务的提供者提供明确的激励和支持，促进农业生产与生态保护的和谐共生，实现农业可持续发展的目标。

## 二、农业生态产品价值实现的补偿标准确定

农业生态产品价值实现补偿标准指补偿主体对补偿客体所应支付

的补偿额度。补偿标准主要解决"补偿多少"的问题。农业生态产品价值实现的补偿标准确定应考虑的因素。一是成本因素。是指被补偿对象为提供生态系统服务功能,保护生态环境而付出的成本(包括为农业生态保护、控制农业污染而进行的一系列正外部性行为或减少负外部性行为等所花费的成本和受到的损失)。二是机会成本的损失核算。是指被补偿对象为提供生态系统服务功能而丧失的机会成本,这种补偿是相对于损失而言的。补偿标准应该于成本因素,连同部分或全部机会成本补偿给生态受损方,则生态受损方(即补偿对象)就能主动参与农业生态保护和建设。三是受偿意愿和支付能力等因素。包括农业生态补偿的主体补偿意愿和地方财政能力和居民收入水平等因素。

## 三、农业生态产品价值实现的补偿标准的测算方法

农业生态产品价值实现的补偿标准具体测算方法涉及对农业生态服务的经济价值进行评估。这些方法根据不同的生态服务类型和补偿目的而变化,主要包括以下几种。

### (一)市场定价法

市场定价法(Market Pricing Method)是评估农业生态产品价值以实现补偿标准的一种直接且实用的方法。这种方法直接利用市场上的价格信息来估算生态服务的价值,尤其适用于那些已经有明确市场价格或可以通过市场交易直接获得收入的生态产品。以下是实施市场定价法进行测算的步骤:第一,定义生态产品,首先需要明确哪些农业生态服务或产品将被评估,比如有机食品、生态旅游服务、碳捕获和储存服务等。第二,收集市场价格数据,收集相关生态产品在市场上

的销售价格。这可能包括直接从市场调研获得的数据、在线市场价格、批发价格列表或其他可靠来源。以及时间和地点,注意价格数据应该反映特定时间和地点的实际情况,因为价格可能会因季节、地理位置和市场需求而变化。第三,分析价格差异,进行比较分析,比较生态产品与非生态产品(传统农产品)之间的价格差异。这个差价可以视为生态服务带来的额外价值。同时考虑成本因素,在比较时,还应考虑到生产成本的差异,因为生态农业的生产成本可能高于传统农业。第四,考虑供需影响,既要评估生态产品的市场需求强度,高需求可能意味着消费者愿意为获得生态服务支付更高的价格。也要考虑生态产品的供给量,供不应求的情况下,生态产品的市场价值可能会增加。第五,计算生态服务的市场价值,基于以上分析,估算特定生态服务或产品的市场价值。这涉及将生态产品的平均市场价格与生产成本的差额作为生态服务的价值。第六,调整和验证,进行敏感性分析,了解价格变化对生态服务价值评估的影响,通过市场反馈和其他研究结果验证计算的准确性。第七,制定补偿标准,基于生态服务的市场价值,设计补偿机制,包括补偿的形式、频率和支付条件等。

市场定价法的优势在于它提供了一种相对直观和易于理解的评估方法,特别是对于那些已经在市场上有交易记录的生态服务或产品。然而,这种方法也有局限性,特别是对于那些难以通过市场价格直接反映价值的生态服务,可能需要采用其他补充方法来综合评估其价值。应用场景:适用于那些有直接市场价格的生态服务,如有机食品、生态旅游等。计算方式:通过市场价格直接反映生态服务的价值。例如,有机蔬菜的市场价格与传统蔬菜的价格差额可以视为生态服务的价值。

### (二) 成本节约法

成本节约法(Cost Saving Method)是衡量农业生态产品价值实现

的补偿标准时经常使用的一种方法，尤其适用于那些通过实施生态农业实践能够节省未来支出或避免环境恶化成本的情况。这种方法侧重于评估采用生态友好做法相比传统农业做法所节省的直接和间接成本。

实施成本节约法的具体步骤：第一，确定评估范围，明确哪些生态服务或生态农业实践将被评估，例如水资源保护、土壤侵蚀防治、生物多样性维护等。第二，识别节省的成本类型。直接成本：这些是因采用生态农业实践而直接节省的费用，如减少化肥和农药的使用、节水灌溉系统减少水资源消耗等。间接成本：这包括因改进的生态服务而节省的长期成本，如通过提高土壤健康减少未来土壤修复费用、通过生物多样性保护减少对病虫害的依赖等。第三，收集数据和信息，收集有关传统和生态农业实践的成本和收益数据。咨询农业专家、环境科学家等，以获得对特定实践节省成本的估计。第四，量化节省的成本。计算直接成本节省：比较传统农业与生态农业在种植周期内的投入成本差异，包括化肥、农药、水资源等的使用成本。估算间接成本节省：评估生态服务改善对环境健康、生物多样性、土壤保育等方面长期节省的成本。第五，综合评估节省的总成本，将直接和间接成本节省相加，得出采用生态农业实践总共能节省的成本。同时考虑调整因素，考虑通货膨胀、价格波动等因素对成本节省的影响，进行必要的调整。第六，确定补偿标准，基于成本节省制定补偿标准：根据生态农业实践节省的成本，制定公平合理的补偿标准和机制。考虑如何通过政策支持和激励措施，鼓励更多农业生产者采用节省成本的生态农业实践。第七，进行监测和调整。效果监测：定期监测实施生态农业实践后的成本节省效果，确保补偿标准的有效性和公平性。策略调整：根据监测结果和外部环境变化调整补偿标准和激励政策，以确保持续性和适应性。

成本节约法提供了一种实证基础的方法来评估和补偿农业应用场景：适用于生态服务能够节省未来支出或避免环境恶化成本的情况。计算方式：评估实施生态农业技术或措施所节省的成本。例如，自然害虫控制服务节省了化学农药的成本。

### （三）替代成本法

替代成本法（Cost of Replacement Method）是一种估算农业生态产品价值并确定补偿标准的经济评估方法，它基于一个假设：若没有自然提供的生态服务，人类将不得不采用人工方式来替代这些服务以达到相同或类似的效益。此方法特别适用于那些不易直接量化其市场价值的生态服务，如水质净化、空气净化、碳吸存等。

实施替代成本法进行测算的具体步骤如下。

第一，确定评估的生态服务，选择生态服务，明确需要评估哪些生态服务，这些服务是目前自然环境无偿提供的，如洪水控制、病虫害控制、土壤保持等。

第二，识别替代措施，为所评估的生态服务寻找可能的人工替代方案。例如，若评估的是湿地的水质净化服务，其替代方案可能是建造水处理厂。

第三，估算替代成本，收集数据并计算实现相同生态服务效益的人工替代方案的成本，包括初期建设成本和长期运营维护成本。然后进行成本分析，对比自然生态服务与人工替代方案的成本差异，估算在没有自然服务时，社会需要承担的额外费用。

第四，考虑规模和适用性，考虑生态服务的规模和范围，以及替代方案的适用性和实际可能性，进行成本的规模调整。分析人工替代方案是否能完全模拟自然服务的效果，如有差异，需在成本估算中进行适当调整。

第五，进行综合评估和调整，评估替代方案对环境和社会可能产生的影响，这可能包括生态系统破坏、社会接受度等因素。考虑到评估和实施过程中的风险和不确定性，对替代成本进行必要的调整。

第六，制定补偿标准，基于替代成本设定补偿，使用替代成本法评估得到的数据作为制定补偿标准的依据，确保补偿机制既公平合理又经济可行。建议政策制定者利用替代成本法的评估结果，制定或调整相关环境保护和补偿政策。

替代成本法通过评估替代自然生态服务所需的成本来间接量化这些服务的价值，为制定补偿标准提供了一种可行的方法。然而，这种方法也有其局限性，特别是在替代方案难以完全复制自然服务功能或效益时，可能会低估自然生态服务的真实价值。因此，在应用替代成本法时，需谨慎考虑这些因素，并结合其他评估方法以获得更全面的价值评估。应用场景：适用于必须通过人工替代措施才能维持的服务，如人工湿地处理废水。计算方式：估算提供同等服务的人工解决方案的成本。例如，如果需要建造人工湿地来处理同量的废水，其建造和维护成本即可视为自然湿地的价值。

（四）机会成本法

机会成本法（Opportunity Cost Method）是评估农业生态产品价值并确定补偿标准的一种经济学方法，它基于一个核心原则：选择某一行动方案时放弃的最有价值的替代方案的利益即为机会成本。在农业生态系统中，这种方法尤其适用于评估为保持或增强生态服务而未采取的其他潜在经济活动的价值，例如，为了维护生物多样性而未开发土地进行商业农业或建设项目的机会成本。以下是采用机会成本法进行测算的步骤：第一，确定生态服务或产品，明确哪些生态服务或农业生态产品需要评估，例如维持湿地未开发以保护水源的纯净。第二，识别替代用途，确定如果不为了保护或提供特定的生态服务，这片土地或资源可能被用于哪些其他经济活动，如农业生产、工业开发等。第三，评估替代用途的经济收益，对于每一种可能的替代用途，估算其潜在的经济收益。这包括直接收入（如作物销售）、长期收益（如持续的工业生产收入）和其他相关经济利益。收集相关市场数据、历史经营数据和专家意见，以准确估算这些替代用途的经济收益。第四，考虑时间价值，采用适当的贴现率将未来收益转换为现值，以考虑时间价值，因为未来的收益在今天具有较低的价值。第五，估算机会成本计算机会成本，比较维持生态服务所放弃的最高经济收益（即最有价值的替代用途的收益），这个放弃的收益即为机会成本。第六，制定补偿标准，设计补偿机制，基于机会成本的计算结果，设计补偿机制和标准，确保那些为保护生态服务而牺牲经济收益的个体或集体得到适当的补偿。同时考虑社会和环境影响，在制定补偿标准时，除了经济因素外，还需要考虑社会福利和环境可持续性的影响。第七，持续评估与调整，定期监测生态服务的状态和补偿效果，以确保补偿机制的目标得以实现。调整补偿标准，根据评估结果和外部环境的变化，适时调整补偿标准和机制，以保持其有效性和适应性。

机会成本法通过量化保护生态服务相较于其他经济用途所放弃的收益，为农业生态产品的价值实现提供了补偿标准的估算基础。然而，此方法要求对替代经济活动的潜在收益有准确预测，这在实际操作中可能存在一定的挑战。因此，结合其他评估方法使用可以更全面地反映生态服务的价值。应用场景：适用于生态服务提供者为保持生态服务而放弃的其他经济活动收益。计算方式：评估不进行某项生态服务

（如保持地块未开发以保护生物多样性）所放弃的最佳替代用途的收入。

## （五）支付意愿法

支付意愿法（Willingness to Pay，WTP），或称愿意接受法（Willingness to Accept Method），是一种经济评估方法，用于衡量人们为获取某项非市场商品或服务（如农业生态产品或生态服务）愿意支付的最高金额。这种方法尤其适用于评估那些难以通过传统市场交易明确定价的生态服务价值，例如空气质量改善、景观美化、生物多样性保护等。WTP可以通过问卷调查、访谈或市场实验等方式获得数据。以下是实施支付意愿法进行测算的步骤。

1. 定义评估目标

（1）明确服务。首先确定需要评估价值的具体生态服务或农业生态产品。

（2）目标群体。确定潜在的支付者或受益者群体。

2. 设计数据收集方法

（1）调查问卷。设计问卷调查，包括开放式和封闭式问题，来收集受访者对生态服务的认识、他们愿意支付的金额以及支付的意愿。

（2）实验拍卖。通过模拟市场情况，让参与者在特定环境下出价，以评估他们对特定生态服务的价值认识。

3. 实施调查或实验

（1）数据收集。通过面对面访谈、电话访问、在线调查等方式进行数据收集。

（2）样本选择。确保样本具有代表性，覆盖不同年龄、性别、收入水平和教育背景的人群。

4. 数据分析

（1）统计分析。采用适当的统计方法分析收集到的数据，确定平均愿意支付金额和支付意愿的分布。

（2）敏感性分析。分析不同变量（如收入水平、环境意识等）对愿意支付金额的影响。

5. 估算生态服务价值

（1）综合估值。将调查结果中的平均愿意支付金额乘以受益人群的总数，估算出该生态服务的总价值。

（2）价值解释。分析愿意支付金额背后的原因，理解人们对生态服务价值的认知和重视程度。

6. 制定补偿标准

（1）补偿机制设计。基于支付意愿法得到的价值估算结果，设计相应的补偿机制和标准，确保生态服务的提供者得到合理的经济激励或补偿。

（2）政策建议。提出政策建议，鼓励更多的生态服务保护行动，并确保这些行动能够得到公众的支持和参与。

7. 持续监测和调整

（1）效果评估。定期评估补偿机制的效果，确保其达到既定目标。

（2）策略调整。根据评估结果和外部环境的变化，调整补偿标准和政策措施，以提高生态服务的保护效率和效果。

支付意愿法提供了一种从经济角度评估生态服务价值和制定补偿标准的方法，但也需要注意其局限性，如受访者可能因为各种原因报告不真实的支付意愿，以及这种方法较为依赖于调查设计和实施的质量。因此，在应用时需要仔细设计调查、合理解释数据，并考虑结合其他方法来综合评估生态服务的价值。该方法适用于没有市场价格的生态服务。通过调查方法了解消费者愿意为获取某项生态服务支付的金额或生态服务提供者愿意接受的补偿金额。

### (六) 旅行费用法

旅行费用法（Travel Cost Method，TCM）是一种用来评估自然资源或公共商品（如国家公园、自然保护区等）使用价值的经济评估方法。它主要基于一个假设：人们访问某个自然景点或进行某种户外活动所承担的旅行成本可以反映他们对该场所或活动的价值评估。在农业生态产品价值实现和补偿标准的设定中，旅行费用法可以用来评估生态旅游地、农业旅游场所等的经济价值。以下是实施旅行费用法进行测算的步骤。

1. 确定评估目标

即选择目标场所。明确需要评估的目标地点或活动，它应该是吸引人们专程访问的自然或农业生态景点。

2. 数据收集

（1）调查设计。设计问卷调查，收集访客的旅行成本（包括交通费用、住宿费、餐饮费以及时间成本等）和访问特定地点的频率。

（2）访客采样。在目标地点对访客进行随机抽样，并进行面对面或电子问卷调查。

3. 旅行成本的计算

（1）直接成本。计算每位访客的交通费用、住宿费等直接出行成本。

（2）时间成本。估算访问时间的经济价值，通常基于访客的工资率或其他合理估值方法。

(3) 其他相关成本。考虑可能的额外成本，如设备租赁费用等。

4. 分析访问频率与成本的关系

(1) 统计分析。利用回归分析等统计方法，分析访问频率与旅行成本之间的关系，确定成本对访问行为的影响。

(2) 需求曲线估计。基于访问频率与旅行成本的关系，估算目标地点的需求曲线。

5. 估算经济价值

利用需求曲线，计算消费者剩余作为目标地点的使用价值估计。消费者剩余是指访客愿意支付的总额与实际支付的总额之间的差额，反映了访客从访问中得到的经济福利。

6. 制定补偿标准

(1) 补偿机制设计。基于旅行费用法得到的经济价值估算结果，设计相应的补偿机制和标准，确保生态服务的提供者得到合理的经济激励或补偿。

(2) 政策建议。提出基于旅行费用法评估结果的政策建议，以促进生态旅游地和农业生态产品的保护与发展。

7. 持续监测与评估

(1) 效果监测。定期评估补偿机制的效果和目标地点的访问情况，确保补偿标准的适应性和有效性。

(2) 策略调整。根据监测结果和外部环境变化，适时调整补偿标准和政策措施。

旅行费用法为评估自然资源和农业生态产品的休闲和旅游价值提供了一种实用的方法。然而，这种方法主要适用于可以通过访问次数来反映价值的自然资源或活动，并且在实施时需要考虑旅行成本计算的准确性和调查数据的代表性。应用场景：用于评估自然公园、保护区等生态旅游服务的价值。计算方式：基于游客为到达目的地所承担的旅行费用来估算对该地点的评价。

### （七）对冲价值法

对冲价值法（Hedging Value Method，HVM）是一种用于评估环境质量变化对经济资产价值影响的经济学方法。在农业生态产品价值实现及其补偿标准的设定中，对冲价值法特别适用于估算生态系统服务改善（如空气和水质、景观美化等）对周边房地产价格的影响。通过分析环境特征变化对房产价格的影响，可以间接地量化环境质量的经济价值。以下是实施对冲价值法进行测算的步骤。

1. 确定评估目标和数据需求

（1）选择评估目标。明确需要评估的农业生态服务或环境特征，如提升的空气质量、改善的水质或更佳的自然景观。

（2）确定数据需求。收集相关的房地产交易数据，包括销售价格、房屋特征（大小、房间数、年龄等）以及环境特征（距离水体的距离、空气质量指数、可视自然景观等）。

2. 数据收集与处理

（1）收集数据。从房地产数据库、政府记录和环境监测站收集数据。

（2）数据清洗。处理数据，以确保分析的准确性，包括剔除异常值、处理缺失数据等。

3. 经济模型构建

利用多元回归分析，构建一个模型来估算房产价格与房屋特征、环境质量之间的关系。

4. 模型估计与分析

（1）估计参数。使用统计软件估计回归模型的参数，确定环境特征对房产价格的影响。

（2）结果解释。分析环境质量变化（如空气质量改善）对房产价格的具体影响，从而估算该环境改善的经济价值。

5. 价值估算

即计算环境服务的价值。基于模型结果，计算特定环境服务或生态改善对房产价值的贡献，从而估算出该环境服务的对冲价值。

6. 制定补偿标准

（1）基于价值设定补偿。利用对冲价值法得出的环境服务价值，制定相应的补偿机制和标准，确保生态服务的提供者得到公平合理的补偿。

（2）政策建议。提出基于评估结果的政策建议，以促进环境质量的改善和生态服务的提供。

7. 持续监测与策略调整

（1）监测与评估。定期监测环境质量的变化及其对房产市场的影响，评估补偿标准的有效性。

（2）策略调整。根据环境和市场的变化，调整补偿机制和政策措施，确保持续有效地保护和提升环境质量。

对冲价值法为理解和量化环境质量改善对经济资产（特别是房地产）价值的影响提供了一种有效工具，有助于在经济决策中考虑环境因素，促进农业生态产品价值的合理实现和相应补偿的制定。然而，这种方法依赖于高质量的数据和合理的模型设定，且主要关注环境特征对经济资产的直接影响，可能无法全面反映生态服务的所有价值维度。应用场景：用于评估环境质量对房地产价格的影响。计算方式：分析环境质量变化对房地产市场价格的影响，从而推断环境服务的价值。

选择合适的测算方法取决于目标生态服务的特性、数据的可用性、评估的目的和精确度要求。在实际应用中，可能需要结合多种方法来全面评估生态服务的价值。国内外已经对生态补偿标准评估方法进行了大量的研究，未形成统一的生态补偿标准确定方法，具体应用到农业生态补偿中，理论界多数赞同选用成本核算法、收益法、直接市场法、意愿调查法等测算方法。根据上述的农业生态补偿的测算方法，可以分别给出不同的补偿标准。在已有的农业生态补偿核算方法中，大多数学者主张采用意愿调查法，这种方法在目前来说是研究较多且相对成熟的方法，但也存在很大的主观性，受个体差异的影响明显，且存在着问卷调研的结果与真实情况有一定差距，调研内容存在依赖性等问题。也有学者主张应用收益法和成本核算法，其他方法的应用很少。而单纯根据收益法和成本核算法也需考虑一些特殊情况。在计算过程中，存在一些可变因素，如所在地区的农作物种植类型、所实施的环境友好农业技术手段和方式等因素可使补偿金额有所变化。

## 第四节 农业生态产品价值实现的补偿方式

农业生态补偿支付模式是指农业生态补偿得以实现的具体运作方式和手段。主要解决"如何补偿"的问题。农业生态产品价值实现的补偿政策可以采取以下方式。

### 一、财政转移支付

财政转移支付是政府实行的一种财政资金或财政平衡制度。财政转移支付包括纵向财政转移支付和地方同级政府间的横向财政转移支付。农业生态产品价值实现的财政转移支付补偿方式，主要指政府为了鼓励和支持农业生态保护，通过财政补贴或者转移支付给予农民或农业企业一定的经济补偿，以实现农业生态环境的可持续发展。这种补偿方式通常基于农业生态服务的价值，如碳汇、水源涵养、生物多样性保护等，旨在补偿那些为维护和提供这些生态服务而可能产生的成本或损失。

以下是一些常见的财政转移支付补偿方式：一是直接支付，政府直接向提供生态服务的农户或农业企业支付一定的资金，以补偿其生态保护行为带来的成本或损失。二是生态补偿，通过政府或市场机制，向那些提供生态服务（如水质净化、碳固定等）的地区或个体支付补偿，以激励保护和改善生态环境。三是公益林补助，针对具有重要生态、社会、科学价值的森林，政府给予特定补助，以鼓励和支持其保护、建设和可持续利用。四是生态保护红线补偿，对于划定的生态保护红线区域内的农户或企业，因限制开发而产生的经济损失，政府给予一定的经济补偿。五是差别化支付，根据农业生态服务的类型和提供程度，采取差别化的支付策略，确保补偿更加公平合理。六是激励性补贴，对于采取生态友好型农业生产方式（如有机耕作、生态种植等）的农户或企业，给予一定的财政补贴，以激励更多的生产者采用生态可持续的生产方式。

这些补偿方式旨在实现生态与经济的双赢，通过财政转移支付激励农业生产者参与生态保护，从而促进农业生态环境的可持续发展。不同地区和国家根据自身的生态环境条件和经济发展水平，会采取不同的补偿机制和政策措施。

## 二、区域政策

该政策是指在上下级政府之间运用行政权力设置补偿政策。即上级政府对下级政府的农业生态补偿制定特殊支持政策，加大对下级区域的开发性补偿。农业生态产品价值实现的区域政策补偿方式涉及地区性的财政政策和补偿机制，旨在促进特定地区农业生态保护和可持续发展。这些补偿方式不仅考虑到了农业生态服务的提供，还考虑了区域发展的平衡、生态环境的保护以及农民的经济福祉。

以下是一些实现农业生态产品价值的区域政策补偿方式：一是生态功能区划分与补偿，根据不同地区的生态功能和重要性，将农业区域进行功能划分，如生态保护区、限制开发区等，并据此实施差异化的补偿政策。这种方式有助于集中资源保护和修复关键生态区域。二是跨区域生态补偿，在这种机制下，对生态服务的提供者（生态产品价值高的地区）和受益者（生态服务需求大的地区）之间进行经济补偿。例如，上游地区提供的水质净化服务，可以由下游受益的城市或地区提供相应的经济补偿。三是区域合作机制，通过建立区域间合作机制，共同解决跨区域生态环境问题，如水资源管理、森林防火等，这种合作可能包括技术交流、资金支持等多个方面。四是生态产业支持，鼓励和支持生态友好型产业的发展，如生态农业、生态旅游等，通过提供财税优惠政策、技术支持等措施，促进生态产品的价值增加和区域经济的可持续发展。这些区域政策补偿方式的实施，需要各级政府、企业和社会各界的共同参与和支持。通过有效的政策设计和资源配置，可以有效地促进农业生态产品价值的实现，提升农业生态系统的服务功能，促进区域经济和社会的可持续发展。

## 三、生态项目补贴

农业生态产品价值实现的生态项目补偿方式主要通过政府或其他组织提供的补贴来支持那些有助于提高农业生态服务价值的项目。这些补贴旨在减轻提供生态服务者的成本负担，激励更多的农业生产者参与生态保护和恢复项目，从而促进农业生态系统的健康和可持续发展。以下是一些常见的生态项目补贴补偿方式：一是直接补贴，对于实施特定生态农业实践（如有机耕作、生物多样性保护措施、水土保持项目等）的农户或企业，政府直接提供经济补助。二是支付生态服务，政府或私人部门支付给那些通过其农业活动提供生态服务（如碳吸存、水源保护、土壤侵蚀控制）的农户或社区。这种支付通常基于服务的量化评估结果。三是绩效补偿，补贴金额根据项目实施的效果和绩效来确定，鼓励采取最有效的生态保护和恢复措施。这种方式有助于提高项目执行的效率和效果。四是技术和培训支持，提供技术指导、培训和其他形式的支持，帮助农民和农业企业采用生态友好的农业技术和管理方法。虽然这不直接是现金补贴，但可以减少农户的学习和实施成本。五是基础设施建设支持，对于需要建立或改善灌溉系统、土壤保持结构、生态水域等基础设施以提升生态服务价值的项目，政府提供资金支持。六是市场准入和产品认证支持，为了增加生态农业产品的市场价值，政府可提供补贴来支持农户获取有机认证、生态标签等，进而提高其产品在市场上的竞争力。七是风险管理和保险支持，提供补贴以降低转向生态农业实践所带来的经济风险，包括提供价格保障、收入保险等金融产品。

  这些补偿方式通过直接或间接的经济激励，鼓励和支持农业生产者采取生态友好的生产方式，从而实现农业生态产品价值，推动农业生态系统的可持续发展。实施这些补贴政策时，需要考虑其长期可持续性、公平性以及对环境和社会的整体影响，以确保它们能够有效地促进生态保护和农业可持续发展的目标。

## 四、生态税费

农业生态产品价值实现的生态税费补偿方式是通过税收和费用征收机制来激励农业生态保护和可持续发展的策略。这种方式通过对生态服务的提供者给予税收优惠或免税，以及对生态环境造成负面影响的行为征收税费，来实现对农业生态系统服务价值的补偿和激励。以下是一些具体的生态税费补偿方式：一是生态服务奖励税收减免，对于那些在其农业生产活动中提供显著生态服务（如碳固定、水源保护、生物多样性维护等）的农户或企业，政府可以提供税收减免作为奖励。这包括减少所得税、物业税或其他相关税种。二是环境保护税，对于排放污染物、过度使用化肥农药等对环境造成负面影响的行为，征收环境保护税。这种税收旨在通过经济手段鼓励农业生产者减少环境污染和生态破坏。三是资源使用费，对于使用水资源、土地等自然资源进行农业生产的行为，根据使用程度和对生态环境的影响程度征收资源使用费。这有助于促进资源的合理利用和生态保护。四是绿色补贴，通过为那些采用生态友好农业实践（如有机耕作、节水灌溉技术等）的农业生产者提供财政补贴或税收优惠，鼓励更多农户转向可持续的农业生产方式。五是碳交易和碳税，通过建立碳市场，允许农业生产者通过林业碳汇项目等活动产生的碳信用进行交易，或者对碳排放较高的生产活动征收碳税，以促进农业领域的温室气体减排。六是生态补偿费，在一些地区，对于受益于农业生态系统服务（如流域上游的水质净化服务）的用户征收生态补偿费，然后将这些费用用于补偿那些提供生态服务的农业生产者。

通过这些生态税费补偿方式，可以有效地激励农业生产者和企业采取更加环保和可持续的生产方式，同时促进生态服务的提供和农业生态系统的保护。这些机制的设计和实施需要综合考虑地区生态特征、经济发展水平和社会需求,以确保其有效性和公平性。

## 五、生态补偿基金

农业生态产品价值实现的生态补偿基金补偿方式是一种通过设立专门的基金来支持生态保护和可持续农业发展的机制。这种基金通常由政府、国际组织、私人企业或公民社会的捐款组成,旨在为那些对生态系统服务作出贡献的农业生产者提供经济补偿或激励。

以下是生态补偿基金的一些具体补偿方式:一是直接经济补偿,对于在其农业活动中实施生态保护措施(如保持生物多样性、实施有机耕作等)的农户或企业,生态补偿基金可以直接提供经济补偿,以弥补其因采取生态友好措施而可能产生的额外成本或收入损失。二是支付生态服务,基于农业生产者提供的具体生态服务(如水源涵养、碳吸存等),通过生态补偿基金支付相应的服务费用。这种支付通常需要对生态服务的提供进行量化评估。三是技术和能力建设支持,生态补偿基金可以用于支持农业生产者获取生态农业相关的技术指导、培训和能力建设,帮助他们提高生态农业实践的能力,从而提高整体生态服务的提供。四是基础设施和资源管理项目,资助那些旨在恢复和保护农业生态系统的基础设施建设和资源管理项目,如灌溉系统改造、土壤侵蚀控制、生物多样性保护区建设等。五是市场准入和品牌建设,通过生态补偿基金支持农业生产者获取生态标签认证、建立品牌和开拓市场,提高其生态产品的市场竞争力和收入水平。六是激励机制和奖励,设立奖励机制,对于在生态保护和可持续农业实践方面表现突出的农户或企业给予奖励,以此作为鼓励更多生产者参与的激励。

生态补偿基金的设立和运用需考虑到公平性、透明度和长期可持续性，确保资金能够有效地用于促进生态服务的提供和农业生态系统的保护。通过这种机制，可以促进农业生态产品价值的实现，推动农业向更加可持续和环境友好的方向发展。

## 六、生态标记

农业生态产品价值实现的生态标记补偿方式是通过赋予农业产品以生态标签或认证，以表明这些产品是在遵循特定的生态友好或可持续生产标准下生产的。这种方式不仅有助于提升消费者对这些产品的认知和信任，而且能为生产者带来经济上的补偿，通过实现产品价值的提升来反馈给那些投入于生态保护和可持续生产实践的农户或企业。

以下是生态标记补偿方式的几个关键方面：一是市场准入和产品差异化，生态标记使得产品能够在市场上脱颖而出，为生产者提供了市场准入的优势。消费者往往愿意为那些被认为是更健康、更环保的产品支付更高的价格，从而带来更高的利润。二是品牌价值提升，通过获得生态标记，农业生产者可以建立和提升其品牌的环境责任形象，这对于提高消费者忠诚度和扩大市场份额至关重要。三是激励政策和财政支持，政府和国际组织有时会为那些获得特定生态标记的农户或企业提供激励政策，包括财政补贴、税收减免、技术支持等，以鼓励更多的农业生产者遵循生态友好的生产方法。四是增强消费者信任和满意度，生态标记通过第三方认证的方式，为消费者提供了对产品生态属性的信任基础，这有助于增强消费者对品牌的信任和满意度，从而带动产品销量和市场份额的增长。五是提高供应链透明度，生态标记要求产品的生产、加工和分销过程符合一定的生态和社会标准，这促使整个供应链的透明度提高，有利于提升整个行业的可持续性水平。六是促进国际贸易，对于那些希望进入国际市场的农产品生产者来说，获得国际认可的生态标记可以大大促进产品的出口，因为这些标记往往被国际买家视为产品质量和可持续生产的保证。

生态标记补偿方式通过提高农业生态产品的市场认可度和价值，为生产这些产品的农户和企业带来直接的经济利益，同时间接促进农业生态保护和可持续发展。通过这种方式，可以激励更多的农业生产者参与生态友好的生产实践，进而推动整个农业生态系统向更加可持续的方向发展。

### 七、价格补偿

农业生态产品价值实现的价格补偿方式涉及对那些采取生态友好农业实践生产出的农产品提供价格上的补偿或激励。这种补偿机制旨在通过经济手段激励农业生产者采用对环境影响较小的生产方法，从而促进农业生态系统的可持续发展。

以下是价格补偿的几种方式：一是高于市场价格的收购，政府或特定组织向农民提供高于常规市场价格的收购价格，以奖励那些采用可持续生产技术和实践的农户。这种做法直接增加了生态农产品的经济吸引力，鼓励更多农户转向生态友好的生产方式。二是生态补贴，对于那些实施生态农业实践（如有机耕作、节水灌溉等）的农户，政府可以提供直接的财政补贴。这些补贴可以基于生产的面积、采用的特定技术或达到的生态服务标准等多种因素来确定。三是最低价格保障，政府或合作社提供最低价格保障机制，确保生态农产品的生产者在市场价格波动时能够获得稳定的收入。这种机制降低了生产者面临的市场风险，鼓励他们持续从事生态农业活动。四是参与碳市场的收益，对于通过其农业活动实现碳固存或减少温室气体排放的农户，允许他们参与碳交易市场，通过出售碳信用获得额外收入。这种方式直接将生态服务的价值转化为农户的经济收益。五是优先采购和合同种植，政府或大型购买者与农户签订优先采购协议或合同种植协议，为其生态农产品提供稳定的市场和合理的价格。这种合作模式减少了农户销售生态农产品的不确定性，提高了他们的收入稳定性。六是消费者意识提升和市场营销，通过提升消费者对生态农业价值的认识和支持，创建对生态农产品的高价值需求。政府和非政府组织可以通过教育和营销活动来实现这一点，从而帮助农户通过市场机制获得更高的价格补偿。

价格补偿的补偿方式通过提供经济激励，直接鼓励农业生产者投入生态保护和可持续生产活动，从而在经济上支持生态农业的发展和生态服务的提供。这些机制需要结合当地的市场条件、农业生产特点和生态环境需求来设计，以确保其有效性和可持续性。

# 参考文献

包晓斌，2018. 农产品主产区种植业生态补偿研究［J］. 社会科学家（2）：27-32.

包晓斌，朱小云. 农业生态产品价值实现：困境、路径与机制［J/OL］. 当代经济管理. https：//kns. cnki. net/kcms2/detail/13. 1356. F. 20230721. 1003. 002. html.

陈儒，姜志德，2018. 农户低碳农业生产生态补偿标准研究［J］. 干旱区资源与环境，32（9）：63-70.

陈源泉，高旺盛，2007. 农业生态补偿的原理与决策模型初探

[J]．中国农学通报（10）：163-166．

邓远建，肖锐，严立冬，2015．绿色农业产地环境的生态补偿政策绩效评价［J］．中国人口·资源与环境，25（1）：120-126．

金京淑，2011．中国农业生态补偿研究［D］．长春：吉林大学．

李晓光，苗鸿，郑华，等，2009．生态补偿标准确定的主要方法及其应用［J］．生态学报，29（8）：4431-4440．

刘耕源，何萍，王永阳，2021．农业生态产品及其价值实现路径［J］．应用生态学报，32（2）：737-749．

刘明明，2023．农业生态产品价值实现法律机制探究［J］．西南民族大学学报（人文社会科学版），44（10）：67-73．

刘亚男，2013．我国农业生态补偿法律制度完善研究［D］．杨凌：西北农林科技大学．

牛志伟，邹昭晞，2019．农业生态补偿的理论与方法——基于生态系统与生态价值一致性补偿标准模型［J］．管理世界，35（11）：133-143．

王欧，宋洪远，2005．建立农业生态补偿机制的探讨［J］．农业经济问题（6）：22-28+79．

肖越，肖文海，2021．生态转移支付支持绿色农产品开发的机制分析与政策建议［J］．江西社会科学，41（12）：66-74．

谢瑾岚，杨顺顺，宋春艳，2012．绿色食品生产补偿的理论机理与政策设计［J］．生态环境学报，21（1）：194-198．

杨林，2018．我国农业生态补偿制度研究［D］．杨凌：西北农林科技大学．

杨顺顺，宋春艳，谢瑾岚，2012．绿色农产品产业生态补偿主体的博弈分析［J］．生态经济（6）：75-78．

钟婧，2022.生态补偿促进绿色农业发展的机制与对策分析［J］.农业经济（8）：9-11.

邹昭晞，2010.北京农业生态服务价值与生态补偿机制研究［J］.北京社会科学（3）：53-59.

# 第九章
# 农业生态产品价值实现的经济政策

## 第一节 农业生态产品价值实现的产权政策

### 一、农业生态产品产权政策的概念

#### (一) 产权政策

产权政策是指一系列旨在明确产权归属、保护产权权益、促进产权交易与流转的政策措施。这些政策通过法律、行政和经济手段，确保各类资源、资产和产品的产权得到清晰界定和有效保护，从而激发市场主体的积极性和创造力，促进资源的优化配置和经济的可持续发展。产权政策作为现代市场经济体系中的基石，其深远影响贯穿于经济发展的每一个环节。这一系列精心设计的政策措施，不仅着眼于解决产权归属这一根本性问题，更致力于构建一个公平、透明、高效的产权保护环境。在这个过程中，法律、行政和经济手段相互交织，共同织就了一张严密的产权保护网。首先，法律手段是产权政策的坚实后盾。通过制定和完善相关法律法规，如物权法、知识产权法等，国家为各类产权提供了明确的法律界定和强有力的司法保护。这些法律不仅明确了产权的归属和范围，还规定了产权的行使方式和限制条件，为产权纠纷的解决提供了法律依据和程序保障。其次，行政手段在产权政策的实施中发挥着重要作用。政府通过行政管理和监管，确保产权政策的顺利执行和有效落实。这包括建立产权登记制度，对产权信息进行统一管理和公示，提高产权的透明度和可查询性；加强市场监管，打击侵犯产权的违法行为，维护市场秩序和公平竞争；以及提供政策咨询和服务，帮助市场主体了解并充分利用产权政策。最后，经济手段也是推动产权政策实施的重要力量。通过税收、补贴、信贷等经济政策，政府可以引导和激励市场主体积极参与产权交易和流转，促进资源的优化配置和经济的可持续发展。

### (二) 农业生态产品产权政策

农业生态产品产权政策则是产权政策在农业领域的具体应用和深化，它特别针对农业生态产品的特性，制定了一系列旨在明确农业生态产品产权归属、促进生态产品价值实现和保护生态环境的政策措施。这些政策不仅关注农业生态资源的有效利用和生态产品的市场流通，还强调通过政策扶持和激励，推动生态农业的发展，实现农业经济与生态环境的和谐共生。农业生态产品产权政策的实施，对于保障农民权益、促进农村经济发展、提升农业生态产品竞争力以及推动生态文明建设具有重要意义。

农业生态产品产权政策，作为产权政策在农业这一基础而关键领域的精细化延伸与深化实践，其重要性不言而喻。这一政策体系紧密贴合农业生态产品的独特属性与价值，旨在通过一系列创新性与针对性的政策措施，为农业生态产品的产权归属划定清晰界限，确保其产权权益得到充分尊重与保护。这不仅是对传统产权保护理念的拓展，更是对农业可持续发展路径的积极探索。农业生态产品产权政策深入剖析了农业生态资源的自然禀赋与生态功能，通过制定详细的产权界定标准与程序，确保每一寸土地、每一滴水、每一片森林的产权归属都有据可依、有章可循。这种清晰的产权界定，不仅减少了产权纠纷的发生，也为生态产品的市场流通奠定了坚实的基础。同时，政策还鼓励和支持生态产品的标准化生产、品牌化经营，通过提升产品附加值，实现生态价值的最大化。在促进生态产品价值实现方面，农业生态产品产权政策积极构建多元化的市场交易平台与机制，降低交易成本，拓宽销售渠道，使生态产品能够顺畅地进入市场，满足消费者的绿色消费需求。此外，政策还通过引入绿色金融、生态补偿等机制，为生态农业项目提供资金支持和风险保障，进一步激发了农业生产经营者的积极性与创造力。农业生态产品产权政策始终将生态环境保护置于核心地位。它强调在推动生态农业发展的过程中，必须坚持绿色发展理念，遵循自然规律，实现资源的高效利用与循环利用。通过政策扶持和激励，引导农民和企业采用生态友好的生产方式和技术手段，减少化肥农药的使用量，保护生物多样性，维护生态平衡。这种发展模式不仅有助于提升农业生态产品的市场竞争力，更为实现农业经济与生态环境的和谐共生提供了有力支撑。

农业生态产品产权政策的实施，是保障农民权益、促进农村经济发展、提升农业生态产品竞争力以及推动生态文明建设的重要举措。它不仅为农业可持续发展注入了新的活力与动力，更为构建人与自然和谐共生的美好家园贡献了智慧与力量。

### （三）农业生态产品产权政策的意义

农业生态产品产权政策的意义重大，它不仅是推动农业绿色转型和可持续发展的重要驱动力，也是实现农村经济发展与生态环境保护双赢的关键举措。

首先，农业生态产品产权政策通过明确产权归属，为农业生态资源提供了法律保障，确保了资源的有序利用和合理开发。这有助于减少因产权不清而导致的资源浪费和破坏，促进了农业生态资源的可持续利用。

其次，该政策促进了生态产品价值的实现。通过构建完善的生态产品价值核算体系和市场交易机制，农业生态产品的经济价值得到了充分释放，为农民和企业带来了实实在在的经济收益。这不仅激发了农民参与生态农业生产的积极性，也推动了农业产业结构的优化升级。

最后，农业生态产品产权政策在推动生态农业发展方面发挥了重要作用。政策通过提供政策扶持和激励措施，引导农民和企业采用生态友好的生产方式和技术手段，推动了农业绿色转型和可持续发展。这不仅有助于提升农产品的品质和附加值，也促进了农村生态环境的改善和生物多样性的保护。此外，该政策还有助于保障农民权益。通过明确产权归属和提供法律保障，农民在生态农业生产中的合法权益得到了有效维护，增强了他们的获得感和幸福感。

农业生态产品产权政策对于推动农业绿色转型、促进生态产品价值实现、保障农民权益以及实现农村经济发展与生态环境保护双赢具有重要意义。它是实现农业可持续发展的重要保障，也是构建生态文明社会的重要基石。

## 二、农业生态产品产权政策的目标

### （一）明确产权归属，保障资源可持续利用

农业生态产品产权政策的首要目标是清晰界定并保护各类农业生

态资源的产权归属。这一目标的实现，对于确保资源的可持续利用至关重要。通过明确界定土地、水域、森林等自然资源的产权，以及农业生态产品的知识产权，政策为资源的合理利用提供了法律保障。这不仅能有效防止资源的无序开发和过度利用，还能激发农民和企业在生态保护方面的积极性。同时，政策的实施促进了资源的优化配置，鼓励通过市场机制实现资源的高效利用，为农业生产的绿色转型和可持续发展奠定了坚实基础。在这个过程中，产权的明确界定不仅保护了资源的自然价值，还促进了资源经济价值的实现，为农村经济的繁荣注入了新的活力。

## （二）促进生态产品价值实现，推动生态化农业发展

农业生态产品产权政策的第二个目标是促进生态产品价值的充分实现，并以此为契机推动生态农业的快速发展。为了达成这一目标，政策致力于建立健全生态产品的价值核算与评估体系，全面评估其经济价值、社会价值和生态价值。通过构建完善的生态产品市场交易机制，政策为生态产品搭建了通往市场的桥梁，降低了交易成本，提高了市场效率。这不仅让生态产品的独特价值得到了市场的广泛认可，也激发了更多农户和企业投身于生态农业的生产与经营中。生态农业的发展不仅提高了农产品的品质与安全性，还促进了农村生态环境的改善，实现了经济效益与生态效益的双赢。

## （三）保障农民权益，促进农村经济发展

农业生态产品产权政策的第三个目标是充分保障农民的合法权益，并以此为动力促进农村经济的全面发展。政策通过法律手段和政策措施，确保农民在生态农业生产中的土地承包经营权、林权、水权等自

然资源的产权不受侵犯。同时，为了降低农民的生产成本和市场风险，政策还提供了财政补贴、税收优惠、金融支持等经济激励措施。这些措施不仅提高了农民的经济收益，还增强了他们参与生态农业生产的信心与积极性。随着生态农业的不断发展，农村经济的产业结构得到优化升级，就业机会和收入来源不断增加，农村经济的整体实力和竞争力显著提升。

### （四）推动生态文明建设，实现可持续发展

农业生态产品产权政策的最终目标是推动生态文明建设，实现农业、经济、生态和社会的可持续发展。政策深入贯彻生态文明理念，通过发展生态农业和推动生态产品价值实现，促进人与自然和谐共生。在这个过程中，政策不仅关注农业生产方式的转变和生态环境的改善，还注重构建绿色、低碳、循环的农业发展模式。通过政策引导和市场机制的作用，农业生产逐渐向更加环保、高效、可持续的方向发展。这不仅有利于保护农村生态环境和生物多样性，还有助于提升农产品的国际竞争力和市场占有率。最终，农业生态产品产权政策的实施将为实现农业可持续发展、推动生态文明建设作出重要贡献。

## 三、农业生态产品产权政策的内容

### （一）产权明晰与确权登记

农业生态产品产权政策的基石在于产权的明晰与确权登记。这一政策环节旨在通过法律手段，对农业生态资源进行全面梳理和界定，确保每一块土地、每一片水域、每一片森林等自然资源的所有权、使

用权和经营权得到明确。通过统一的确权登记制度，不仅能为农民和农业企业提供清晰的产权证明，增强他们的产权保护意识，还能为后续的产权流转和市场化交易奠定坚实基础。产权的明晰有助于减少因权属不清引发的纠纷，保障农业生态资源的可持续利用，促进农业生产的绿色转型。同时，确权登记还有助于政府更好地掌握农业生态资源的分布和利用情况，为制定科学合理的资源管理和保护政策提供有力支撑。

## （二）产权流转与市场化交易

在产权明晰的基础上，农业生态产品产权政策的第二个重要环节是产权的顺畅流转和市场化交易。这一政策旨在打破传统农业资源利用的封闭状态，推动农业生态资源向更高效、更环保的利用方式转变。通过建立健全的产权流转机制，农民和农业企业可以更加灵活地处置自己的产权，实现资源的优化配置。同时，市场化交易平台的建立，为生态产品提供了更广阔的展示和销售渠道，有助于实现生态产品的价值最大化。产权流转与市场化交易不仅激发了农民和农业企业的积极性，还促进了农业生态产品的标准化、品牌化建设，提高了农产品的附加值和市场竞争力。

## （三）生态保护与补偿机制

农业生态产品产权政策的第三个关键内容是生态保护与补偿机制的建立。这一政策旨在通过经济补偿等手段，激励农民和农业企业积极参与生态保护活动，实现经济发展与生态保护的良性循环。生态保护补偿机制包括多种形式，如政府补贴、税收优惠、生态产品交易收益等，旨在弥补因生态保护而可能带来的经济损失。同时，政策还鼓励社会各界参与生态保护活动,形成政府主导、市场运作、社会参与的多元化生态保护格局。生态保护与补偿机制的建立,不仅有助于保护农业生态资源的完整性和稳定性,还能提高农民和农业企业的生态保护意识,推动农业生产的可持续发展。

## 四、农业生态产品产权政策的成效

### (一) 产权明晰与保护加强

农业生态产品产权政策的首要成效在于产权的明晰与保护加强。通过确权登记颁证,明确了农业生态资源的所有权、使用权和经营权,有效解决了长期以来存在的权属不清、责任不明等问题。这不仅增强了农民的产权保护意识,也为后续的产权流转和市场化交易提供了坚实基础。同时,政府加强了对农业生态资源的监管和保护,严厉打击了非法侵占、破坏生态资源的行为,保障了农业生态产品的安全稳定供应。

### (二) 资源优化配置与利用

产权政策的实施促进了农业生态资源的优化配置与利用。在产权明晰的基础上,农民和农业企业可以根据市场需求和资源禀赋,灵活调整生产结构和布局,实现资源的最大化利用。同时,产权的流转和交易机制,使生态产品能够在更广阔的市场范围内进行交易,推动了生态产品的价值实现。这不仅提高了农业生产的效率和效益,也促进了农业产业结构的调整和升级。

### (三) 生态保护与补偿机制建立

农业生态产品产权政策的实施还推动了生态保护与补偿机制的

建立。政府通过制定和实施生态保护补偿政策，对在生态保护中作出贡献的农民和农业企业给予经济补偿，激励他们积极参与生态保护活动。这种"谁保护、谁受益"的补偿机制，有效缓解了生态保护与经济发展之间的矛盾，促进了农业生态资源的可持续利用。同时，政府还加大了对生态修复和治理的投入力度，改善了农业生态环境质量。

（四）农民收入增加与生活质量提升

产权政策的实施为农民带来了实实在在的利益。通过产权流转和市场化交易，农民可以将自己的生态产品转化为经济收益，增加了收入来源。同时，政府还通过提供技术培训、市场信息等服务，帮助农民提高生产技能和经营能力，进一步提升了他们的收入水平。随着收入的增加，农民的生活质量也得到了显著提升，包括住房条件改善、教育医疗水平提高等方面。

（五）示范效应与经验推广

农业生态产品产权政策的实施还产生了良好的示范效应和经验推广价值。一些地区在产权政策实施过程中取得了显著成效，形成了可复制、可推广的经验和模式。这些经验和模式为其他地区提供了有益的借鉴和参考，推动了全国范围内农业生态产品产权政策的深入实施。同时，这些成功案例还增强了社会各界对农业生态产品产权政策的信心和认同度，为政策的持续推进营造了良好的社会氛围。

## 第二节 农业生态产品价值实现的价格政策

### 一、农业生态产品价格政策的概念

#### (一) 价格政策

价格政策是宏观经济调控的重要手段之一,它通过调整商品和服务的价格水平及价格结构,来影响市场供求关系,进而实现经济稳定、资源优化配置和社会公平等目标。价格政策涵盖了多个领域,包括农产品、工业品、服务业等,其制定与实施需充分考虑市场需求、生产成本、消费者承受能力、行业竞争力以及环境保护等多方面因素。通过合理的价格政策,政府可以引导资源向高效益、低污染、可持续的领域流动,促进经济结构的优化升级和生态环境的改善。

#### (二) 农业生态产品价格政策

农业生态产品价格政策,则是专门针对农业领域内生态产品所制定的一系列价格调控措施。这些生态产品通常具有环境友好、资源节约、健康安全等特性,如绿色食品、有机农产品、生态农业服务等。农业生态产品价格政策的核心在于通过市场机制,合理反映生态产品的真实价值,激励农民和农业企业采用更加环保、可持续的生产方式,同时保障消费者的健康权益。具体来说,该政策可能包括设置生态产品最低保护价、提供价格补贴、实施差异化定价策略、建立生态产品认证与标识制度等措施,以促进农业生态产品的生产、流通和消费,推动农业向绿色、低碳、循环方向发展。

### (三) 农业生态产品价格政策的意义

农业生态产品价格政策对该产业的发展具有重要意义，它不仅是推动农业可持续发展的重要驱动力，也是实现经济、社会与环境和谐共生的关键举措。该政策的意义主要体现在以下几个方面：首先，农业生态产品价格政策有助于合理反映生态产品的真实价值。生态产品，如绿色食品、有机农产品等，在生产过程中注重环境保护和生态平衡，采用了更加环保、可持续的生产方式，因此其生产成本往往高于传统农产品。通过制定科学合理的价格政策，可以确保这些生态产品获得与其价值相符的市场价格，从而激励农民和农业企业积极投身于生态农业的发展之中，促进农业生产方式的转型升级；其次，该政策有助于保障农民的经济利益和生产积极性。由于生态产品的生产成本较高，如果没有相应的价格政策支持，农民可能会因为经济效益低下而缺乏生产动力。通过实施价格补贴、税收优惠等政策措施，可以有效降低农民的生产成本，提高生态产品的市场竞争力，从而保障农民的经济利益和生产积极性，促进农业生产的稳定发展；再次，农业生态产品价格政策还有助于促进消费者健康和社会福祉。生态产品通常具有更高的营养价值和更好的口感品质，能够满足消费者对健康、安全、高品质农产品的需求。通过制定合理的价格政策，可以引导消费者更多地选择生态产品，提高消费者的健康水平和生活质量。同时，生态产品的生产和消费也有助于减少化肥、农药等化学物质的使用量，降低农业面源污染，改善农村生态环境，促进社会的可持续发展；最后，该政策还有助于推动农业生态产品市场的健康发展。通过建立健全的市场准入和认证制度，可以确保生态产品的质量和安全，维护市场的公平竞争秩序，引导社会资本更多地投入生态农业领域，推动农业生态产品市场的规模扩大和产业升级,为农业可持续发展注入新的活力。总之,农业生态产品价格政策在推动农业可持续发展、保障农民经济利益、促进消费者健康和社会福祉以及推动农业生态产品市场健康发展等方面都具有重要意义。

## 二、农业生态产品价格政策的目标

### (一) 合理反映生态产品价值

农业生态产品价格政策的首要目标是确保这些产品的市场价格能够全面且真实地反映其内在价值。生态产品,如绿色食品和有机农产品,在生产过程中融入了更高的环保标准、可持续的生产方式以及对消费者健康的关注,因此其成本结构相较于传统农产品更为复杂。政策通过科学的定价机制,充分考虑了生态产品的生产成本、环境成本、健康效益以及市场稀缺性等因素,旨在使市场价格能够准确体现这些产品的真实价值,从而激励生产者继续投入于生态农业实践,促进农业生态产品的可持续发展。

### (二) 保障农民经济利益

农业生态产品价格政策的另一重要目标是保障农民的经济利益,激发其生产积极性。由于生态产品的生产通常需要更多的劳动力投入、技术革新以及遵循更为严格的环保标准,因此其生产成本往往高于传统农产品。为了确保农民在生态产品生产中能够获得合理的经济回报,政策通过实施价格补贴、税收优惠等激励措施,有效降低了农民的生产成本和市场风险,保障了其经济利益的实现。这不仅有助于激发农民的生产热情,还促进了农业生态产品的稳定供应和品质提升。

### (三) 促进消费者健康和社会福祉

农业生态产品价格政策还致力于促进消费者健康和社会福祉的提升。随着消费者对食品安全和健康问题的关注度日益提高，生态产品因其高品质、无污染的特性而备受青睐。政策通过引导消费者选择健康、安全的生态产品，不仅满足了消费者对高品质生活的追求，还有助于提升公众的健康水平和生活质量。同时，政策还通过市场宣传和推广活动，提高消费者对生态产品的认知度和信任度，进一步促进了生态产品市场的繁荣和发展。

### (四) 推动农业生态产品市场健康发展

为了促进农业生态产品市场的健康发展，政策在建立健全市场体系方面发挥了积极作用。通过完善市场准入和认证制度，政策规范了生态产品的生产和销售行为，确保了市场上生态产品的真实性和可靠性。同时，政策还加强了市场监管和执法力度，打击了假冒伪劣产品等不正当竞争行为，维护了市场的公平竞争秩序。此外，政策还鼓励生态产品标准化、品牌化建设，提升了生态产品的市场竞争力和品牌价值，为农业生态产品市场的长远发展奠定了坚实基础。

### (五) 促进农业可持续发展

农业生态产品价格政策的根本目标是促进农业的可持续发展。通过价格政策引导农业生产方式向更加环保、可持续的方向发展，政策有助于推动农业生态系统的良性循环。政策鼓励农民采用生态农业技术和管理模式，减少化肥、农药等化学物质的使用量，降低农业生产对环境的负面影响。同时，政策还支持农业废弃物的资源化利用和循环经济发展，促进了农业资源的节约和高效利用。这些措施不仅有助于保护农业生态环境，还提高了农业生产的可持续性和稳定性，为农业的长期发展提供了有力保障。

## 三、农业生态产品价格政策的内容

### （一）价格支持机制

农业生态产品价格政策的核心在于构建稳固的价格支持机制，以确保生态产品生产者能够获得公平合理的市场回报。这一机制通过设定最低保护价、实施价格补贴等手段，为生态产品提供了一层"安全网"。当市场价格因市场波动或信息不对称而低于生产成本时，政府将及时介入，通过补贴或收购等方式，保护生产者的积极性，避免其因经济损失而放弃生态农业生产。这种价格支持机制不仅稳定了生态产品的市场价格，还促进了生态农业的可持续发展。

### （二）价格形成机制

为了确保生态产品的价格能够真实反映其内在价值，农业生态产品价格政策强调建立科学、合理的价格形成机制。这一机制综合考虑了生态产品的生产成本、环境成本、健康效益以及市场供需关系等多重因素，通过市场机制与政府调控相结合的方式，形成具有竞争力的市场价格。同时，政策还鼓励生态产品生产企业加强品牌建设，提升产品附加值，从而在市场上获得更高的认可度和价格优势。这种价格形成机制既保障了生产者的利益，又满足了消费者的需求，促进了生态产品市场的健康发展。

### (三) 价格监管与信息公开

农业生态产品价格政策的顺利实施离不开有效的价格监管与信息公开。政府通过建立健全的价格监测体系，及时掌握生态产品的市场价格动态，为政策制定和调整提供科学依据。同时，政府还加强了对生态产品市场的监管力度，严厉打击价格欺诈、恶意竞争等不法行为，维护了市场秩序和公平竞争。此外，政府还通过信息公开渠道，及时发布生态产品的价格政策、价格信息等相关内容，提高了市场透明度，减少了信息不对称，为消费者和生产者提供了更加公平、透明的市场环境。

### (四) 价格激励机制

为了激发生产者对生态产品的生产热情，农业生态产品价格政策还设计了价格激励机制。这一机制通过优质优价、产量奖励等方式，对生产高品质、高产量的生态产品的生产者给予奖励或补贴。这种激励机制不仅提高了生产者的经济效益，还促进了生态产品质量的提升和产量的增加。同时，政策还鼓励生产者采用先进的生态农业技术和管理模式，提高生产效率和资源利用率，进一步降低生产成本，提高市场竞争力。这种价格激励机制与生态农业的发展目标相契合，共同推动了农业的可持续发展。

### (五) 价格政策与其他政策的协同

农业生态产品价格政策不是孤立存在的，它需要与其他相关政策相协同，形成政策合力，共同推动生态农业的发展。这些相关政策包括环保政策、农业补贴政策、金融支持政策等。在价格政策的制定和实施过程中，政府需要充分考虑这些政策的相互影响和制约关系，确保各项政策之间的协调和配合。通过政策协同，政府可以更有效地引导生产者采用环保的生产方式和技术手段，提高生态产品的质量和产量；同时也可以通过政策支持和激励措施，降低生产者的经济负担和市场风险，提高其生产积极性和市场竞争力。这种政策协同机制为生态农业的可持续发展提供了有力保障。

## 第三节 农业生态产品价值实现的金融政策

### 一、农业生态产品金融政策的概念

#### （一）金融政策

金融政策是国家宏观调控的重要手段之一，旨在通过调节货币供应、利率、信贷规模等金融变量，来影响经济活动的总量和结构，以实现经济稳定增长、物价稳定、充分就业和国际收支平衡等宏观经济目标。近年来，金融政策更加注重绿色发展和可持续性，通过绿色金融政策引导资金流向环保、低碳、可持续的领域和项目。这包括提供低息贷款、绿色债券、碳交易等金融工具，支持清洁能源、节能减排、生态保护等绿色项目的融资需求。同时，金融政策还加强了对金融风险的防范和化解，保障金融体系的稳健运行，为实体经济发展提供坚实的金融支持。

#### （二）农业生态产品金融政策

农业生态产品金融政策是金融政策在农业领域的具体体现，旨在通过金融手段促进农业生态产品的生产、加工、流通和消费，推动农业绿色发展和可持续发展。该政策包括多个方面，如提供农业生态产品的价格支持机制，通过金融补贴和保险等方式降低生产者的经济风险；建立农业生态产品的融资机制，通过绿色信贷、绿色债券等金融工具支持生态农业项目的融资需求；加强农业生态产品的市场监管和信息公开，提高市场透明度，保障生产者和消费者的权益；以及推动农业生态产品与其他相关政策的协同，形成政策合力，共同推动农业绿色发展和乡村振兴。通过这些措施，农业生态产品金融政策为生态农业的发展提供了有力的金融支持，促进了农业资源的可持续利用和生态环境的改善。

（三）农业生态产品金融政策的意义

农业生态产品金融政策不仅关乎农业自身的可持续发展，更对农村经济、生态环境保护以及社会经济的整体进步产生着深远的影响。

首先，农业生态产品金融政策是推动农业绿色转型和可持续发展的重要驱动力。在全球化日益加深、环境问题日益凸显的背景下，传统农业发展模式面临着前所未有的挑战。过度使用化肥农药、水资源浪费、土壤污染等问题日益严重，对农业生态系统和农产品质量造成了严重威胁。农业生态产品金融政策通过提供资金支持、优化信贷结构、推广绿色农业技术等措施，引导农业生产向更加环保、可持续的方向转变。这不仅能够减轻农业生产对环境的压力，保护农业生态系统的健康稳定，还能够提高农产品的品质和安全性，满足消费者对健康、绿色食品的需求。

其次，农业生态产品金融政策有助于促进农村经济的多元化和可持续发展。农村经济的发展离不开农业产业的支撑，而农业生态产品的生产与销售则为农村经济注入了新的活力。通过金融政策的支持，农民可以更加积极地投身于生态农业的生产中，采用先进的农业技术和管理模式，提高农产品的附加值和市场竞争力。同时，生态农业的发展还能够带动农村旅游、农产品加工等相关产业的发展，形成多元化的农村经济结构。这种多元化的经济结构不仅能够提高农民的收入水平，还能够增强农村经济的抗风险能力，为农村地区的长期稳定发展奠定坚实基础。

再次，农业生态产品金融政策对于生态环境保护具有重要意义。农业是生态系统的重要组成部分，农业生产活动对生态环境的影响不容忽视。农业生态产品金融政策通过引导农业生产向环境友好型方向发展，减少了化肥农药的使用量，降低了农业面源污染的风险。同时，该政策还鼓励农民采用节水灌溉、有机耕作等环保措施，促进了农业资源的节约和循环利用。这些措施的实施有助于改善农村生态环境质量，提高生态系统的服务功能，为人类的生存与发展提供更加良好的环境条件。

最后，农业生态产品金融政策还具有重要的社会意义。随着人们生活水平的提高和消费观念的转变，越来越多的人开始关注食品安全和生态环境问题。农业生态产品作为健康、绿色、环保的代名词，受到了越来越多消费者的青睐。农业生态产品金融政策的实施，不仅满足了消费者对高品质农产品的需求，还提高了农民的环保意识和生态责任感。这种环保意识的提升将有助于推动全社会形成绿色、低碳、可持续的生活方式和发展模式，为构建生态文明社会贡献力量。

总之，农业生态产品金融政策在推动农业绿色转型、促进农村经济多元化发展、保护生态环境以及提高社会环保意识等方面具有重要意义。它是实现农业可持续发展、乡村振兴以及生态文明建设的重要保障。

## 二、农业生态产品金融政策的目标

### （一）促进农业绿色转型与可持续发展

农业生态产品金融政策的首要目标是促进农业绿色转型，实现农业可持续发展。这一目标通过引导金融机构创新绿色金融产品，如生态贷、绿色农机研发贷款等，支持农户和农业企业采用生态友好型生产方式和技术，减少化肥、农药的使用量，提高资源利用效率，降低环境污染。同时，政策还鼓励金融机构为生态农业项目提供长期稳定的资金支持，确保农业绿色转型的顺利进行，实现农业经济效益、生态效益和社会效益的协调统一。

### （二）提升农村生态环境质量

农业生态产品金融政策旨在通过金融支持，提升农村生态环境质量。这包括支持农村污水处理、垃圾分类处理、生态修复等环保基础设施的建设和运营，改善农村人居环境。同时，政策鼓励金融机构为生态农产品生产、加工和销售提供融资支持，推动生态农产品的品牌化、标准化和规模化发展，增加绿色优质农产品的供给，满足市场对健康、安全农产品的需求，从而进一步促进农村生态环境的改善和保护。

### （三）增强农业产业竞争力

农业生态产品金融政策通过加大对农业科技创新和产业升级的

金融支持力度，旨在增强农业产业竞争力。政策鼓励金融机构为农业关键核心技术攻关、现代农业设施建设和先进农机研发提供中长期贷款，推动农业科技创新成果的转化和应用，提高农业生产效率和产品质量。此外，政策还支持农产品加工流通业的发展，通过提供订单、应收账款质押等融资方式，帮助农产品加工企业扩大生产规模，提升加工水平，延长产业链条，增加产品附加值，提高农业产业的整体竞争力。

### （四）保障农民收益与促进农民增收

农业生态产品金融政策注重保障农民收益，促进农民增收。政策通过创新金融产品和服务，满足农民在扩大生产规模、提升生产技术和市场开拓等方面的资金需求，降低农民的生产成本和经营风险。同时，政策还支持农村一二三产业的融合发展，鼓励金融机构为农村旅游、休闲农业、农村电商等新产业新业态提供金融支持，为农民创造更多就业机会和增收渠道。此外，政策还通过推广农业保险等风险保障措施，降低自然灾害和市场波动对农民收益的影响，确保农民收入的稳定增长。

### （五）推动乡村振兴与城乡融合发展

农业生态产品金融政策的最终目标是推动乡村振兴与城乡融合发展。政策通过加大对乡村基础设施建设和基本公共服务提升的金融支持，改善乡村生产生活条件，提高乡村居民的生活品质。同时，政策还鼓励金融机构为乡村特色产业和富民产业发展提供融资支持，推动农村产业结构的优化升级和农村经济的多元化发展。此外，政策还注重促进城乡要素的自由流动和优化配置，推动城乡产业协同发展、资源高效利用和公共服务均等化，实现城乡融合发展新格局。

## 三、农业生态产品金融政策的作用

### （一）强化绿色金融产品和服务创新

农业生态产品金融政策的核心在于通过强化绿色金融产品和服务的创新，为农业绿色发展注入强大动力。这一政策鼓励金融机构积极探索与生态农业、绿色种植、养殖等领域相适应的金融产品和服务模式，如推出针对生态农业项目的专项贷款、创新生态资产抵质押方式等。这些创新举措不仅降低了农户和农业企业的融资门槛，还为他们提供了更加灵活多样的融资渠道，有效满足了生态农业项目对长期、稳定资金的需求，促进了农业生态产品的生产和推广。

### （二）加大生态农业项目融资支持力度

为了保障生态农业项目的顺利实施，农业生态产品金融政策明确加大了对生态农业项目的融资支持力度。这包括提供项目贷款、流动资金贷款、融资租赁等多种形式的融资服务，以满足生态农业项目在不同阶段、不同环节的资金需求。政策还特别关注高标准农田建设、生态修复、水土保持等关键领域，通过提供长期低息贷款等优惠措施，引导社会资本向这些领域投入，推动农业基础设施建设和生态环境改善。这不仅提升了农业生态产品的生产能力和质量水平，还为农村经济的可持续发展奠定了坚实基础。

### （三）支持农业生态产品价值实现

农业生态产品金融政策还注重支持农业生态产品价值的实现，通过推动生态产品品牌化、标准化和市场化发展,提升生态产品的附加值和市场竞争力。政策鼓励金融机构为生态产品的生产、加工、销售等环节提供全方位的金融支持,包括融资、结算、保险等多种服务。同时,政策还积极培育生态产品交易市场,搭建生态产品交易平台,为生态产品的交易和流通提供便利条件。这些措施有助于促进生态产品的价值转化和增值,提高农户和企业的收益水平,进一步激发他们发展生态农业的积极性。

### (四) 推动农村绿色金融体系建设

为了确保农业生态产品金融政策的顺利实施,政策还积极推动农村绿色金融体系的建设。这包括完善农村绿色金融政策框架、建立绿色信用评价体系、加强绿色金融人才培养等多个方面。通过构建完善的绿色金融体系,政策为农业生态产品金融政策的实施提供了有力的制度保障和人才支持。同时,政策还注重加强金融机构之间的合作与协调,推动形成绿色金融服务的合力,共同为农业绿色发展贡献力量。

### (五) 加强风险管理和政策保障

在推动农业生态产品金融政策的过程中,风险管理和政策保障是不可或缺的重要环节。政策要求建立健全风险补偿机制、完善保险保障体系等措施,以降低金融机构和农户的风险。同时,政策还加强了对绿色金融业务的监管和指导,确保绿色金融业务健康有序发展。通过加强风险管理和政策保障,政策为农业生态产品金融政策的顺利实施提供了坚实的后盾,为农业绿色发展提供了有力的金融支持。

## 第四节 农业生态产品价值实现的财政政策

### 一、农业生态产品财政政策的概念

#### (一) 财政政策

财政政策作为国家宏观经济调控的重要手段,在促进经济增长、优化经济结构、调节收入分配以及保障社会民生等方面发挥着至关重要的作用。近年来,随着全球经济环境的不断变化和国内发展需求的日益多样化,我国财政政策在保持稳健性的同时,也更加注重精准性、有效性和可持续性。一方面,通过加大财政投入,支持基础设施建设、科技创新、教育医疗等关键领域的发展,为经济增长提供强劲动力;另一方面,通过实施减税降费、优化财政支出结构等措施,减轻企业负担,激发市场活力,促进经济转型升级。此外,财政政策还注重与货币政策、产业政策等协同配合,形成政策合力,共同推动经济高质量发展。在乡村振兴和农业现代化进程中,财政政策更是发挥了不可替代的作用,通过加大对农业的投入和支持力度,推动农业科技创新、农村基础设施建设、农村人居环境改善等,为实现农业强、农村美、农民富的目标奠定了坚实基础。

#### (二) 农业生态产品财政政策

农业生态产品财政政策,是财政政策在农业领域的具体体现,旨在通过财政手段促进农业生态产品的生产、加工、销售和价值实现,推动农业绿色发展和生态文明建设。该政策的核心在于通过财政补贴、税收优惠、金融支持等多种方式，引导农民和企业积极投入生态农业领域，提高农业生态产品的供给能力和质量水平。具体而言，农业生态产品财政政策包括以下几个方面：首先，加大财政补贴力度，对从事生态农业生产的农民和企业给予直接补贴，以弥补其因采用环保生产方式而增加的成本。同时，设立生态农业专项基金，支持生态农业技术研发、示范推广和品牌建设等关键环节。其次，实施税收优惠政策，对生态农业产品及其加工品给予税收减免或优惠，降低其市场成本，提高其市场竞争力。此外，通过开征农业生态税等绿色税种，将农业生产过程中产生的环境污染成本内部化，引导农民和企业减少化肥、农药等有害物质的使用，促进农业可持续发展。再次，强化金融支持，鼓励金融机构创新绿色金融产品和服务，为生态农业项目提供低息贷款、融资担保等金融服务。同时，建立生态农业风险补偿机制，降低金融机构支持生态农业项目的风险，提高其积极性。最后，加强政策宣传和引导，提高农民和企业对生态农业的认识和参与度。通过举办生态农业培训班、组织生态农业产品展示会等活动，普及生态农业知识和技术，推动生态农业理念深入人心。同时，加强政策解读和宣传，让农民和企业充分了解政策内容和申请流程，确保政策落到实处、发挥实效。

总之，农业生态产品财政政策是促进我国农业绿色发展和生态文明建设的重要手段。通过加大财政投入、实施税收优惠、强化金融支持等措施，该政策将有力推动农业生态产品的生产、加工、销售和价值实现，为实现农业强、农村美、农民富的目标贡献力量。

（三）农业生态产品财政政策的意义

农业生态产品财政政策在推动农业现代化、促进可持续发展以及实现农村经济绿色转型中扮演着至关重要的角色,其作用和意义深远而广泛。具体而言,农业生态产品财政政策通过精准的财政补贴、税收优惠、金融支持等手段,为生态农业的发展提供了强有力的资金保障和政策支持。这一政策不仅直接降低了农民和农业企业从事生态农业生产的经济成本,激发了他们投身生态农业的积极性,还通过引导生产要素向生态农业领域流动,促进了农业产业结构的优化升级。更重要的是,农业生态产品财政政策在保障国家粮食安全和农产品质量安全的同时,也有效促进了农业生态环境的改善和保护,为子孙后代留下了宝贵的自然资源和良好的生态环境。从更宏观的层面来看,农业生态产品财政政策是国家生态文明建设战略的重要组成部分。它体现了国家对农业绿色发展的高度重视和坚定决心,是推进农业现代化、实现乡村振兴战略的关键举措。通过这一政策的实施,国家不仅能够有效应对资源环境约束趋紧、农业生产方式粗放等挑战,还能够促进农业与二三产业的深度融合,推动农村经济的多元化和可持续发展。同时,农业生态产品财政政策的实施还有助于提升农产品的附加值和市场竞争力,增加农民收入,改善农村生活条件,为实现全面小康社会和中华民族伟大复兴的中国梦贡献力量。此外,农业生态产品财政政策还具有重要的社会意义。它通过促进生态农业的发展,推动了农村社会的和谐稳定和全面发展。生态农业注重生态平衡和环境保护,有助于减少农业面源污染和生态破坏,保护农村生态环境和生物多样性。同时,生态农业的发展也促进了农村产业结构的调整和优化,为农民提供了更多的就业机会和创业空间,有助于缓解农村就业压力和促进农民增收。此外,生态农业还注重文化传承和社区参与,有助于保护和传承农村优秀传统文化和习俗,增强农民的归属感和幸福感。

## 二、农业生态产品财政政策的目标

### (一) 保障粮食安全与提升农产品质量

在全球化背景下,保障国家粮食安全是农业生态产品财政政策的首要任务。通过财政补贴、技术支持和市场导向,政策鼓励农民采用生态农业技术,如有机耕作、生物防治等,以减少化学物质的依赖,提高土壤质量和农产品的自然风味与营养价值。这不仅有助于满足国内消费者对健康、安全食品的需求,还增强了农产品的国际竞争力,促进了农业出口。同时,政策还注重农产品质量监管和追溯体系建设,确保从田间到餐桌的全程质量控制,提升消费者对农产品的信任度和满意度。

### (二) 促进农业生态环境保护与修复

农业生态产品财政政策将农业生态环境保护视为重要目标,致力于构建资源节约型和环境友好型的农业生产体系。政策通过生态补偿、环境治理项目资助等方式,激励农民积极参与生态环境保护和修复工作,如退耕还林还草、水土保持、湿地恢复等。这些措施有助于减少农业活动对自然资源的过度消耗和生态环境的破坏,促进生物多样性保护和生态平衡的恢复。同时,政策还推动农业废弃物的资源化利用,如秸秆还田、畜禽粪便处理等,实现农业废弃物的减量化、资源化和无害化。

### (三) 推动农业经济结构转型升级

农业生态产品财政政策着眼于农业经济的长远发展,致力于推动农业经济结构的转型升级。政策通过财政投入和政策引导，支持农业科技创新和成果转化，鼓励发展现代农业、智慧农业和绿色农业等新型农业业态。这些新型农业业态以科技创新为驱动，以市场需求为导向，注重农业生产效率、资源利用效率和产品附加值的提升。同时，政策还推动农业与二三产业的深度融合，发展农产品加工业、农村旅游业等关联产业，延长农业产业链条，增加农业综合效益。这些措施有助于打破传统农业的发展瓶颈，推动农业向高质量、高效益、可持续的发展模式转变。

## （四）增加农民收入与改善农村生活

农业生态产品财政政策将增加农民收入、改善农村生活作为重要目标之一。通过财政补贴、税收优惠、金融支持等多种方式，政策降低农民的生产成本负担，提高农业经营收益。同时，政策还鼓励农民参与生态农业产业链条的延伸和拓展，如农产品加工、流通、销售等环节，为农民提供更多的就业机会和创业空间。此外，政策还注重农村基础设施建设和公共服务水平的提升，如农村道路、供水、供电、通信等基础设施的完善以及教育、医疗、文化等公共服务的覆盖。这些措施有助于改善农民的生活条件和生产环境，提高农民的生活质量和幸福感。

## （五）促进农村社会治理与和谐发展

农业生态产品财政政策在推动农业发展的同时，也注重农村社会治理和和谐发展的促进。政策通过财政投入和政策引导，加强农村基层组织建设和社会治理体系建设，提高农村社会治理能力和水平。同时，政策还注重培育农村社区组织和农民合作社等社会组织的发展壮大，增强农民的自我管理和自我服务能力。这些社会组织在推动农业生态产品生产、加工、销售以及农村生态环境保护等方面发挥着重要作用。此外，政策还注重农村文化建设和精神文明建设的发展繁荣，弘扬农村优秀传统文化和习俗，提高农民的文化素养和道德水平。这些措施有助于构建和谐的农村社会环境，促进农民之间的团结互助和共同发展，推动农村社会的全面进步和繁荣。

## 三、农业生态产品财政政策的内容

### （一）财政补贴与激励

农业生态产品财政政策通过直接财政补贴和奖励机制，激励农民和企业从事生态农业生产。补贴对象包括采用生态耕作方式、减少化肥农药使用、实施农业废弃物资源化利用等环保措施的农业生产者。补贴资金主要用于支持生态农业技术研发、示范推广、基础设施建设等方面，以降低生态农业的生产成本，提高生态农业的经济效益和生态效益。这种补贴与激励措施不仅促进了农业生态产品的生产，还带动了农业生态环境的改善。

### （二）税收优惠与减免

为了鼓励生态农业的发展，农业生态产品财政政策还提供了税收优惠和减免政策。这些政策包括对生态农业产品及其加工品给予税收减免或优惠，降低其市场成本，提高其市场竞争力。同时，对于从事生态农业技术研发、推广和服务的企业和机构，也给予一定的税收优惠政策。这些税收优惠措施有效减轻了生态农业企业和个人的经济负担，激发了他们投身生态农业的积极性。

### （三）金融支持与融资便利

农业生态产品财政政策还注重金融支持与融资便利的提供。政策鼓励金融机构创新绿色金融产品和服务，为生态农业项目提供低息贷款、融资担保等金融服务。此外，还建立了生态农业风险补偿机制，降低金融机构支持生态农业项目的风险。这些金融支持与融资便利措施为生态农业项目提供了充足的资金来源和保障，促进了生态农业的快速发展。

### （四）生态保护与补偿

农业生态产品财政政策强调生态保护与补偿的重要性。政策通过设立生态补偿机制，对参与生态保护和修复的农民和企业给予经济激励。这包括退耕还林还草、湿地保护、水土保持等项目的补贴和奖励。同时，政策还鼓励农民采用轮作休耕、秸秆还田等生态友好型耕作方式，以减少农业活动对生态环境的破坏。这些生态保护与补偿措施有助于恢复和提升农业生态系统的服务功能，为农业可持续发展奠定坚实基础。

### （五）市场拓展与品牌建设

农业生态产品财政政策还注重市场拓展与品牌建设的支持。政策通过举办生态农业产品展示会、交易会等活动，搭建生态农业产品与市场对接的平台。同时，鼓励农业企业和合作社加强品牌建设和市场营销，提高农业生态产品的知名度和美誉度。这些市场拓展与品牌建设的支持措施有助于扩大生态农业产品的市场份额和销售渠道，促进农业生态产品的价值实现和农民增收。

# 参考文献

李晶,2019.长白山生态功能区绿色发展的财政政策研究 [J].商讯 (6).

刘耕源,何萍,王永阳,2021.农业生态产品及其价值实现路径 [J].应用生态学报 (2).

刘耕源,王硕,颜宁聿,等,2020.生态产品价值实现机制的理论基础：热力学,景感学,经济学与区块链 [J].中国环境管理 (5).

丘水林,2021.多元化生态产品价值实现：政府角色定位与行为边界——基于"丽水模式"的典型分析 [J].理论月刊 (8).

丘水林,靳乐山,2019.生态产品价值实现的政策缺陷及国际经验启示 [J].经济体制改革 (3).

丘水林,靳乐山,2021.生态产品价值实现：理论基础、基本逻辑与主要模式 [J].农业经济 (4).

邵晓琰,2009.扶持生态农业发展的财政支出政策刍议 [J].哈尔滨商业大学学报（社会科学版）(1).

孙博文,彭绪庶,2021.生态产品价值实现模式、关键问题及制度保障体系 [J].生态经济 (6).

薛兆玲,2017.我国生态农业发展的财政政策支持研究 [J].产业与科技论坛 (22).

杨晓梅,尹昌斌,2022.农业生态产品的概念内涵和价值实现路径 [J].中国农业资源与区划 (12).

叶有华,肖冰,冯宏娟,等,2022.乡村振兴视域下的生态产品价值实现模式路径研究[J].生态环境学报（2）.

张铁亮，2021.农业生态功能价值与政策研究[M].北京：科学出版社.

张雪原，张晓明，曹琳，等，2022.水生态产品的产业化价值实现路径与模式研究——以九江市芳兰湖片区为例[J].中国国土资源经济（7）.

# 第十章
# 农业生态产品价值实现的保障体系

## 第一节 农业生态产品价值实现的组织保障

农业生态产品价值实现的组织制度保障是一个综合体系，旨在通过明确的领导责任划分、跨部门协同机制、科学合理的规划与目标设定、严格的监督与考核以及激励与约束机制，确保农业生态产品价值实现工作的高效推进和有效落实。这一体系不仅为农业生态产品的生产、加工、流通等各环节提供了有力的组织保障，还促进了农业与生态环境的和谐共生，推动了农业可持续发展。

### 一、加强农业生态产品价值实现的组织领导

（一）明确领导责任与组织架构

加强农业生态产品价值实现的组织领导，首要任务是明确领导责任与构建高效的组织架构。这要求政府层面设立专门的领导机构或跨部门协调小组，确保农业生态产品价值实现工作有明确的责任主体和统筹协调机制。通过明确各级政府和部门的职责分工，形成上下联动、

左右协同的工作格局。同时，建立健全的决策、执行、监督体系，确保政策制定科学、执行有力、监督到位。这样的组织架构能够确保农业生态产品价值实现工作有序推进，避免职责不清、推诿扯皮的现象发生。

## （二）制定科学合理的规划与目标

制定科学合理的规划与目标，是加强农业生态产品价值实现组织领导的重要一环。这要求政府根据本地资源禀赋、生态环境和市场需求，科学规划农业生态产品的发展方向、重点任务和阶段性目标。规划制定过程中，应充分调研、评估，确保规划符合实际、切实可行。同时，要建立健全规划实施监测和评估机制，对规划执行情况进行跟踪评估，及时调整优化规划内容。通过科学合理的规划与目标设定，为农业生态产品价值实现提供清晰的路径和明确的方向。

## （三）加强政策引导与支持

政策引导与支持是加强农业生态产品价值实现组织领导的关键措施。政府应制定和完善一系列促进农业生态产品价值实现的政策措施，包括财政补贴、税收优惠、金融支持等。这些政策应具有针对性和可操作性，能够切实降低农业生产经营者的成本负担，提高其参与农业生态产品价值实现的积极性。同时，政府还应加大投入力度，支持农业生态产品的技术研发、基础设施建设、品牌培育等方面的工作。通过政策引导和支持，为农业生态产品价值实现提供有力保障。

## （四）强化监督与考核

强化监督与考核是确保农业生态产品价值实现组织领导有效落实

的重要手段。政府应建立健全监督机制和考核体系，对农业生态产品价值实现工作的各个环节进行全程监督和管理。通过定期检查和评估，及时发现和解决工作中存在的问题和不足。同时，将农业生态产品价值实现纳入政府绩效考核体系，明确考核标准和奖惩措施，确保各项工作得到有效落实。通过强化监督与考核，推动农业生态产品价值实现工作不断取得新成效。

### （五）营造良好氛围与舆论环境

营造良好氛围与舆论环境是加强农业生态产品价值实现组织领导的重要支撑。政府应加强对农业生态产品价值实现的宣传引导工作，通过多种渠道和方式普及相关知识、宣传成功案例和政策措施。同时，鼓励社会各界积极参与农业生态产品价值实现工作，形成全社会共同关注和支持的良好氛围。此外，政府还应加强与媒体的合作与沟通，及时发布相关信息、回应社会关切、引导舆论导向。通过营造良好的氛围与舆论环境，为农业生态产品价值实现提供有力的社会支持和舆论保障。

## 二、多方合作促进农业生态产品价值实现

在构建农业生态产品的合作支撑体系时，需要在基础研究体系、合作机制搭建和应用机制体系等方面加强工作。

首先，加强基础研究体系是确保农业生态产品价值实现的基础。通过依托高校、科研院所等专业机构，进行农业生态产品价值评估、转化、补偿等机制的创新研究。这不仅能够为相关政策制定提供科学依据，还有助于推动农业生态产品的发展方向更加符合科学规律和市场需求。科研机构应当紧密结合实际，深入农田，开展生态系统的监

测和评估，以全面了解生态产品的生产和环境影响。

其次，要促进合作机制的搭建，包括国际合作。国际经验交流对于我国农业生态产品的价值实现具有积极作用。可以通过与国际上相关机构建立合作关系，借鉴先进技术和管理经验。

最后，要完善应用机制体系。科研成果的转化需要通过相关机构向生产者进行推广，加强与生产者的交流合作，使研究成果更好地服务于实际生产。政府和社会组织应发挥桥梁和推动作用，加大对科研成果的应用力度，使其更好地融入生产体系。同时，建立健全的应用机制，对于农业生态产品的生产、销售、推广等环节提供支持，确保价值实现的有效性和可持续性。

## 三、科学引导提高农业生态产品消费量

为了全面加强农业生态产品价值实现的宣传引导，需要在生产端和消费端共同形成关心农业生态环境的氛围。在这个过程中，不仅要向生产者介绍绿色农业生产方式的经济价值和环境效益，引导农业生产中减少化肥、农药的使用，同时也需要组织农业生态环保体系和农产品体系行业专家，对生态农业主体进行全方位的培育、服务指导、跟踪评估和宣传推介等多层次工作。

首先，针对生产端，宣传引导应通过深入浅出的方式，向生产者介绍绿色农业生产方式的经济价值和环境效益。这不仅包括农业生产中科技创新的宣传，还应突出生态农业对提高农产品质量的积极作用。政府和相关农业管理机构可以通过组织培训、座谈会等形式，向生产者传达绿色农业的重要性，引导其积极参与。

其次，消费者的宣传引导同样至关重要。运用媒体、科普等公共宣传手段广泛传播绿色生产、绿色消费、绿色发展理念，是引导消费

者形成绿色消费市场观念的有效途径。通过电视、广播、网络等多渠道传播农业生态产品的独特价值，强调其对人体健康和环境友好的特点，引导消费者选择绿色、健康、可持续的农产品。

最后，政府可通过优惠政策、奖励制度等手段，鼓励农产品生产企业开展宣传活动，提高消费者对农业生态产品的认知度和接受度。

## 四、强化监管巩固农业生态产品价值实现

在农业生态产品价值实现的监督管理方面，需要建立健全的监督体系，尤其要加强纪检监察部门的监督，以确保相关政策的切实贯彻执行。此外，对涉及交易的相关方和行政监督部门进行外部监督，通过第三方评估等手段，监测交易过程的公正与透明，从而建立一个健全的监督机制，有助于防范腐败现象，确保农业生态产品的交易和管理在公平、公正的基础上推进。纪检监察部门在农业生态产品交易与管理中担负着重要的监督职责。

首先，应强化对相关政策执行情况的监督，包括政府各级对农业生态产品的扶持政策、市场准入政策等。通过定期的政策执行检查，及时发现并纠正执行中的偏差和问题，确保政策真正落地生效。

其次，对于农业生态产品市场的交易行为，纪检监察部门应着眼于防范腐败风险。加强对市场主体、监管人员等关键岗位的监察力度，规范市场行为，杜绝不正当交易手段。通过加强内部监察机制，建立巡查制度，及时发现并查处腐败问题，确保市场秩序的稳定。在农业生态产品的交易过程中，为确保公正透明，需要对交易相关方和行政监督部门进行外部监督。这可以通过引入第三方评估机构，通过独立的评估手段，对交易的公正性、合规性进行评估，确保交易各方在交易中不违规。

再次，对行政监督部门的监督也是必要的，通过建立监察机制，对其执法行为进行评估，确保其在农业生态产品管理中履行职责的公正性和合法性。

最后，建议建立农业生态产品价值实现的信息公开制度，将相关政策文件、交易信息等公之于众，增加透明度。这有助于社会监督，推动农业生态产品的交易与管理更加规范、公正。

## 第二节 农业生态产品价值实现的政策保障

农业生态产品价值实现的成功离不开明确的政策制度保障。在这一方面，需要从顶层设计、部门协同和资金支持三个层面进行全面规划，构建一个有力的政策体系，推动农业生态产品的健康发展。

### 一、加强顶层设计，健全政策衔接体系

为了确保农业生态产品价值实现的一体化推进，深入研究现有政策的过程中，不仅需要关注政策体系的结构和内在逻辑，还要审视政策实施中可能存在的问题。在当前的政策框架下，农业生态产品价值实现面临一系列挑战和政策困境。

首先，存在政策之间的衔接难题。不同部门、不同政策之间可能存在冲突、重叠或者空白，导致农业生态产品的生产、流通、销售等环节缺乏有效的政策支持。这需要深入挖掘政策之间的矛盾，提出解决方案，使各项政策形成有机衔接，推动农业生态产品的全面发展。

其次，需关注政策执行中的激励机制。在实际执行中，可能存在政策并不契合农业生态产品生产者和经营者的利益诉求，导致其对政策的不积极响应。因此，要思考如何在政策设计中植入更为有

效的激励机制,使相关主体更愿意积极参与农业生态产品的生产与推广。

最后,还需注意政策的时效性。随着社会、经济、环境等多个方面因素的变化,原有的政策可能会变得滞后,无法适应新的形势。因此,需要建立灵活的政策调整机制,及时对政策进行评估和修订,确保其能够与时俱进,更好地支持农业生态产品的可持续发展。

## 二、全面合理规划,打造各部门协同发展体系

在政策制度的全面合理规划中,尤其需要关注如何加强各部门之间的协同体系,以确保农业生态产品价值实现政策的有效实施。这一过程需要深入挖掘政策执行中可能涉及的多部门合作问题,并提出相应的解决方案。

首先,需要明确各部门在农业生态产品价值实现中的具体职责。在政策中明确各部门的任务和责任,确保各项政策的目标能够在各个层面得以全面贯彻。例如,农业农村部门可能负责生产环节的规范,生态环境部门负责监管生态环境,商务部门负责产品的市场推广等。通过精准的分工,各个部门能够更好地发挥自身专业优势,形成政策执行的有力支持。

其次,建立协同体系需要倡导各部门加强信息共享。信息共享是协同工作的前提,通过建立信息平台,实现政府不同部门之间的高效沟通。这样可以及时传递相关政策文件、数据信息等,提高各部门协同的工作效率。

最后,信息共享也有助于政府更好地了解农业生态产品产业链上下游的实际情况,为政策的制定和调整提供更为全面的依据。协同工作的强化将有助于避免政策实施中的重复劳动,提高政策执行的效率

和精准度。通过构建协同的部门体系，政府可以更好地协调资源，集中力量推进农业生态产品价值实现政策，推动产业的可持续发展。这样的合理规划和部门协同将使政策制度更具操作性，为农业生态产品价值实现提供有力的政策支持。

### 三、强化制度保障，促进绿色资金支持

在强化制度保障方面，为了更有效地促进农业生态产品的可持续发展，必须建立并完善资金支持的制度机制。这涉及在政策层面通过切实的措施来确保绿色资金的充分运用，从而为农业生态产品的全面发展提供可靠的财政支持。在财政资金的运用上，政府应采取更为有力的措施，以确保专项资金的合理划拨和有效利用。

首先，政府应当明确专项资金的用途，并确保其有针对性地投入农业生态产品产业的各个环节，包括生产、加工和流通等。这可以通过建立细化的专项资金项目清单，明确每个项目的资金需求和使用范围，从而更加精准地推动农业生态产品的全产业链发展。例如，可以设立"农业生态产品标准提升计划""农业生态产品流通体系建设资金"等项目，确保专项资金真正服务于农业生态产品的全面提升。

其次，为了确保专项资金的可持续性和稳定性，建议政府将这一专项资金纳入年度财政预算，并制定相应的财政政策。通过将农业生态产品专项资金纳入年度预算，政府能够更好地掌握资金的总量和分配情况，有助于形成对生态产业的长期资金支持。

最后，政府还可以设立专门的监督机构，负责对专项资金的使用进行监督和评估，确保资金使用的合理性和效果。这样的举措有助于提高专项资金的使用效率，使其更好地服务于农业生态产品产业的可持续发展。

## 第三节 农业生态产品价值实现的营销保障

在绿色发展理念的引领下,农业生态产品的价值实现迫切需要通过绿色营销来实现。绿色营销是指农业生态产品经营主体在以绿色发展为指导生产理念的前提下,通过与其他市场经营主体进行农业生态产品交易,从而创造经济、社会和环境共赢的一种社会管理过程。这一过程涉及多方利益相关主体,包括生态产品经营主体、消费者、社会和环境,通过实施绿色营销,可以实现多方共赢的目标。

在绿色发展理念的指导下,农业生态产品的绿色营销首先需要在生产理念上明确绿色发展的导向。生产者应该以减少对生态环境的负面影响、提高产品绿色水平为目标,将这一理念贯穿于生产、加工、运输等全产业链的各个环节。同时,农业生态产品经营主体需要与其他市场经营主体建立积极合作关系,通过交流合作共同推动绿色产品在市场上的推广与销售。绿色营销的目标不仅仅是创造经济价值,更是要实现社会效益和环境效益的统一。在市场中推广农业生态产品,不仅有助于经济层面的绿色增长,同时也能提高消费者对于环保、健康等方面的认知。这进一步激励农业生态产品经营主体更加积极地投入绿色发展的轨道上。通过实施农业生态产品的绿色营销,能够构建一个更加可持续的农业生产与消费模式,促进绿色理念深入人心。这一过程中,消费者能够获得更为安全、健康、环保的产品,社会能够享受到更为可持续的生态环境,生产者也能够在这一转型中实现经济效益的提升。因此,农业生态产品的绿色营销是一种在多方利益中共赢的社会管理过程,推动农业生态产品价值实现的重要手段。

## 一、健全农业生态产品认证体系

健全农业生态产品认证体系是推动生态农业价值实现的关键一环。这一认证体系既是政府引导与市场行为相结合的有力工具，也是农业生态产品走向市场、实现可持续发展的有效途径。通过细致健全的认证体系，能够在供给与需求两个方面发挥积极作用，全面促进农业生态产品的价值实现。在供给侧，完善的认证体系可以引导农业生态产品提供者改善产品生产过程。这意味着通过设定严格的认证标准，鼓励生产者采用环保、可持续的农业生产方式，减少对化学农药和化肥的依赖，从而促进农产品的整体绿色水平提升。重要的是要加强对产品的甄选和测评，确保认证体系能够真实反映农业生态产品的高质量和独特特色，进而形成一份优质农业生态产品目录清单。这一清单不仅有助于提升产品在市场上的认可度，也为消费者提供了更多高质量的选择。

需求侧健全的认证体系可以有效提升消费者的认可与购买能力。通过引入绿色农产品标识等手段，消费者能够更直观地辨识并信任认证过的农业生态产品，从而在购买时更有信心。这种标识不仅是产品质量的象征，更是对环保、可持续生产的有力背书。通过认证体系，农产品的价值将进一步得到消费者的认同，从而促进农产品价值的更进一步实现。因此，健全农业生态产品认证体系不仅是一种管理工具，更是引导农业生态产品沿着绿色、可持续的发展路径前行的关键机制。这一系统性认证体系不仅在产品的生产环节注重了环保、可持续发展，也在市场上强调了产品的高质量和特色，为农业生态产品在市场中的价值实现奠定了坚实的基础。

## 二、强化农业生态产品推广体系

在强化农业生态产品推广体系方面，聚焦于两个关键方向：农业生态产品市场推广体系建设和农业生态产品价值实现宣传渠道。通过系统而有针对性的深化措施，致力于更全面地突显农业生态产品的独特特色，旨在提高其在市场中的竞争力和广泛认知。这一系列的推广手段旨在通过市场推广和宣传渠道，使农业生态产品更深入人心，为其价值的实现创造更为有利的条件。

首先，强调政策支持与市场引导。通过制定更有利于农业生态产品推广的政策，如提供市场准入优惠和税收支持，以激发生产者的积极性。这需要建立良性的政策环境，使农业生态产品更容易进入市场。

其次，完善产销对接机制。在市场推广中，建设产销对接平台，提高信息流通效率，确保农业生态产品的生产与市场需求之间的紧密衔接。这有助于降低推广的交易成本，使生态产品更好地融入市场。

再次，培育品牌推广。通过推动农业生态产品品牌建设，培育有特色、有影响力的品牌。支持品牌推广活动，如在专业展会上进行产品展示，以提高产品的知名度和美誉度。从宣传渠道出发：采用多媒体宣传与社交媒体推广。利用多种媒体手段，包括电视、广播、网络等，制作有关农业生态产品的宣传片，全面展示其生产、特色及社会价值。在社交媒体平台上定期开展推广活动，通过互动引导消费者关注和了解农业生态产品。此外，定期举办宣传活动。设立农业生态产品宣传日或周年庆典，吸引媒体关注，增加公众对生态产品的认知。此类活动可包括专业产品展示、专家讲座、互动体验等环节，以丰富的方式呈现农业生态产品的独特魅力。

最后，开展消费者教育活动。实施有针对性的宣传教育，向公众普及农业生态产品的相关知识，提高消费者对产品健康、环保等方面的认知水平。通过教育活动培养绿色消费理念，加深公众对农业生态产品的认同感。

## 三、建立农业生态产品全链条监督体系

在确保农业生态产品价值实现的过程中，建立全链条监督体系是至关重要的环节。这一监督机制涉及生产、流通和消费的各个环节，以确保农业生态产品的全面质量和可持续发展。以下将详细探讨这一监督体系的建设。

首先，在生产端，需要建立农业生态产品的动态监测制度。这一制度将通过及时追踪和掌握农业生态环境的基础信息，以及农业生态产品的数量分布、质量等级、权益归属和开发利用状况等关键信息，实现对生产端的全面监督。这不仅有助于保障农业生态产品的质量和数量，同时为环境保护和生态平衡提供可靠数据支持。为了增加监测体系的全面性，可以加强对不同类型农业生态产品的监测，充实监测数据。通过引入先进的传感技术、遥感技术以及大数据分析手段，提高监测的时效性和准确性。建议设立专门的监测中心，整合各方面的数据资源，确保监测系统的高效运转。同时，要加强监测结果的解读和分析，确保对监测数据的科学利用。

其次，在流通端，致力于构建农业生态产品信息共享平台。通过推进绿色供应链要素的升级，可以实现生产设备、工艺流程和物流模式的绿色化，确保产品在整个流通过程中的环保和可持续性。这将促使形成更加透明、高效的供应链体系，为农业生态产品的推广和交易提供更好的支持。为了增加信息共享平台的实际效用，建议引入区块链等先进技术，提高数据的安全性和可信度。这样可以确保信息不被篡改，并且提供给所有相关方参与监督。建议政府加大对信息共享平台的投入和支持，推动其更广泛的应用。

最后，在消费端，要加强农业生态产品的质量安全监管。通过建

立健全的质量安全监管体系，可以确保产品在流通和消费环节中的安全性。同时，需要构建农业生态产品质量安全追溯机制，以实现信息的可查询、质量的可追溯和责任的可追查。这将有助于提高消费者对农业生态产品的信任度，从而促进更多人参与到生态产品的消费中。为了增加质量安全监管的力度，建议设立专门的监管机构，加大对农业生态产品市场的监督力度。同时，要加强与其他相关监管机构的协作，形成监管合力。

## 第四节 农业生态产品价值实现的法律保障

农业生态产品作为推动农业可持续发展的关键力量，其价值实现需要在法律制度上得到有力的保障。在法律的保障下，农业生态产品不仅能够保持生态平衡，还能在市场中获得公正竞争的机会，从而为农业的长远发展注入活力。因此构建全面的法律框架至关重要。本节将深入探讨农业生态产品价值实现的法律制度保障，包括生态法律制度和市场法律制度两个方面。

### 一、农业生态产品价值实现的生态法律制度保障

农业生态产品的价值实现直接关系到生态环境的价值转化，因此，在法律保障部分，重点应当放在生态环境保护法律法规体系的建设上。为确保农业生态产品在生产过程中对环境友好、符合生态标准，必须在法律层面进行明确规定和强制执行。

政府以及司法部门因此需要制定健全的环境影响评价法规，对农业生态产品生产过程中可能对生态环境产生的影响进行评估和监测。这有助于在产品生命周期内全面考量环境因素，从源头上控制不良影

响。建立生态修复和保护机制的法规是法律制度保障的另一重要方面。通过设立生态修复基金、明确生产者在环境破坏方面的法律责任等措施，鼓励生产者在生产过程中采取更为环保的方式，确保农业生态产品的生产不对生态环境造成不可逆的损害。此外，针对农业生态产品的生产标准，应加强立法工作，确保这些标准在法律层面得到有效监管和执行。通过法规规定农业生态产品的有机认证、环保标志等，引导生产者在生产过程中遵循一定的生态准则，提高产品的生态友好度。农业生态产品的生产不可避免地依赖于土地的质量和可持续利用。为确保农业生产不对土地资源造成长期性的损害，迫切需要加强土地管理法规。这一方面包括对土壤质量的严格监管，确保其符合农业生态产品生产的需要。法规应该详细规定土地的质量标准、化肥使用限制、耕作方式等方面的规范，为生态友好型农业提供清晰的操作指南。通过法律制度，为农业生态产品的种植和生产提供明确的指导，确保土地的可持续性利用。

在土地管理法规制定过程中，需要考虑不同土地类型和农业生产模式的差异，以确保法规的实际可行性。此外，法规也应加强对土地资源的动态监测，及时调整法规内容以适应不断变化的生产环境。农业生态产品的生产对大量水资源需求巨大，水资源的合理利用对生态环境至关重要。因此，亟须建立完善的水资源管理法规，以确保农业用水的科学管理。法规应包括建立健全的水资源分配机制、对农业用水行为的明确监管等内容。通过法律手段，规范农业生态产品生产过程中对水资源的利用，防止水资源的过度开采和污染，实现水资源的可持续利用。水资源管理法规的制定需要综合考虑不同地区的气候、降水情况，以及农业生产的季节性需水特点。法规还应设立明确的水资源利用效率标准，引导生产者采取更节水的农业生产方式。农业生产过程中的某些活动可能对空气质量产生一定的影响，因此，应通过法规规范农业生产的排放标准，确保其不会对空气质量造成负面影响。生态法律制度应该在这方面明确限制和规范，以保障农业活动的环保合规性。法规内容应涵盖对农业机械排放、农药喷洒等环境影响较大的活动的合理规定，通过法律的力量推动农业向更加环保可持续的方向发展。

在制定空气质量保护法规时，需要充分考虑农业生产的特殊性，确保法规对农业活动的规范既能维护生态环境，又不制约正常的农业生产活动。为了激励生产者积极参与生态环境的修复和保护，生态法律制度保障应该建立激励机制。这包括对符合一定生态标准的生产者给予税收减免、生态补偿金等激励手段，形成积极向好的生态保护氛围。法规可以设立生态修复奖励机制，对于开展湿地恢复、植树造林等生态工程的生产者给予相应的法律支持。在建立生态修复和保护法律激励机制的过程中，需要充分考虑生产者的实际负担能力，确保激励机制对于不同规模的生产者都能够有效发挥激励作用。法规还应明确激励机制的资金来源和使用途径，确保激励措施的可持续性。通过这样的法律支持，将生态保护融入农业生产的全过程，促使农业生态系统更为健康和可持续发展。

## 二、农业生态产品价值实现的市场法律制度保障

农业生态产品的价值实现不仅依赖于生态法律制度的建设，还需要完善市场法律制度的保障，以确保产品在市场中得到公正对待，促进其可持续发展。

政府需要通过相关政策法规，建设完善的市场法律制度。这包括明确市场准入标准、加强市场监管机制、规范市场行为等。通过立法

明确农业生态产品的市场地位和准入条件,杜绝不合格产品进入市场,提高整个市场的竞争公平性。对违反农业生态产品标准和法规的行为进行严厉处罚,是保障市场法律制度的重要一环。政府需要建立起完备的法律体系,确保对违法者进行及时查处和制裁。这既包括对生产者的处罚,也包括对市场中介机构、经销商等的监管。

建立完善的产品认证体系,对农业生态产品进行权威认证,是市场法律制度的有效手段之一。政府可以通过法规规定认证标准、认证程序,并对通过认证的产品给予相应的奖励政策,提高农业生态产品在市场上的信誉和竞争力。此外,应该制定法规明确农业生态产品的溯源体系,建设食品安全法律框架,以保障消费者的合法权益。通过建立完善的溯源机制,政府可以在产品质量问题发生时更快、更准确地找到问题的根源,从而更好地保障消费者的权益。市场法律制度的保障还需注重信息公开和消费者权益保护。政府可以通过立法规定农业生态产品的信息披露要求,确保消费者获得真实、准确的产品信息。同时,建立健全的消费者维权体系,提供便捷的投诉和法律援助途径,维护消费者在购买农业生态产品时的合法权益。农业生态产品的价值实现不仅取决于其生产过程的环保性,也在于其在市场上的公正交易和合规行为。为此,建立健全的市场法规体系是市场法律制度保障的基础,涉及市场准入法规、市场监管体系、产品认证体系以及广告和宣传法规等多个方面。市场准入法规旨在规范农业生态产品在市场上的交易行为。市场准入法规是确保农业生态产品在市场中有序交易的关键法律支持。在质量标准的设立方面,法规应详细规定农业生态产品的各项指标,如农药残留、生产环境标准等,以保障产品的生态友好性和符合市场需求。在此基础上,建立检测和监管机制,确保质量标准得到有效执行。此外,价格形成机制的规范旨在维护农业生态产品的合理定价和市场秩序。法规可通过设立合理的价格监测和调节机制，遏制价格虚高和低价倾销的行为，确保生产者能够获取合理的回报，同时消费者能够享受到公正定价的优质产品。

市场监管体系的建设是市场法律制度保障的关键组成部分。该体系的目标是通过建立健全的监管机构，对农业生态产品的生产、流通、销售等各个环节进行全面监督，以确保市场秩序的良性运行。在市场监管体系的构建中，要充分考虑不同环节的特殊性，制定科学合理的监管标准和手段。监管体系需要明确监管机构的职责和权限。通过法规规定监管机构在农业生态产品市场中的监督职责，确保其有足够的权力和资源执行监管任务。监管机构应当能够及时、精准地掌握市场信息，对问题进行有效干预，维护市场的公正和有序运行。监管手段的科学有效性至关重要。监管体系应当包括对生产、加工、销售等环节的全面监测，采用先进的科技手段，如追溯系统、物联网技术等，实现对农业生态产品产地、生产工艺、质量标准等信息的全面掌控。同时，应建立健全的数据共享机制，确保各个环节的信息能够及时传递和共享，提高监管效能。

## 第五节　农业生态产品价值实现的技术保障

农业生态产品价值实现的技术保障制度是推动绿色农业可持续发展的关键支持。这一制度的构建涉及规划信息系统运用、预警与动态监测系统建设以及农业生态产品交易平台建立。

### 一、规划信息系统的运用

在规划信息系统的应用方面，亟须充分发掘信息技术的优势，构建一套更加完善、高效的农业生态产品规划信息系统。这个系统不仅要实现对生态产品生产、流通、消费等全链条信息的整合和分析，更应具备智能化的数据处理和预测功能。通过对生产基地、环境因素、产量、质量等数据的实时监测和记录，规划信息系统有助于科学决策，提高生产者的生产效益，同时为政府提供科学依据，推动绿色农业的战略规划和可持续发展。这一系统的建设不仅要注重数据的收集，更需强调数据的智能分析，为决策提供更为精准的支持。

## 二、预警与动态监测系统的建设

预警与动态监测系统的建设在技术保障制度中扮演着关键的角色。通过引入先进的监测设备和技术手段，实现对农业生态系统的更为精准、实时的监测，从而全面提升农业生产的安全性和可控性。

首先，该系统涵盖对气象、土壤、水质等生态环境因素的高频监测。通过对这些关键因素的实时监控，系统能够及时获取生态系统的变化情况，为农业生产提供科学依据。对于气象、土壤、水质等方面的监测，能够更好地了解环境变化对生态系统的影响，以及对农产品生长的适宜条件，为农业生态产品提供更为理想的生长环境。

其次，系统还包括对病虫害、自然灾害等生产风险的智能预警机制。通过引入先进的预警技术，如人工智能和大数据分析，系统能够在生产风险出现前进行提前预警。这有助于农业生产者及时了解潜在的威胁，采取相应的防范措施，从而降低生产风险，保障农业生态产品的生产过程安全可控。此外，动态监测系统的建设也为生产者提供更为个性化和精准的技术指导。通过大数据分析，系统能够根据不同地区、不同生态系统的特点，为生产者提供更为实用的种植、管理建议。这种个性化的技术指导有助于提高生产的智能化水平，使农业生态产品的生产更为高效和可持续。为确保预警与动态监测系统的持续发展，需要注重设备技术的更新迭代。及时引入新的监测设备和技术手段，确保监测的准确性和时效性。通过不断升级系统硬件和软件，保障系统在面对复杂多变的自然环境中依然能够稳定运行，发挥最大效益。

## 三、建立健全农业生态产品交易平台

农业生态产品交易平台的建设是实现产品流通与交易的关键途径。该平台应当是一个全方位的信息交流平台，实现从生产者到消费者的全产业链信息的互通。通过建立统一的标准和认证体系，确保产品的质量和可追溯性，建设可信赖的区块链系统，以提高交易的透明度和效率。这样的平台有助于推动绿色农产品的市场化，使生产者更好地融入市场，实现生态产品的真正价值。在建立交易平台的过程中，要注重标准体系的制定和推广，使不同地区、不同类型的生态产品能够在同一平台上进行交易，提高市场的整体效益。农业生态产品交易平台的建设是确保产品流通与交易的关键一步。平台旨在构建一个全方位的信息交流系统，实现从生产者到消费者的全产业链信息的无障碍互通。在这一体系中，标准与认证体系、可追溯性保障、区块链系统的建设，将成为推动绿色农产品市场化的核心元素，使生态产品的真实价值能够得以实现。

首先，农业生态产品交易平台应当致力于建立统一的标准和认证体系。通过明确的标准和认证程序，平台可以确保参与交易的生态产品符合特定的质量和生产标准。这种统一标准的推行将有助于提高消费者对产品的信任度，同时也为生产者提供了参与市场竞争的公平机会。其次，平台要建设可信赖的区块链系统。区块链技术的运用可以实现生态产品交易的全程可追溯。通过记录每一笔交易和生产过程的信息，确保产品的来源和生产环节能够清晰可见。这不仅有助于排除不法商家和伪劣产品，也提高了交易的透明度，使市场更加公正。最后，农业生态产品交易平台要注重标准体系的制定和推广。在确保产品质量和可追溯性的基础上，制定统一的交易规则和流程，使不同地区、不同类型的生态产品能够在同一平台上进行交易。这将为市场带来更大的整体效益，促进绿色农产品的广泛推广。

# 参考文献

包晓斌，朱小云，2023. 农业生态产品价值实现：困境、路径与机制［J］. 当代经济管理（9）：47-53.

陈倩茹，陈彬，谢花林，等，2023. 数字赋能生态产品价值实现：基本逻辑与典型路径［J］. 中国土地科学（11）：116-127.

胡超，凌仕全，董加云，2023. 生态产品价值实现的研究述评与展望［J］. 林业经济问题（6）：665-672.

李晓燕，王彬彬，黄一粟，2020. 基于绿色创新价值链视角的农业生态产品价值实现路径研究［J］. 农村经济（10）：54-61.

李宇亮，陈克亮，2021. 生态产品价值形成过程和分类实现途径探析［J］. 生态经济（8）：157-162.

廖茂林，潘家华，孙博文，2021. 生态产品的内涵辨析及价值实现路径［J］. 经济体制改革（1）：12-18.

刘明明，2023. 农业生态产品价值实现法律机制探究［J］. 西南民族大学学报（人文社会科学版）（10）：67-73.

罗琼，2021."绿水青山"转化为"金山银山"的实践探索、制约瓶颈与突破路径研究［J］．理论学刊（2）：90-98.

孙博文，彭绪庶，2021. 生态产品价值实现模式、关键问题及制度保障体系［J］．生态经济（6）：13-19.

王宾，2022. 共同富裕视角下乡村生态产品价值实现——基本逻辑与路径选择［J］．中国农村经济（6）：129-143.

王金南，刘桂环，2021. 完善生态产品保护补偿机制促进生态产品价值实现［J］．中国经贸导刊（11）：44-46.

王静，石宝宁，欧俊，2023. 甘肃生态产品价值实现的绿色金融机制研究［J］．甘肃金融（3）：42-48.

王晓圆，谭荣，2024. 生态产品价值实现：典型模式、难点与制度创新——以丽水市森林生态产品为例［J］．中国国土资源经济，37（4）：20-25，69.

谢花林，李致远，2023. 自然资源领域生态产品价值实现的多主体协同机制与路径［J］．自然资源学报，38（12）：2933-2949.

许潇灵，2020. 丽水市农业生态产品价值实现路径及其优化研究［D］．武汉：中南财经政法大学.

杨晓梅，尹昌斌，2022. 农业生态产品的概念内涵和价值实现路径［J］．中国农业资源与区划，43（12）：39-45.

张丽佳，周妍，2021. 建立健全生态产品价值实现机制的路径探索［J］．生态学报，41（19）：7893-7899.

张林波，虞慧怡，郝超志，等，2021. 国内外生态产品价值实现的实践模式与路径［J］．环境科学研究，34（6）：1407-1416.

张林波，虞慧怡，李岱青，等，2019. 生态产品内涵与其价值实现途径［J］．农业机械学报，50（6）：173-183.

张月芳，2023. 农业生态产品价值实现路径探索——以重庆市合川

区为例 [J]. 农村·农业·农民（A版）（8）：26-28.

张振，2021. 建立健全生态产品价值实现机制推动经济社会发展全面绿色转型——国家发展改革委有关负责同志就《关于建立健全生态产品价值实现机制的意见》答记者问 [J]. 中国经贸导刊（11）：36-41.

朱竑，陈晓亮，尹铎，2023. 从"绿水青山"到"金山银山"：欠发达地区乡村生态产品价值实现的阶段、路径与制度研究 [J]. 管理世界（8）：74-91.

# 后 记

党的二十大报告明确指出，要"全面推进乡村振兴"和"加快发展方式绿色转型"，党的二十届三中全会部署深化生态文明体制改革，进一步强调要健全生态产品价值实现机制。推动农业生态产品价值实现既是新时代全面推进乡村振兴加快农业农村现代化的重要抓手，也是加快培育新质生产力助推农业强国建设的必然要求。

农业生态产品以"农业"为主体，"生态"为核心，"产品"为目的，包括符合植物类、畜禽类、水产类等农业生态产品标准的初级农产品和加工农产品。随着农业强国建设的推进，农业生态产品的作用地位会不断凸显，必将迎来农业生态产品发展的黄金期。然而，当前农业生态产品价值实现的品牌、市场与政策研究相对薄弱，已经难以有效指导农业生态产品价值实现的广泛实践。《农业生态产品价值实现：品牌、市场与政策研究》立足农业发展前沿，旨在理论上突破现有的农业发展思维，全面深入地研究当前农业生态产品价值实现亟待解决的品牌、市场与政策等关键问题，进而为我国农业生态产品价值实现提供新的理论基础。

本著作是中国工程院战略研究与咨询项目"湖北省农业生态产品价值实现工程研究"（项目编号：2023-DFZD-57）的重要成果。本著出版是课题组成员集体智慧的结晶，凝聚了许多人的辛勤劳动和汗水。全书基本框架由主编严立冬、执行主编邓远建设计拟定，邓远建、屈志光、郎晓娟、樊丹、李秋洪、印遇龙、冯海平等对写作提纲进行了讨论后定稿。李秋洪提供了生态产品标准和相关书籍资料，并就写作提纲提出了意见和建议，对撰写组成员进行了指导。各章撰写分工如下：绪论、第一章、第七章、第十章由邓远建撰写；第二章、第六章由屈志光撰写；第三章、第四章由郎晓娟撰写；第五章由张陈蕊撰写；第八章由李华康撰写；第九章由樊丹撰写。邓远建、屈志光、郎晓娟、樊丹对全书进行了统稿与定稿，张陈蕊、李华康、梅怡明等在全书的统稿与定稿过程中协助做了大量工作。硕士研究生李卫亚、汪响、岳伟、边旭晖、李琳、张幸琼、刘子怡、闫明明、柯玉洁、李炎昊、张闯等参加了初稿撰写的资料收集、文字组织工作。陈光炬、肖锐、洪剑波在实地调研和案例收集过程中给予了大力支持。在此，对他们所做出的贡献表示感谢！

在撰写过程中，本著作参阅并引用了许多专家、学者的研究成果和学术观点，并以参考文献等形式予以注明，在此表示诚挚的谢意！农业生态产品价值实现的品牌、市场与政策研究是一个全新的课题，其理论观点还处在初创与形成阶段。因此，本著作写作难度较大，著作中界定的核心概念、基本原理、政策体系等是著作者对农业生态产品价值实现理论探索的阶段性总结，提出的一些新观点和新主张尚需进一步研究与探索。本著作中如有不足之处，恳请同行及广大读者批评指正。

作　者

2024 年 7 月于武汉